"一带一路"人力资源研究报告（2024）
黄埔社会科学高等研究院

"一带一路"劳动力市场与中国企业海外用工

高文书 主编

中国社会科学出版社

图书在版编目（CIP）数据

"一带一路"劳动力市场与中国企业海外用工／高文书主编． -- 北京：中国社会科学出版社，2024.10.
ISBN 978-7-5227-4023-2

Ⅰ．F279.247

中国国家版本馆 CIP 数据核字第 2024VL8976 号

出 版 人	赵剑英
责任编辑	王　衡
责任校对	朱妍洁
责任印制	郝美娜

出　　版	中国社会科学出版社
社　　址	北京鼓楼西大街甲 158 号
邮　　编	100720
网　　址	http://www.csspw.cn
发 行 部	010-84083685
门 市 部	010-84029450
经　　销	新华书店及其他书店

印　　刷	北京明恒达印务有限公司
装　　订	廊坊市广阳区广增装订厂
版　　次	2024 年 10 月第 1 版
印　　次	2024 年 10 月第 1 次印刷

开　　本	710×1000　1/16
印　　张	18.75
字　　数	270 千字
定　　价	98.00 元

凡购买中国社会科学出版社图书，如有质量问题请与本社营销中心联系调换
电话：010-84083683
版权所有　侵权必究

前　　言

2013年9月和10月，中国国家主席习近平分别在哈萨克斯坦和印度尼西亚提出共建"丝绸之路经济带"、共建"21世纪海上丝绸之路"的倡议。此后，"一带一路"倡议逐步从理念转化为行动，从愿景转变为现实，共建"一带一路"取得丰硕成果。2017年10月，党的十九大将推进"一带一路"建设写进党章，这体现了中国高度重视"一带一路"建设、坚定推进"一带一路"国际合作的决心和信心。2024年7月，党的二十届三中全会审议通过《中共中央关于进一步全面深化改革　推进中国式现代化的决定》，明确要"完善推进高质量共建'一带一路'机制"。当前世界经济处于调整过程中，充满了复杂性和不确定性。在继续深化高质量共建"一带一路"发展的背景下，企业国际化内容和特征有了新内涵，中国企业既面临新的发展机遇，也面临一定的困难和挑战。

在"一带一路"倡议的积极推动下，众多国内企业不断加大海外投资力度、拓展海外业务，海外员工数量不断增多。面对"一带一路"劳动力市场中的外派员工成本增加、不同国别文化差异显著等现实挑战，如何在跨文化的环境下甄选、培育、激励人才队伍，中国出海企业面临一系列挑战，需要积极创新人力资源管理、实现人力资本深度开发、发掘人力资源战略支撑价值。本书系统阐述"一带一路"人力资源和劳动力市场的基本状况，从"一带一路"人力资源、劳动力市场、劳动关系、劳动法规、用工风险等领域展开分析，为国家决策和企业国际化发展提供参考。

本书分为三个部分，共十三章。第一部分是国别篇，主要分析"一带一路"共建国家人力资源和劳动力市场发展状况，由五章构

前言

成，分别分析俄罗斯、新加坡、印度尼西亚、马来西亚和老挝的人力资源和劳动力市场状况。第二部分是制度篇，由三章构成，基于国际劳工组织对劳动用工的基本规定，聚焦"一带一路"外派员工管理、国际劳工组织对劳动用工的基本规定、"一带一路"劳动法律与政策等重点领域进行深入分析。第三部分是管理篇，由五章构成，分别从"一带一路"共建国家劳动力市场规制及其对中资企业雇佣效率的影响、"一带一路"背景下中国企业跨文化人力资源管理、中国出海企业人力资源管理、劳动关系和劳动争议应对、跨境科技园区人才获取与人才发展等角度进行分析。

本书是黄埔社会科学高等研究院科研项目"'一带一路'人力资源发展报告"的年度成果，围绕"一带一路"人力资源与劳动力市场这一主题，由中国社会科学院大学相关专业的教师、研究生以及劳动经济学会"一带一路"专业委员会的相关学者撰稿。具体分工如下：第一章由许默焓撰稿；第二章由万诗婕撰稿；第三章由杨鑫尚撰稿；第四章由蔚金霞撰稿；第五章由吴臣撰稿；第六章由袁金勇撰稿；第七章由孙兆阳、隋意撰稿；第八章由王微微撰稿；第九章由陈瑛、李龙华、郭至诚撰稿；第十章由赵红雪撰稿；第十一章由边辰撰稿；第十二章由屈小博撰稿；第十三章由王璠撰稿。全书由高文书统稿。各位作者在写作过程中始终本着严肃认真的态度，共同推动"一带一路"人力资源与劳动力市场研究。

本书在策划、调研、组稿和出版过程中，得到了黄埔社会科学高等研究院领导和老师们的支持，在此深表感谢！本书的出版得到中国社会科学出版社的大力支持，在较短时间内完成编辑和出版工作，并提出了许多宝贵意见，在此表示衷心感谢！

高文书

2024 年 8 月 16 日

目 录

国别篇

第一章　俄罗斯的人力资源和劳动力市场状况 ……………（3）
　　一　人力资源基本情况 ………………………………（5）
　　二　劳动力市场基本情况 ……………………………（13）
　　三　总结 ………………………………………………（21）

第二章　新加坡的人力资源和劳动力市场状况 ……………（23）
　　一　人力资源可用性分析 ……………………………（24）
　　二　劳动力市场分析 …………………………………（33）
　　三　总结 ………………………………………………（41）

第三章　印度尼西亚人力资源和劳动力市场状况 …………（43）
　　一　人力资源基本情况 ………………………………（45）
　　二　劳动力市场基本情况 ……………………………（52）
　　三　总结 ………………………………………………（70）

第四章　马来西亚人力资源和劳动力市场状况 ……………（73）
　　一　基本经济状况和人口特征 ………………………（74）
　　二　人力资源和劳动力市场供给状况分析 …………（76）

目 录

    三　人力资源和劳动力市场需求状况分析 ………………（88）
    四　人力资源和劳动力市场均衡状况分析 ………………（92）
    五　人力资源和劳动力市场规制 …………………………（97）
    六　总结 ……………………………………………………（99）

第五章　老挝人力资源和劳动力市场状况 ………………（101）
    一　人力资源基本情况 ……………………………………（102）
    二　劳动力市场基本情况 …………………………………（118）
    三　总结 ……………………………………………………（129）

制度篇

第六章　"一带一路"外派员工管理 ………………………（133）
    一　"一带一路"外派员工招聘调配管理 ………………（134）
    二　"一带一路"外派员工劳动关系管理 ………………（136）
    三　"一带一路"外派员工职业发展与绩效管理 ………（138）
    四　"一带一路"外派员工薪酬待遇管理 ………………（138）
    五　"一带一路"外派员工健康管理 ……………………（143）
    六　"一带一路"外派员工安保反恐管理 ………………（145）

第七章　国际劳工组织对劳动用工的基本规定 …………（147）
    一　国际劳工组织概述 ……………………………………（147）
    二　国际劳工标准主要内容 ………………………………（150）
    三　"一带一路"国家核心公约的批准情况 ……………（152）
    四　"一带一路"国家国际劳工标准的适用性 …………（163）
    五　总结 ……………………………………………………（169）

第八章　"一带一路"劳动法律与政策分析 ………………（171）
    一　"一带一路"共建国家劳动法律制度分析 …………（171）

二 "一带一路"共建国家劳动法律潜在风险分析……… (182)
三 防范"一带一路"共建国家劳动法律风险
的措施…………………………………………… (187)

管理篇

**第九章 "一带一路"共建国家劳动力市场规制
及其对中资企业雇佣效率的影响研究**……… (193)
一 "一带一路"共建国家劳动力市场规制趋势分析…… (194)
二 "一带一路"共建国家劳动力市场规制对中资企业的
影响……………………………………………… (206)

**第十章 "一带一路"背景下中国企业跨文化人力资源
管理研究**…………………………………… (224)
一 研究背景及意义………………………………… (224)
二 跨文化管理理论………………………………… (225)
三 "一带一路"背景下中国企业跨文化人力资源
管理面临的主要挑战……………………………… (229)
四 "一带一路"背景下高效跨文化人力资源管理的
实现路径…………………………………………… (231)
五 中国企业跨文化人力资源管理优秀案例………… (237)
六 总结……………………………………………… (241)

**第十一章 "一带一路"背景下中国出海企业人力
资源管理**…………………………………… (242)
一 文献综述………………………………………… (246)
二 出海企业人力资源管理的重要性……………… (249)
三 出海企业人力资源管理的隐患和挑战………… (252)
四 出海企业人力资源管理的应对策略…………… (255)

目 录

第十二章 "一带一路"背景下劳动关系和劳动争议应对 …… (260)
  一 "一带一路"背景下中国对外投资及境外务工的
    主要情况 ………………………………………… (261)
  二 "一带一路"共建国家劳动关系和劳动争议的
    主要特点 ………………………………………… (270)
  三 "一带一路"背景下的劳动争议应对 …………… (272)

**第十三章 "一带一路"跨境科技园区人才获取与
     人才发展** ……………………………………… (274)
  一 "一带一路"跨境科技园区的发展历程 ………… (275)
  二 跨境科技园区人才获取与人才发展 ……………… (279)
  三 科技园区人才获取及人才发展案例 ……………… (285)
  四 结论与建议 …………………………………………… (292)

国別篇

第一章　俄罗斯的人力资源和劳动力市场状况[*]

俄罗斯全称为俄罗斯联邦，位于欧洲东部和亚洲北部。俄罗斯横跨欧亚大陆，总面积1709.82万平方千米，东西最长9000千米，南北最宽4000千米。在"一带一路"倡议中，俄罗斯的地位至关重要，是中国与欧亚经济联盟对接的重要桥梁。2013年以来，在习近平主席和普京总统的引领下，中俄新时代全面战略协作伙伴关系日益成熟坚韧，中国与俄罗斯在"一带一路"项目建设上已结出累累硕果。2023年，中俄双边贸易额达2401亿美元，目前中国稳居俄罗斯最大贸易伙伴国，俄罗斯成为中国最大能源进口国。中国对俄罗斯投资规模不断扩大，投资领域不断增加，对俄投资存量超过100亿美元，设立生产企业1000多家，经贸合作为两国经济发展和人民生活水平提升提供了重要支撑。

俄罗斯有着明显的投资优势。在资源方面，首先，俄罗斯地处"一带一路"的中蒙俄经济走廊上，是中欧班列的重要途经国。其次，俄罗斯在全球石油天然气的储备、生产和出口中均占据重要地位，而中国是一个能源进口大国，因此中俄两国在能源供需问题上存在互补性。[①] 最后，俄罗斯国民整体受教育程度较高，人力资本水平较高。

---

[*] 作者简介：许默焓，辽宁社会科学院城市发展研究所助理研究员；主要研究方向为人力资源开发与管理。

[①] 李兴、韩燕红、陶克清：《"一带一路"框架下中俄能源合作：成就、问题与对策》，《人文杂志》2023年第4期。

在政策环境方面，俄罗斯向中国投资者推出了一系列优惠政策，有着较好的政策环境。2016年6月，中俄两国元首签署《中华人民共和国和俄罗斯联邦联合声明》。2017年7月，中俄两国元首签署《中华人民共和国和俄罗斯联邦关于进一步深化全面战略协作伙伴关系的联合声明》。2018年5月，中俄签署《中华人民共和国与欧亚经济联盟经贸合作协议》。2023年3月，中俄两国元首签署《中华人民共和国和俄罗斯联邦关于深化新时代全面战略协作伙伴关系的联合声明》。这意味着中俄新时代全面战略协作伙伴关系达到历史最高水平并持续向前发展，这也为中国和俄罗斯的贸易合作深化发展提供坚实的支持，有力地推动了中国与俄罗斯之间的经贸往来与投资合作。

在对外直接投资方面，劳动者是两国合作交流的重要载体，大规模的产业合作与海外项目布局对东道国的劳动力数量和质量，尤其是人力资本水平提出了较高的要求。[①] 东道国人力资源方面的因素已经成为中国对"一带一路"共建国家直接投资区位选择的重要考量，较高的教育和培训水平、技能匹配程度意味着更多的人才选择、更高的技能水平和更好的适应性，从而影响企业技术创新和生产率，而稳定的劳动力市场可以为企业提供稳定的劳动力来源，从而降低劳动力成本。

但长期以来俄罗斯人口处于低速或者负增长状态，这导致俄罗斯人口老龄化非常严重，劳动力资源短缺，很难满足当前俄罗斯实现全面经济复苏建设的需求。[②] 因此，俄罗斯的人力资本状况与劳动力市场情况能否满足"一带一路"建设需要和企业发展投资要求，使中国通过对外直接投资产生符合预期的投资回报，诉诸更加全面和审慎地考量俄罗斯人力资本情况与劳动力市场情况，提前规划和做好预案，从而尽可能规避投资风险。

[①] 蒙奕铭、曲海慧、高文书：《"一带一路"倡议下东道国人力资本对中国OFDI的影响研究》，《中国软科学》2022年第10期。

[②] 蒋随：《"一带一路"倡议下中俄区域经济合作对策》，《社会科学家》2021年第4期。

一　人力资源基本情况

（一）人口规模

俄罗斯是人口众多的国家之一，约有 1.46 亿人，世界排名第九，民族 194 个，其中俄罗斯族占 77.7%，主要少数民族有鞑靼、乌克兰、巴什基尔、楚瓦什、车臣、亚美尼亚、阿瓦尔、摩尔多瓦、哈萨克、阿塞拜疆、白俄罗斯等族。

图 1-1 是 2012—2023 年俄罗斯总人口的变化趋势，可以看出，俄罗斯人口总体上变化经历了大幅上升、快速下降和快速上升的过程。2012 年，俄罗斯政府采取了一系列政策鼓励生育，如超长的生育假期，二胎、三胎奖励以及儿童津贴等，大大提高了俄罗斯人的生育积极性，2012—2017 年，总人口从 1.43 亿人增至 1.45 亿人，增长约 130 万人。

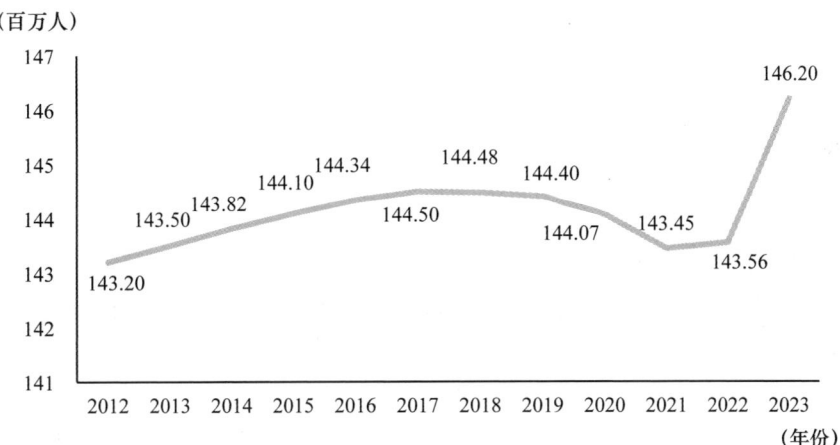

图 1-1　2012—2023 年俄罗斯总人口

资料来源：世界银行。

然而，2016 年开始，随着俄罗斯社会经济制度的转变，以及受国际形势的不确定性、经济发展不景气、新冠疫情等多种因素的影响，俄罗斯人口总量呈现快速回落，2017年人口达到最高点之后，逐年下降，2021年总人口数降至1.43亿人。面对人口的快速下滑，普京总统在2019年发表国情咨文表示，俄罗斯计划让人口在2023—2024年重新恢复自然增长，并承诺将在税收、抵押贷款和现金方面支持生育更多孩子的俄罗斯家庭。2022年，人口总量出现转折点，总人口开始出现抬头趋势。

在性别结构方面，俄罗斯人口呈现出女多男少的特征，这也是俄罗斯人口的一个显著特点。整体上看，2012—2023年，俄罗斯男性数量呈现出先增加后减少的态势，十年间平均占总人口的46.40%。2012年，男性仅占总人口的46.29%，随后男性比例缓慢增长，2019年男性比例达到最高，为46.45%，随后呈下降趋势，2022年，俄罗斯男性比例为46.44%（见图1-2）。

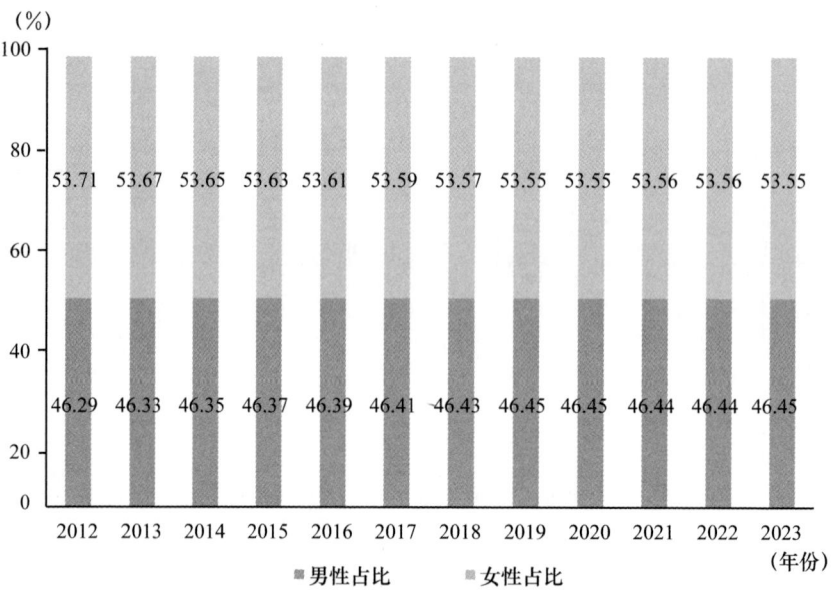

图1-2 2012—2023年俄罗斯性别占比

资料来源：世界银行。

特别是在乌克兰危机爆发之后，俄罗斯在全国范围内下达了局部动

第一章　俄罗斯的人力资源和劳动力市场状况

员令,征召 30 万预备役军人,这可能导致俄罗斯人口的性别失衡问题继续加剧,最终在劳动力市场上出现适龄男性劳动力存在缺口的问题。

此外,俄罗斯持续较低的出生率将导致人口规模的减少,这会进一步加剧俄罗斯未来的劳动力短缺和劳动力成本上升。图 1-3 是 2012—2023 年俄罗斯粗出生率和人口增长率,2015 年之后,俄罗斯粗出生率开始逐渐走低,平均每 1000 人增加的孩子数量从 13.3 个降至 2023 年的 8.9 个。2023 年 8 月,俄罗斯联邦国家统计局(Rosstat)报告显示,根据 2023 年上半年的统计结果,俄罗斯的新生儿数量下降至 61.62 万人,低生育率将会导致俄罗斯未来人口的大量减少。这一点也直接在人口增长率上反映出来,可以看到,2014 年以后,俄罗斯人口增长率呈下降趋势,2014 年的人口增长率是俄罗斯近十年的最高点(0.30%),随后逐渐下跌,2020 年,俄罗斯人口增长率转为负增长,跌至-0.14%,随后俄罗斯人口增长率快速下降,降至 2022 年的-0.35%。在俄罗斯政府不断推出刺激生育的举措之后,俄罗斯人口增长率在 2023 年重新回升。

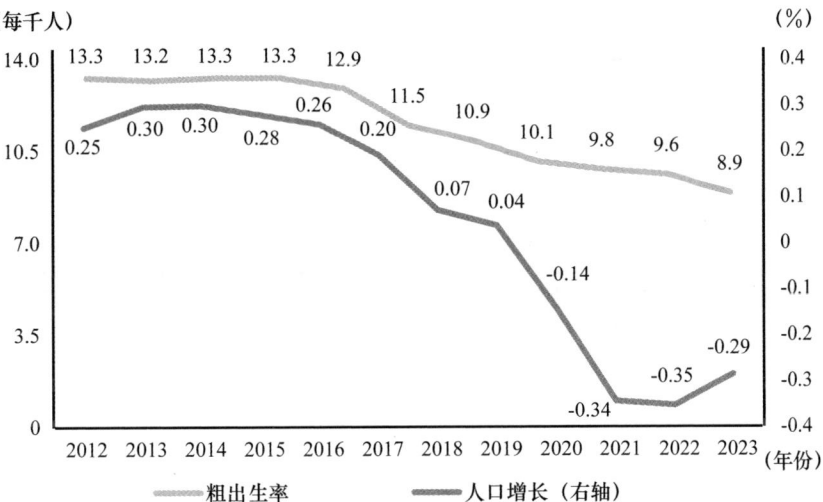

图 1-3　2012—2023 年俄罗斯粗出生率和人口增长率
资料来源:世界银行。

俄罗斯的低出生率和人口增长率并没有带来较低的抚养比，相反俄罗斯总抚养比自2012年起逐年上升。抚养比越大，表明劳动力人均承担的抚养人数就越多，意味着劳动力的抚养负担就越严重。从图1-4可以看出，总抚养比从2012年的39.92%上升至2023年的50.91%。

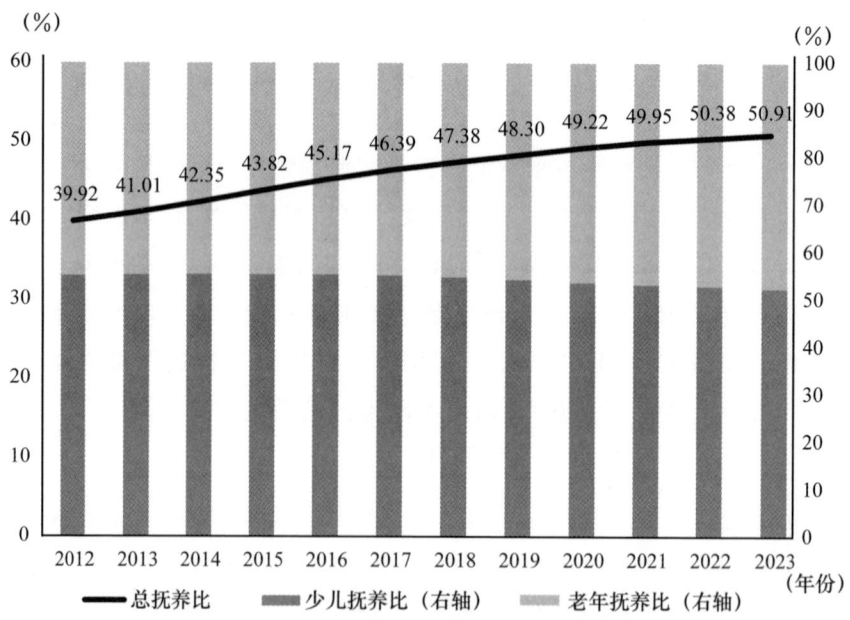

图1-4 2012—2023年俄罗斯粗抚养比情况

资料来源：世界银行。

从图1-4可以看出，2012年开始，俄罗斯老年抚养比逐渐提高，从2012年的17.95%提高至2023年的24.39%，增长6.44个百分点。这意味着俄罗斯已经处于高度老龄化社会，老年抚养比的大幅上升，也意味着青壮年人口的养老负担在逐渐加重，同时面对抚养老人和养育小孩，年轻人两头承压。不仅会导致劳动力供给减少，而且会对俄罗斯的经济发展和劳动力市场造成负面压力，限制经济增长和就业机会。在俄罗斯出生率不断下降的背景下，抚养比反倒逐渐上升，这可能是由两个方面因素导致的，一是俄罗斯老龄化问题日益严重；二是青壮年人口的减少。

从图 1-5 可以看出，俄罗斯 65 岁及以上人口占总人口比重逐年增加，从 2012 年的 12.83% 增长至 2023 年的 16.16%，增长 3.33 个百分点，老龄化问题愈加严重。0—14 岁人口比重也逐年上升，从 2012 年的 15.70% 上升至 2023 年的 17.57%。但同时，15—64 岁的青壮年人口比重逐年下降，从 2012 年的 71.47% 降至 2023 年的 66.27%，下降 5.20 个百分点。结合俄罗斯 2012—2023 年不断降低的出生率和人口增长率来看，15—64 岁人口的比重是在不断压缩的，并且其降低的速率要高于出生率下降的速率，最终表现出俄罗斯抚养率逐年走高。

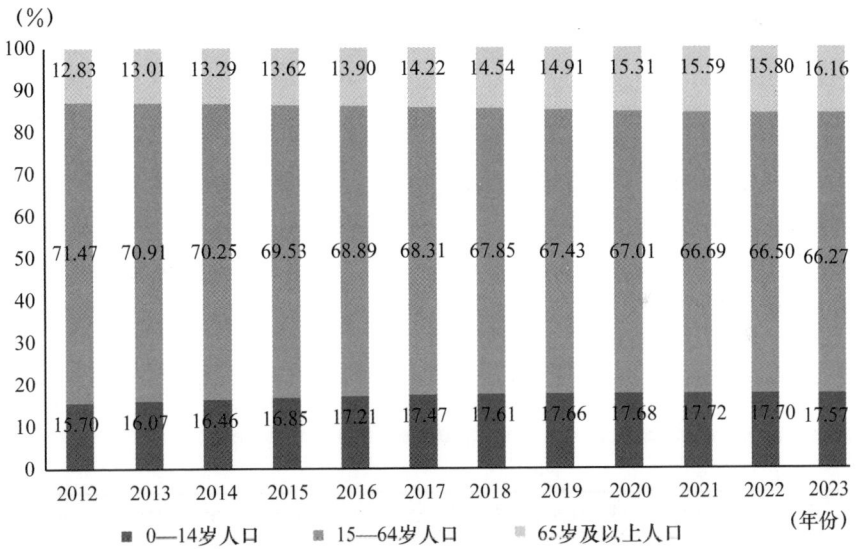

图 1-5　2012—2023 年俄罗斯人口年龄规模分布

资料来源：世界银行。

综上所述，首先，俄罗斯的人口总量有所下降，主要原因是出生率偏低和死亡率偏高，导致了人口自然增长率的负增长。当前，俄罗斯政府为了应对人口危机，正积极实施一系列生育奖励政策，以促进人口增长。其次，在性别分布上，俄罗斯女性人口要多于男性，特别是在乌克兰危机爆发之后，俄罗斯的男性青壮年数量进一步降低，最终使适龄男性劳动力出现巨大缺口，大量需要男性的工作岗位人员短缺。最后，俄罗斯人口老龄化趋势明显，老年人口比例较高。

（二）劳动力规模

通过上文分析可以看到，俄罗斯面临人口总量减少、性别失衡和老龄化进程加快等问题，严重影响了俄罗斯的劳动力供给。

从俄罗斯劳动年龄人口分布上看，俄罗斯适龄劳动人口①占总人口的比例逐年下降，2011年俄罗斯劳动力数量为7610万人，随后逐年降低，2023年为最低点7241万人（见图1-6）。

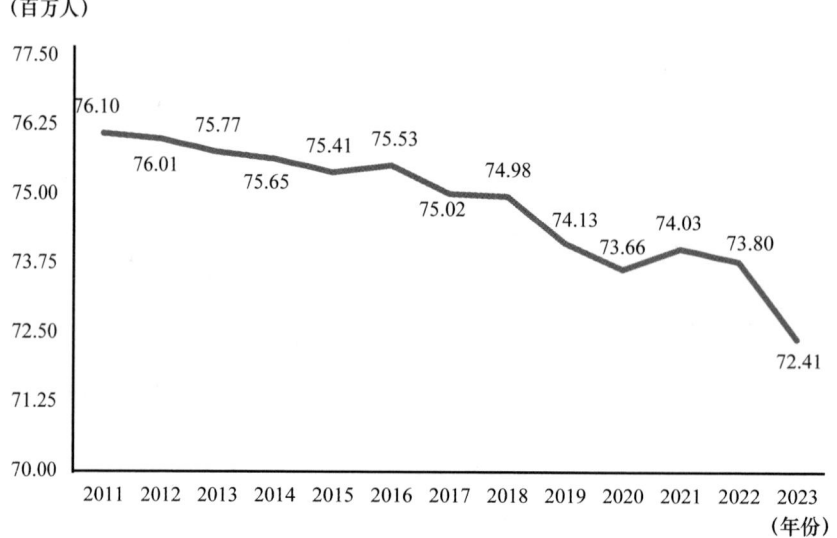

图1-6　2011—2023年俄罗斯适龄劳动力数量

资料来源：世界银行。

商务部发布的《对外投资合作国别（地区）指南俄罗斯》（2022年版）显示，俄罗斯人口数量呈下降趋势，劳动力日益紧缺。同时，

---

① 所有年满15周岁、符合国际劳工组织对从事经济活动人口所作定义的群体。

俄罗斯还面临严重的劳动力结构性短缺问题：一是科技及相关服务业等领域就业人口数量下降，《参考消息》援引德新社报道，2022年至少有10万名IT专业人士离开俄罗斯；① 二是熟练技能劳动力短缺；三是劳动年龄人口老龄化趋势严重，35岁以下的工人在劳动力中所占比例不到30%，是20年来的最低水平。② 俄罗斯咨询机构Финэкспертиза发布的数据显示，2022年年轻劳动力快速减少，俄罗斯35岁以下劳动人口减少130万人，其中25—29岁劳动力减少的数量最多，约减少70万人，③ 已经降至历史最低点。2023年7月，约有42%的工业企业招不到足够的工人，④ 本土企业在招聘市场上出现招工难的问题。

俄罗斯劳动力数量减少对中国"一带一路"对外投资同样产生了一定的影响，中国对俄罗斯直接投资主要分布在采矿业、农林牧渔业、制造业、批发零售业、租赁和商务服务业、金融业等领域。对在俄罗斯投资的中国劳动密集型企业来说，对劳动力的数量有很大的需求，中方企业可能会因为劳动力的缺乏而难以找到足够多的熟练劳动力，从而增加企业的运营成本和市场风险。对在俄罗斯投资的中国技术密集型企业来说，乌克兰危机可能会导致大量青壮年劳动力流失，其中不乏高素质、高学历的劳动力，这可能会导致企业招工时出现技能缺口。

（三）劳动力教育水平情况

教育水平反映了劳动力的质量。一般来说，当地劳动力的受教育水平越高，其技能和专业知识水平也就更高，技能匹配程度也就越

---

① 《外媒：俄IT公司约一成员工离开俄罗斯》，https://baijiahao.baidu.com/s?id=1752868875073565464&wfr=spider&for=pc，2022年12月22日。
② http://www.mofcom.gov.cn/dl/gbdqzn/upload/eluosi.pdf.
③ 《俄罗斯"90后"劳动力大幅减少，拉住GDP增速》，https://baijiahao.baidu.com/s?id=1763126019949222204&wfr=spider&for=pc，2023年4月14日。
④ 《俄罗斯人才大量外流，经济遭受严重破坏》，https://cn.dailyeconomic.com/2023/09/04/70005.html，2023年9月4日。

高，受教育水平越高的劳动力往往更具有创新和研发能力，他们能够进行更深层次的科学研究、技术创新和产品开发，为企业提供创新的竞争优势，同时，教育水平较高的劳动力也意味着更强的学习能力和适应能力，能够适应技术发展和市场变化带来的挑战，在某种程度上说，人才的储备程度也反映了该国未来的发展潜力。

因此，受教育水平是影响中国对外投资决策的又一重要因素，尤其是对于资本密集型企业和科技密集型企业。虽然目前中国企业"走出去"主要依靠国内派出人才，但中国企业"走出去"必然需要本地化运营，需要本地人才的支撑，这就对俄罗斯劳动者的素质和技能水平提出较高的要求。因此，此类公司在挑选投资地区时，首要关注的是劳动力的质量。

俄罗斯人口的平均受教育水平相对较高。世界银行的数据显示，俄罗斯成人总体识字率占15岁以上人口的99.7%，且绝大多数劳动者接受过义务教育。此外，俄罗斯拥有世界一流的教育体系，其高等教育在国际上享有盛誉，俄罗斯的高等教育体系和职业教育系统为其培养了大量技能娴熟的劳动力。这些具备高质量教育背景和专业技能的劳动力可以为外资企业提供高质量、高效的人力资源。从图3-7可以看出，2012年俄罗斯高等院校入学率已处在较高位置，随后逐年升高，从2012年的79.73%增长至2020年的83.33%，增长3.60个百分点，随后高等教育入学率呈断崖式下跌。中国教育部的数据显示，2022年中国高等教育毛入学率为59.6%，[①] 虽然中国在人口数量上远远高于俄罗斯，但从入学率上看，俄罗斯人口的高等院校入学率远高于中国。

俄罗斯劳动力相对较高的教育水平，对在俄罗斯投资的中国企业起到了一定的积极影响。一方面，在俄罗斯人口规模不断减少的背景下，在俄罗斯投资的中资企业显然无法以传统劳动密集型产业作为主要

---

① 《教育部：我国高等教育毛入学率达59.6%》，http://www.moe.gov.cn/fbh/live/2023/55167/mtbd/202303/t20230323_1052379.html?ivk_sa=1023197a，2023年3月23日。

第一章　俄罗斯的人力资源和劳动力市场状况

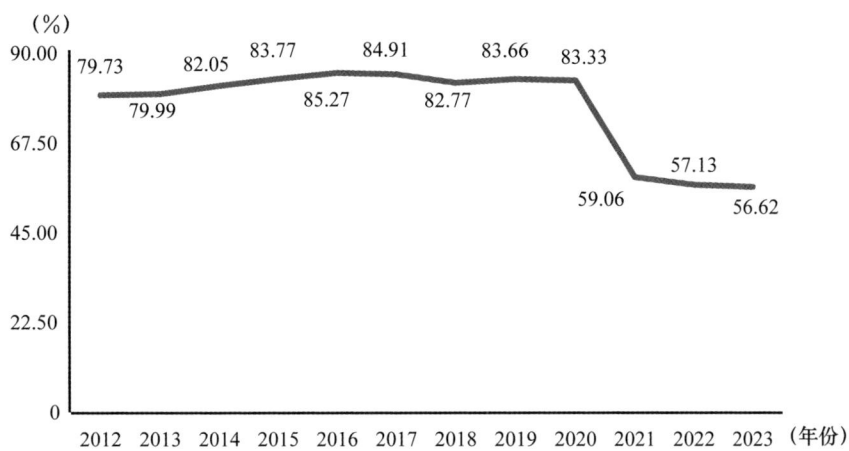

图1-7　2012—2023年俄罗斯高等院校入学率

资料来源：世界银行。

投资方向，而是应该根据其人力资源特征将资本技术密集型产业作为主要投资方向，因此人力资本的质量便成为影响产出的重要因素之一，而俄罗斯较高的人力资本可以增加企业生产中技能劳动力投入，促进研发和创新水平，进而提高企业的生产率及产出水平。另一方面，受过良好教育的劳动力拥有丰富的专业知识和研究能力，这使高人力资本的劳动者能增强吸收和应用现有技术或是创造新技术的能力，从而促进生产率的增长，这对于在俄罗斯投资的中资企业来说，可以进一步提升其在俄罗斯市场上的竞争力，推动技术和创新的发展。

二　劳动力市场基本情况

俄罗斯人口结构的特点是高受教育水平、人口老龄化、男女比例失衡、少子化等，这种人口结构直接影响了俄罗斯的劳动力市场。本部分对俄罗斯劳动力市场情况进行介绍，主要包括俄罗斯的劳动参与率情况、行业结构情况、薪酬水平以及相关法律法规等。

(一) 劳动参与率情况

总体来看，俄罗斯有着较高的劳动参与率，图1-8是2011—2023年俄罗斯的劳动参与率情况，俄罗斯的劳动参与率呈现出先降后增的趋势。2016年，俄罗斯劳动参与率处于最高点（62.92%），随后呈缓慢下降的趋势，2020年达到最低值（61.60%），随后逐渐升高，2022年为62.20%，虽然比2011年低0.67个百分点，但仍然处于较高位置。

从劳动参与率的男女比率上看，虽然俄罗斯女性人口数量高于男性，但男性的劳动力数量仍然高于女性。2011年俄罗斯男性劳动力占劳动力总量的比例为79.41%，之后劳动参与率的男女比例基本维持不变，2023年劳动参与率的男女比例为78.86%。

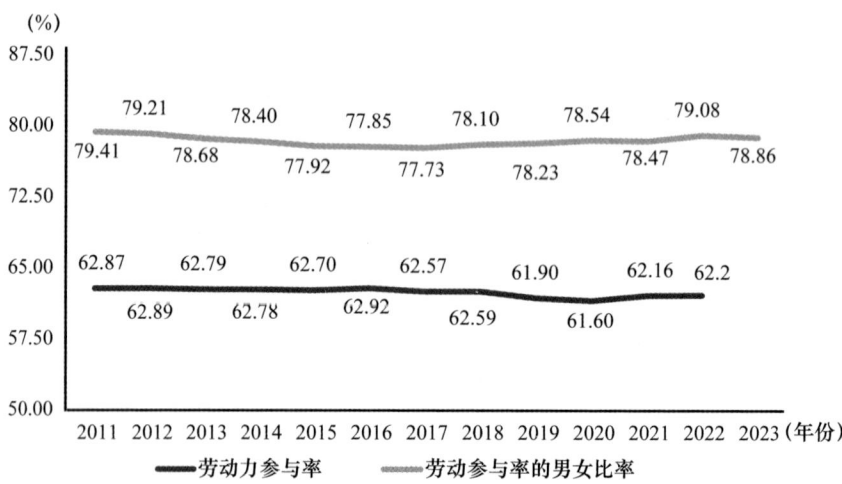

图1-8　2011—2023年俄罗斯劳动参与率

资料来源：世界银行。

在俄罗斯新生人口规模不断缩小的背景下，俄罗斯的劳动参与率长期保持在较高水平，并且较为稳定，这说明俄罗斯劳动力市场的就业整体形势比较稳定，虽然人口规模在不断缩小，但适龄人口参与劳动的意愿和比例仍然较高。

失业率是反映俄罗斯劳动力资源利用程度的一个重要指标，失业率上升意味着有更多的劳动力资源不能得到有效利用，经济预期增长的动力也将减弱。因此，失业率可以作为判断俄罗斯宏观经济运行状况和劳动力市场景气程度的指标。图1-9是2012—2023年俄罗斯的失业率情况，俄罗斯失业率自2012年起就维持在较低水平（5.44%）。在随后的十年里，俄罗斯失业率呈波动式下降的趋势，2020年是俄罗斯失业率的最高值（5.59%），随后迅速下降，2023年俄罗斯失业率仅为3.33%，为近十年以来的最低值。

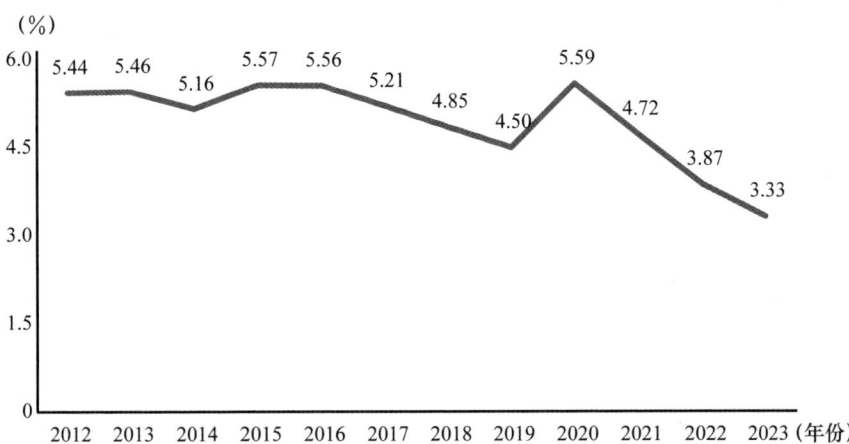

图1-9 2012—2023年俄罗斯失业率

资料来源：世界银行。

在目前俄罗斯经济增速放缓的情况下，俄罗斯依然保持着极低的失业率。一是因为乌克兰危机，部分劳动力被动员、征兵，随着储备人员的动员和适龄劳动人口的外流，俄罗斯年轻劳动力进一步减少，从而导致失业率没有发生显著变化，甚至有下降趋势。二是虽然俄罗斯的经济增长有所放缓，但政府采取了一系列措施来改善年轻人就业环境，如实施失业人员再培训计划、针对失业人员和未就业的毕业生进行二次职业培训等，以提高他们的劳动力参与度。三是因为低生育率的俄罗斯一直缺乏年轻劳动力的补充，所以中年劳动力是俄罗斯劳动力市场的主要组成部分，占据了劳动力总人口的较大比例，他们在长期劳动过程中积累了丰富的经验和技能。虽然俄罗斯的经济发展正处在结构转型中，中年劳动群体会因为受教育水平、认知水平等因素出现职业技能不能满足岗位需求的问题，最终成为结构性失业的主要群体，然而，在年轻劳动力稀缺，人口老龄化使中年劳动力规模逐渐减少的背景下，俄罗斯劳动力市场的供给端面临较大压力，企业长期面临招工难问题，最终使俄罗斯失业率一直维持在较低水平上。

（二）行业结构情况

俄罗斯工业、科技基础雄厚。2000年以来，俄罗斯经济快速回升，连续8年保持增长，外贸出口大幅增长，投资环境有所改善，居民收入明显提高。主要工业部门有机械、冶金、石油、天然气、煤炭及化工等，基础科学研究实力较雄厚，特别是在航天、核能、军工等尖端技术研究具有世界先进水平。

图1-10是2011—2022年俄罗斯三大产业就业人员占比情况，整体来说，第一产业就业人员占比逐年下降，第二产业就业人员占比较为平稳，第三产业就业人员占比逐年上升。具体来看，2011年，第一产业就业人员占比为7.69%，缓慢下降至2022年的5.66%。第二产业就业人员占比在十年前呈现先上升而后下降再上升再下降的一个趋势，其中，2012年占比最高（27.81%），2020年最低（26.50%），第二产业就业人员降低0.88个百分点。第三产业就业人员占俄罗斯劳动群体的主要组成部分，2011年占比达到64.86%，随后逐年上升，2015年占比超过66%，2017年超过67%，2022年占比达到67.77%。

第一章 俄罗斯的人力资源和劳动力市场状况

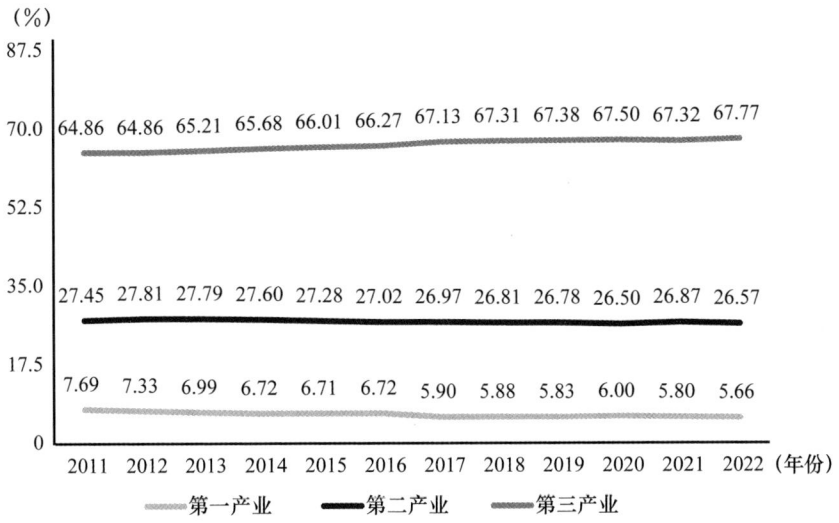

图 1-10 2011—2022 年俄罗斯三次产业就业人员占比

资料来源：世界银行。

俄罗斯第一产业就业人员数量不断下降，也从侧面反映了俄罗斯城镇化水平在不断提高。同时俄罗斯作为一个工业大国，较高的第三产业就业人员占比也从侧面反映出三大产业比例出现失衡的问题，产业结构不合理。第三产业就业人员占比过高，2022年这一比重达到67.77%，第一产业就业人员占比仅为5.66%，相差约11.80倍。

由于俄罗斯具备能源优势和与中国的地缘优势，因此中国对俄罗斯所投资的行业大都集中在矿产和能源开发方面。同时，俄罗斯吸收外资主要集中在采矿、制造业和汽车行业等领域，可以看到，不论是中方对外直接投资，还是俄罗斯吸收外资的主要产业，均是以第二产业为主。但从就业人员占比来看，俄罗斯第二产业就业人员的占比并不乐观，在俄罗斯整体劳动规模缩小的背景下，中国对俄罗斯进行直接投资的时候可能会面临招工难的困境。

（三）薪资水平

东道国劳动力的薪资水平是影响外商直接投资决策的一个重要变量。[①] 从成本收益角度看，较高的薪资水平往往意味着中国企业需要面对东道国强大的工会组织、面对更高的员工工资和解雇成本等，从而增加企业生产成本，降低东道国对外商直接投资的吸引力。从效率工资角度看，较高的劳工标准为雇员提供了较高的工资、更多培训机会和更加安全的工作环境等，能够提高雇员的工作积极性和劳动效率，为企业创造更多的利润，从而吸引外商直接投资。[②]

图1-11是2013—2023年俄罗斯劳动者最低工资和月平均名义工资情况，在最低工资方面，2013年，俄罗斯最低工资为5205卢布，按照当年人民币对俄罗斯卢布汇率计算，约合人民币1020.59元。随后

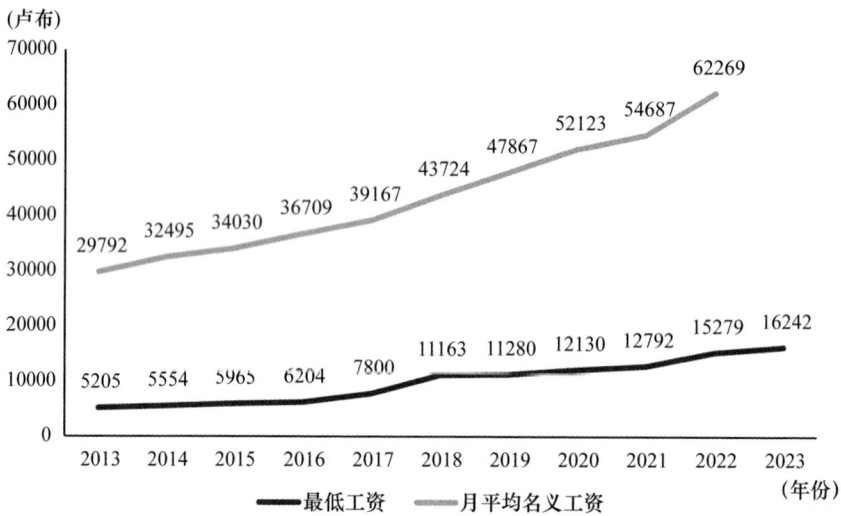

图1-11　2013—2023年俄罗斯劳动者最低工资和月平均名义工资

资料来源：世界银行。

---

① 祁毓、王学超：《东道国劳工标准会影响中国对外直接投资吗?》，《财贸经济》2012年第4期。

② 徐孝新、刘戒骄：《劳工标准影响中国对外直接投资的实证研究——基于"一带一路"沿线国家样本》，《暨南学报》（哲学社会科学版）2019年第4期。

俄罗斯最低工资缓慢增长，2016年最低工资为6204卢布。2018年俄罗斯大幅提高最低工资水平，达到11163卢布（约合人民币1148.46元），涨幅约为43.12%。随后俄罗斯最低工资水平再次保持缓慢增长态势。2022年，俄罗斯又一次大幅调高最低工资水平，达到15279卢布（约合人民币1455.14元），2023年，俄罗斯最低工资标准为16242卢布（约合人民币1495.58元）。总的来说，十年间俄罗斯最低工资标准增长3.12倍，但考虑到汇率因素，以人民币计算的俄罗斯最低工资水平在十年间增长1.47倍。

在俄罗斯劳动者月平均名义工资方面，从2013年起呈逐年升高，2013年俄罗斯月平均名义工资为29792卢布（约合人民币5841.57元），之后俄罗斯劳动者的月平均工资保持着2343.75卢布的年平均增长量，2017年月平均工资达到39167卢布（约合人民币4707.57元）。2017年之后，月平均工资增长速度进一步提高，从2018年的43724卢布（约合人民币4498.36元）增长至2022年的62269（约合人民币5930.38元），年平均增长4636.25卢布。

综上所述，近十年来，俄罗斯的平均工资一直保持稳定增长状态，随着俄罗斯劳动规模的逐渐萎缩，加之乌克兰危机的影响，俄罗斯国内劳动力资源短缺问题或将长期存在，劳动力市场上的供求失衡会进一步导致工资的增长。

（四）相关法律法规

俄罗斯政府鼓励外商直接投资领域大多是传统产业，如石油、天然气、煤炭、木材加工、建材、建筑、交通和通信设备、食品加工、纺织、汽车制造等行业。

在俄罗斯投资的中资企业要严格遵守当地的劳动法规，雇主需要了解《俄罗斯联邦劳动法》和《俄罗斯联邦劳动合同法》。在雇佣俄罗斯员工之前，雇主要明确和员工之间的权利和义务，包括工资、工作时间、休假、社会保险等方面。在签订劳动合同时，根据俄罗斯相关法律的规定，一般情况下，雇主与劳动者签订的均应是无固定期限的劳动合同，固定期限劳动合同（期限不超过5年）只有在法律允许的情况下才可订立，同时，劳动合同必须以书面形式签订，劳动合同内容要约定双方的权利和义务、工资、工作时间、休假、社会保险等方面的内容。此外，俄罗斯以配额方式限制外籍雇员，且配额逐年递减，① 中国企业应事先了解俄罗斯法律关于以配额方式限制外籍雇员、用工比例、薪资待遇和本地化成分要求，遵守俄罗斯各项法律规定，选择自己需要的当地劳务，从而有效配置劳动力资源，提高劳动生产率。

在工资和社会保险方面，俄罗斯要求工资以俄罗斯联邦货币卢布支付，同时设有国家最低薪资标准（2023 年为 16242 卢布，最低工资标准不包括补助、补贴、奖金及其他奖励），但个别经济发达地区有更高的最低薪资标准（如楚科奇地区、莫斯科地区等）。在工资的发放方面，根据《俄罗斯联邦劳动法》的工资发放规则，每月给雇员发放工资应遵循两点：一是至少每半月一次，二是不迟于应计付款期结束后的 15 个日历日。一般情况下，雇主会采用"每月 1 次预付款和 1 次最终付款（最终付款可根据先前发放的预付款进行调整）"的方式进行工资发放，由此根据劳动法规范，上半个月的工资发放时间应为 16—30（31）日，下半月为 1—15 日。薪酬结构一般由基本工资、奖金、津贴和福利组成，此外，用人单位还应为员工缴纳社会保险费用（包括医疗保险、养老保险、失业保险等）。

在工作时间方面，一般情况下员工每周工作 5 天、周标准工作时数不超过 40 小时。年龄低于 16 岁的员工，每周工作时间不容许超过 24 小时；而年龄为 16—18 岁的员工，每周工作时间不容许超过 35 小时，上述规定也适用于残疾员工，从事特别危险工作的员工每周工作时间不容许超过 36 小时。② 在夜间工作（20:00 至次日早上 6:00）的员工还可获得佣金，佣金费率由企业与员工代表根据员工签订的合

---

① 《中国居民赴俄罗斯投资税收指南（2022）》，https：//www.chinatax.gov.cn/chinatax/n810219/n810744/n1671176/n1671206/c2069894/5116755/files/7cbd36dcef7f48688cae7fb15d5c33a6.pdf，2023 年 2 月 23 日。
② 《俄罗斯劳动管理法》，http：//ru.mofcom.gov.cn/article/ddgk/200505/20050500086945.shtml。

同以及集体协议，共同商议而定。

在休假制度方面，参照《俄罗斯劳动法典》的规定："法定节假日外，所有职工每年都享受保留平均工资及工作岗位的年休假（不少于28天），而在边远地区的职工、在有害、危险环境工作此等特殊情况，年休假还要根据具体情况适当增加。"同时，若休假赶上节假日，节假日不计入休假的天数，享有附加休假日时，将基本假日天数与附加天数合并计算。

三　总结

从俄罗斯人力资源情况来看，俄罗斯面临人口总量持续减少、性别比例严重失调、出生率下降以及老龄化严重等一系列人口问题。具体来说，近十年来，俄罗斯的生育率连续下降，较低的人口自然增长率导致俄罗斯面临严重的人口老龄化问题，加之乌克兰危机的影响，导致俄罗斯男性年轻人口被动员。这也让俄罗斯本就"男少女多"的人口结构更加失衡，生育率降低、人口老龄化以及男性劳动力的减少必然会带来劳动力资源短缺问题。一方面，劳动力供给不足会严重制约企业发展；另一方面，劳动力短缺也会给企业经营带来了很大的困难，招工难问题严重会导致企业的劳动力成本上涨，降低盈利能力。虽然俄罗斯人力资源的数量不占优势，但俄罗斯人力资源的质量较高。相比于其他国家，俄罗斯劳动者拥有较高的受教育水平和技能水平，因为劳动力市场中中年劳动者占比较高，大部分劳动者拥有丰富的专业知识和工作经验，这有利于降低中资企业的培训成本。

从俄罗斯的劳动力市场情况来看，虽然俄罗斯人口规模在不断缩减，但俄罗斯的劳动参与率长期保持在较高水平，失业率也一直维持在一个较低的水平，这说明俄罗斯劳动力市场的就业整体形势比较稳定。从行业结构来看，俄罗斯劳动者大多集中在第三产业，其次是第二产业，第一产业最少。但考虑到中国对俄罗斯所投资的行业大都集中在矿产和能源开发等第二产业，因此，从就业人员占比情况来看，俄罗斯第二产业就业人员的从业数量并不乐观。在俄罗斯整体劳动规模缩小的背景下，中国对俄罗斯直接投资的时候可能会面临招工难的困境。在薪资水平方面，随着俄罗斯经济的发展以及劳动资源的短缺，俄罗斯薪资水平一直处于增长的状态，在乌克兰危机的影响下，适龄劳动者进一步减少，未来俄罗斯薪资水平或将进一步提升。

综上所述，中国与俄罗斯在地理位置上互为近邻、产业结构互相补充，俄罗斯是"一带一路"建设中中国与欧亚经济联盟对接的重要桥梁，发挥着独特和不可替代的重要作用。对于中国投资者而言，俄罗斯拥有巨大的投资潜力，但同时，中国投资者在俄罗斯开展投资、贸易、承包工程和劳务合作的过程中，也要特别注意事前调查、分析、评估相关风险，结合俄罗斯人力资源和劳动力市场情况做好风险防范工作，以切实保障自身利益。

第二章　新加坡的人力资源和劳动力市场状况[*]

新加坡共和国，简称新加坡，位于马来半岛南端、马六甲海峡出入口，处于"海上十字路口"，地理位置优越，是亚洲重要的新兴工业经济体、东盟成员国和交通枢纽。在"一带一路"倡议的引领下，新加坡与中国之间的双边合作显得尤为重要。作为东南亚的枢纽国家，新加坡地处连接东西方的战略要地，同时也是中国在东南亚的重要贸易伙伴之一，双方的合作在经贸往来方面取得显著成就。2019年中新自贸协定升级议定书生效，两国贸易便利化水平得到进一步提高，促进双边投资，探索并挖掘新的合作领域，积极推动双边经贸关系取得更大发展。自2013年"一带一路"倡议提出以来，中国连续11年成为新加坡最大贸易伙伴，而新加坡则连续成为中国最大新增投资来源国。2023年中新双边贸易额为1083.9亿美元，新加坡在华累计投资额为723亿美元。中国与新加坡经贸合作质量和水平不断提升，经济发展互助互进。

新加坡以其政治稳定、健全的法治环境、发达的金融体系、优越的地理位置、高效的物流和基础设施、人才储备与教育水平、便利的商业环境、科技和创新氛围以及全球经济合作伙伴等一系列优势，成为全球投资者首选的目的地之一。新加坡是亚太地区重要的贸易、金融、航运中心，同时也是区域基础设施建设和科技创新中心，在地区

---

[*] 作者简介：万诗婕，合肥师范学院经济与管理学院讲师，经济学博士；主要研究方向为数字化、就业与经济发展。

事务中发挥着重要作用。各国企业纷纷在新加坡设立区域总部，以之为跳板进入东南亚市场。尤其是在人力资源方面，新加坡以其世界领先的教育体系和高度发达的人才储备成为一个备受瞩目的投资目的地，同时吸引了众多来自世界各地的海外人才。这个优势不仅为新加坡本地企业提供了充足的人才支持，也招揽了许多国际企业前来寻找具有高素质的员工队伍。

但受限于土地面积，新加坡的人口规模相对较小，仅为592万人左右。[①] 这一方面为国家的管理和规划提供了便利，使政策的实施相对高效；另一方面导致了区域内部劳动力数量相对有限的问题，特别是在一些高科技领域，可能会出现人才供需不平衡的情况，需要通过引进外籍雇员来弥补。新加坡政府和企业在人才引进、培训等方面需要持续进行创新和投入。劳动力规模相对有限也意味着政府能够更为集中地投入资源，提升整体的职业素质，这使新加坡在国际市场上保持了相对高昂的竞争力，尤其是在高附加值领域，通过吸纳高素质人才从而发展地区经济。新加坡是中国企业在东南亚地区的重要合作伙伴。

在"一带一路"倡议下，中国与新加坡在多个领域开展合作并打下了坚实的基础，但新加坡的人才储备相对有限，这也提醒着双方需要共同努力，通过技术转移、人才培养等方式，实现互利共赢。因此，通过对新加坡人力资源和劳动力市场状况进行分析，能够根据需要预先规划并灵活配置人力资源，建立起更加稳固的合作关系，共同推动"一带一路"倡议的顺利实施和区域经济的繁荣发展。

一 人力资源可用性分析

（一）人口规模

移民社会的特性、殖民统治的历史和地理位置的影响，新加坡的

---

① https://www.fmprc.gov.cn/web/gjhdq_676201/gj_676203/yz_676205/1206_677076/1206x0_677078/.

人口组成更为多元化。同时，由于土地面积不足，新加坡是世界人口密度第二高的国家。2023年统计数据显示，新加坡总人口约为592万人，其中居民（公民和永久居民）占415万人，外籍的非本地居民人口则达177万人。新加坡公民人口主要由移民及其后裔组成，3/4为华人，其余少数族裔还包括马来裔、印度裔、欧亚混血和其他族群。

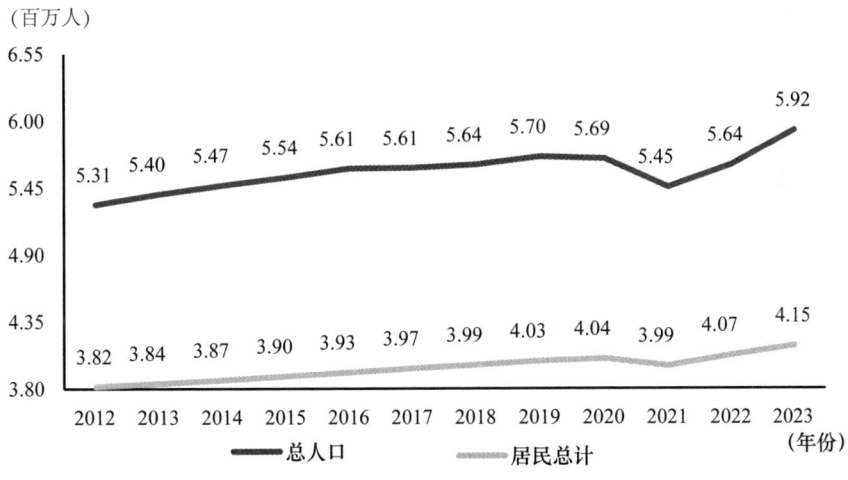

图2-1 2012—2023年新加坡总人口

资料来源：世界银行。

图2-1是2012—2023年新加坡总人口的变化趋势。过去十年来，新加坡的经济社会和人口结构发生了重要变化，人口总体上经历了缓慢上升和快速下降的过程。2012年的总人口约为531万人，2019年总人口增至约570万人，这标志着新加坡人口在这段时间内呈现了稳定而持续的增长趋势。2020—2021年新加坡总人口增长放缓，拉低了过去十年间的平均人口增长率。新冠疫情导致国际旅行限制、隔离措施以及经济不确定性，这些因素可能导致一些外国居民离开或者暂时离开新加坡，从而影响总人口数。2021—2023年，新加坡总人口数迅速上升，公民、永久居民人口和非居民人口均大幅增加。

然而，与人口数量保持增长趋势相反的是，近年来新加坡的出生率和生育率持续走低，出现少子化的趋势特征。图 2-2 是 2012—2023 年新加坡的粗出生率和总生育率。可以看出，2013—2014 年出现了短暂的回升，此后粗出生率和人口增长率基本呈现逐年走低的态势。就粗出生率而言，平均每 1000 人增加的孩子数量从 2012 年的 10.1 个下降至 2023 年的 7.9 个。与之相对应的是，女性人均生育数也在大幅减少，2012 年总生育率是 1.29，2023 年下滑至 0.97，连续多年创下历史新低，低于人口世代更替所需的总和生育率，可能陷入"低生育率陷阱"。为此，新加坡政府为了鼓励育龄人口生育，推出多项鼓励生育政策，同时还通过提供良好的教育和就业机会等各种手段来吸引新移民。因此，尽管新加坡的生育率相对较低，但仍然存在一定程度的自然增长，人口总量稳步上升。

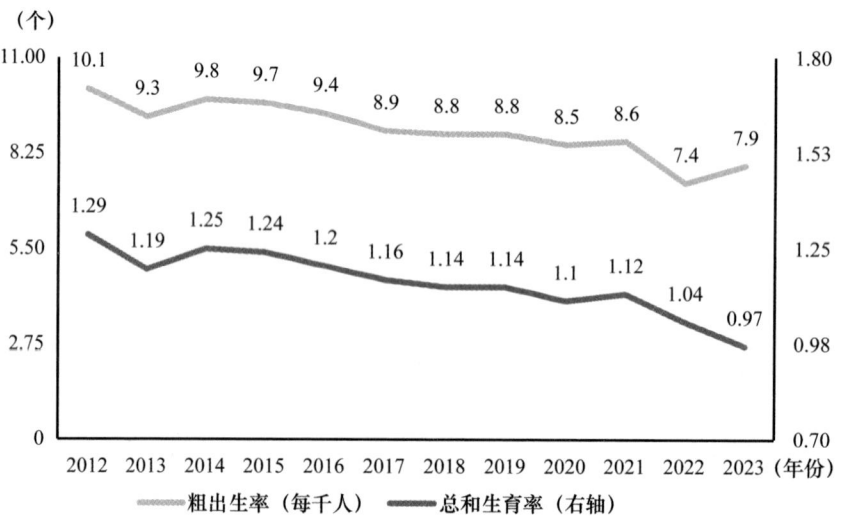

图 2-2　2012—2023 年新加坡粗出生率和总生育率

资料来源：新加坡国家统计局。

在人口结构方面，新加坡是一个以开放、先进经济体系和国际化程度高著称的国家，这也反映在其男女人口比例的相对平衡上。图

2-3 是 2012—2023 年新加坡总人口中男性和女性的比例。可以看出，男性占比基本维持在 49% 左右，而女性占比保持在 51% 左右。从变化趋势来看，新加坡女性数量表现出缓慢上升的态势，而男性数量则逐步下降。2023 年，新加坡女性占比为 51.27%，男性占比为 48.73%。性别比（每千名女性对应的男性人数）为 950。

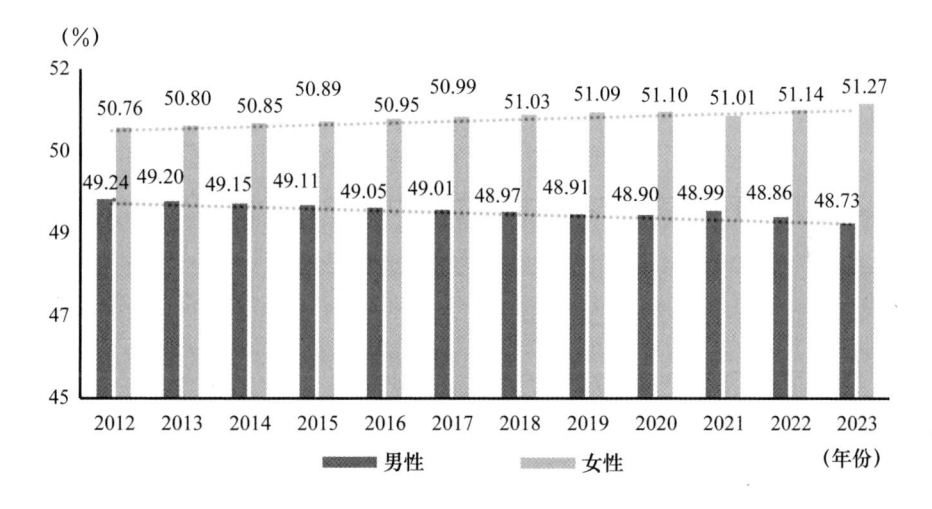

图 2-3 2012—2023 年新加坡性别比

资料来源：新加坡国家统计局。

根据联合国发布的《人类发展报告》，新加坡在性别平等方面表现良好，在全球 166 个国家中名列第八，在亚太区排第一。但在一些特定行业和职业中，可能仍然存在显著的性别比例差异。例如，科技和工程领域可能会吸引更多的男性，而护理和教育行业可能会吸引更多的女性。这种差异可能受到个人兴趣和社会文化因素的影响。此外，新加坡作为一个国际化程度高的城市国家，吸引了大量的国际移民。这使新加坡的人口更具多样性，也可能会在一定程度上影响男女比例。

此外，新加坡人口结构演化速度加快，呈现出高龄化、少子化的特征。社会年龄结构对人口的就业、生育、教育等行为产生深刻影响。如前所述，新加坡整体呈现生育数量减少、出生率和生育率下降的特征，直接导致少儿比重的下滑（少子化），同时间接带动劳动力和老年人比重的上升。已有研究中，多数学者借鉴并扩展桑德巴的"三段式"年龄分布，倾向于将 65 岁及以上的年龄段划分为老年人口。如图 2-4 所示，新加坡人口的老龄化程度持续加深。65 岁及以上公民的占比从 2012 年的 9.92% 上涨至 2023 年的 17.30%。因此，新加坡已经过拐点并转向老龄化主导的后期阶段。从图 2-4 还可以看出，2023 年 65 岁及以上的人口数量已经较 2012 年增长近一倍。据估算，2030 年每 4 个新加坡公民中就有一个满 65 岁。由于人口年龄结构取决于生育率和预期寿命的长期走向，随着医疗科技的发展，人口寿命得到了显著延长，而老年人口的健康状况也得到了明显改善，这意味着新加坡的老龄人口会逐步增加，构成了老龄化社会的主要组成部分。

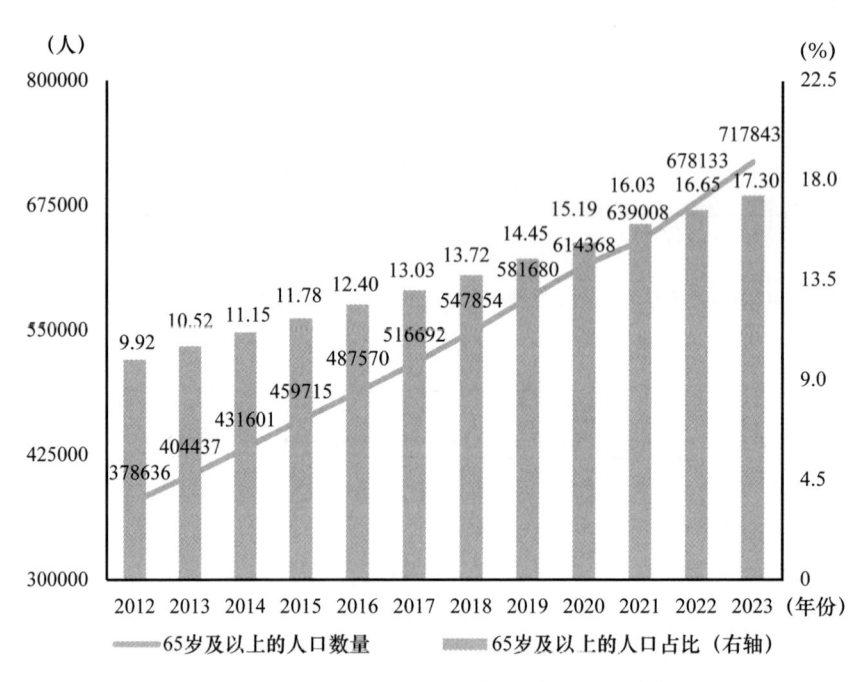

图 2-4　2012—2023 年新加坡 65 岁及以上的人口

资料来源：新加坡国家统计局。

因此，在人口年龄结构演化过程中，有两股内生力量在发生作用：一是生育数量的减少（少子化），它直接导致少儿比重的下降，同时间接带动劳动力和老年人比重的上升；二是人口预期寿命的延长（老龄化），它直接导致老年人比重的上升，同时间接挤压劳动力和少儿比重。① 就现阶段而言，新加坡人口的预期寿命还在显著上升，生育率则处于波动下行中，意味着一定时期内少子化和老龄化仍然是人口年龄结构的主流趋势。

综上所述，尽管新加坡出生率偏低以及老龄人口偏高，但仍然存在一定程度的人口自然增长率，新加坡的人口总量保持着增长的主旋律。其中，新加坡女性比例略高于男性比例，但人口的性别分布总体较为平衡。为了应对少子化和老龄化并存导致的人口压力，新加坡政府实施了一系列鼓励生育的政策，并通过各种计划吸引全球优秀人才成为新加坡永久居民。

（二）劳动力规模

新加坡面临的少子化和老龄化等人口问题，是考验新加坡经济的人力资源问题的一个方面。人力短缺问题日益严峻，导致劳动力市场趋紧，进而严重影响劳动力供给与需求匹配。从新加坡劳动年龄人口规模上看，新加坡劳动人口的数量增长较为缓慢。如图2-5所示，新加坡劳动年龄人口总量呈现出一定的波动性，但总体趋于上升，反映了人口结构变化或社会经济因素可能对该国劳动力供给产生的影响。2012年劳动力数量为336.18万人，在总人口中的占比约为63%；2023年劳动力数量上升至393.63万人，在总人口中的占比约为67%。

受新加坡国内劳动力供应不足和结构性供需失衡的影响，新加坡对外籍雇员的需求很大，外籍雇员是新加坡主要就业力量之一，占劳动力总数的近四成，形成了以外来劳工为主的人力资源模式。因此，

---

① 丁金宏、张伟佳、毛仁俊等：《人口年龄结构演化轨迹与转变模式：国际比较与中国特色》，《人口研究》2023年第1期。

新冠疫情暴发后，出入境政策收紧和防控压力导致外来务工人员流动受到阻碍，新加坡劳动力总数迅速下跌（见图2-5）。此外，新加坡人力部发布的《2022年劳动市场报告》显示，新增劳动力主要源自非居民雇员，但增幅有所放缓。灵活的移民政策为新加坡吸引了大量的外国直接投资，为经济发展提供了劳动力供给。由于这一因素，自1997年以来，新加坡经济以5.4%的增速快速发展。但是随着新加坡政府立法收紧移民政策，依赖移民劳动力的企业面临一定的难题。新加坡适龄工作人口较少并伴随人口老龄化加剧，本国劳动力规模可能进一步缩减，进而导致新加坡劳动力市场面临长期风险。

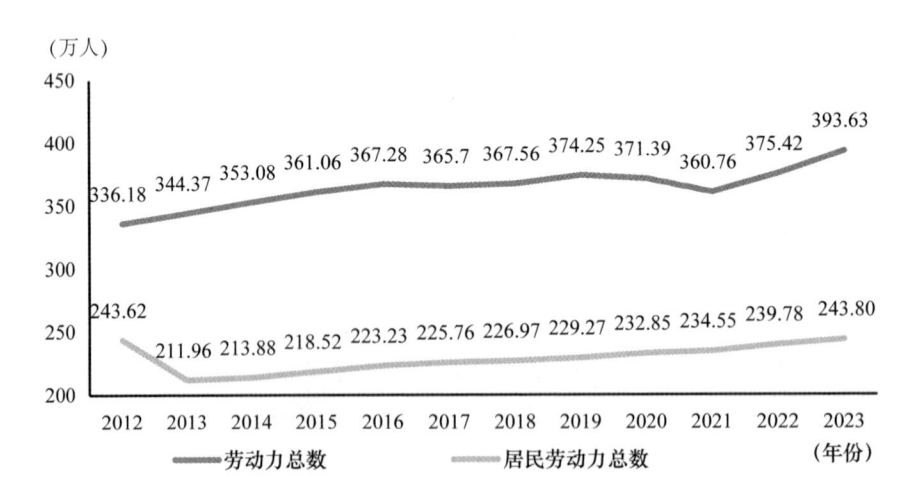

图2-5 2012—2023年新加坡劳动人口

资料来源：新加坡国家统计局。

新加坡对外籍雇员的依赖同样对中国"一带一路"对外投资产生影响。中国对新加坡直接投资主要流向制造业、建筑业、交通运输和零售业。以建筑行业为例，宝钢、华能等中资企业承建了新加坡很多重要的基础设施建设。新加坡工人供应短缺、人力需求大以及薪酬增长，导致整个建筑业的人工成本飙升。成本增加将极大地影响中国企业对外投资，在新加坡招聘时可能还面临人才紧缺和工资投入上升的风险。

（三）劳动力教育水平

人力资本水平的提升有助于驱动经济增长，而教育在提升人力资本积累方面发挥着重要作用。"一带一路"贯穿欧、亚、非三大洲，共建国家汇集了大量劳动力资源，但劳动力受教育水平存在较大的差异。[①] 中国在对外投资的选择上存在着明显的"差异化偏好"，而东道国人力资本水平是其中的重要影响因素之一。受教育水平较高、素质和技能良好的劳动力能显著降低企业培训成本，因而更能吸引外国直接投资；而受教育水平较低、丰裕和廉价的劳动力也能在一定程度上吸收密集型产业转移，但这种廉价劳工成本的吸引力正在逐渐减弱。因此，中国与"一带一路"共建国家的合作应根据东道国劳动力技能水平的客观国情，实施不同的经济合作侧重点。

由于建国初期人力资源的受教育水平无法满足以高增加值和科技创新主导的经济发展模式，新加坡政府大幅增加了对教育事业的资源投入，为工业化和经济发展提供了优质的人力资源。新加坡居民有平等接受教育的机会，进一步推动了社会的长远稳定。

根据高等教育发展三阶段理论，高等教育入学率的高低能够反映一个国家或地区高等教育大众化或普及化程度。[②] 如图 2-6 所示，2010—2020 年高等院校毛入学率呈现波动上升的态势。2010 年新加坡高等院校毛入学率已处于较高水平（72.0%）；2020 年达到 93.1%，增长约 20 个百分点。按照联合国教科文组织（UNESCO）对高等教育毛入学率的解释，数值超过 100% 意味着一国的高等教育理论上可以容纳全部的学龄人口。因此，新加坡处于普及化教育阶段，表明绝大多数的新加坡居民受过高等教育。新加坡高等教育毛入

[①] 苏丽锋、李俊杰：《"一带一路"沿线国家教育对经济增长影响效应分析——基于地域和收入水平的分类比较》，《教育与经济》2017 年第 2 期。

[②] Trow M., "Reflections on the Transition from Elite to Mass to Universal Access: Forms and Phases of Higher Education in Modern Societies Since WWII", *International Handbook of Higher Education*, Dordrecht: Springer Netherlands, 2007: 243-280.

学率高的原因主要是其经济的快速发展与政府对高等教育的重视,进而对高等教育进行相应改革,扩大了高等学校的招生规模,受教育者急剧增加。[①]

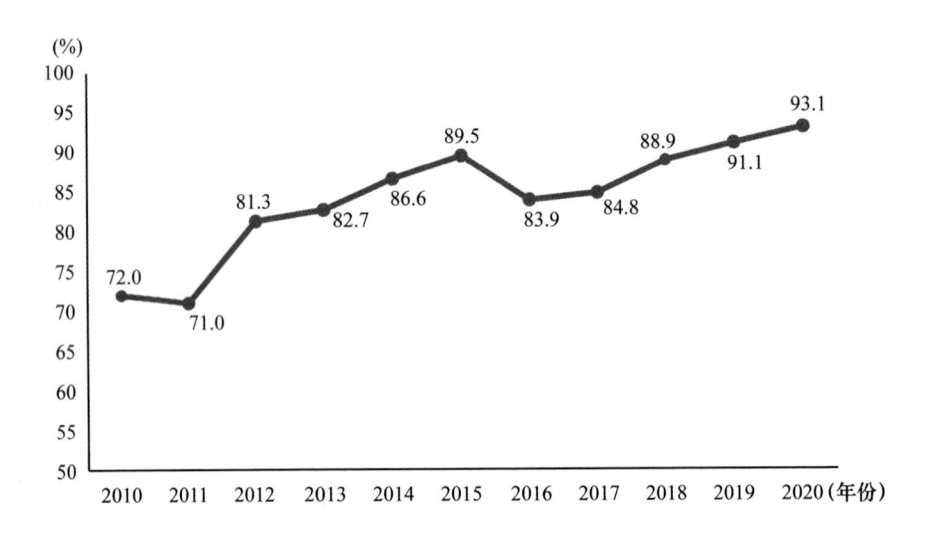

```
(%)
100
 95                                              89.5              88.9       91.1   93.1
 90
 85                         81.3   82.7   86.6          83.9  84.8
 80
 75   72.0
 70          71.0
 65
 60
 55
 50
     2010  2011  2012  2013  2014  2015  2016  2017  2018  2019  2020(年份)
```

图 2-6 2010—2020 年新加坡高等院校毛入学率

资料来源:新加坡国家统计局。

此外,根据最新公布的《人力资本指数报告》,新加坡排名全球第三,在亚洲国家中则排名第一,是前十名中唯一的亚洲国家。[②] 新加坡在"技能与就业""教育质量""环境基础"方面均获得了较高的评价。随着"一带一路"建设的深入推进,包括技术、经济和文化等各个领域在内的相关人才在国际合作中必将发挥越来越重要的作用。一方面,经济体对教育和健康的投资越大,其劳动者的创造力和薪资往往越高,从而使该经济体财富值更高,经济更强大;另一方面,已有研究认为东道国总入学率与直接投资效率存在显著的正相关

---

① 刘志民、刘路、胡顺顺:《"一带一路"沿线 73 国高等教育大众化进程分析》,《比较教育研究》2016 年第 4 期。

② 《人力资本指数报告》,环球网,https://china.huanqiu.com/article/9CaKrnJCBPf。

关系。新加坡劳动力相对较高的人力资本水平，具备对先进技术和外来投资的充分吸收能力，为引入中国企业对外投资提供坚实的载体。因此，在新加坡的中资企业可以因地制宜制定发展策略，提高直接投资效率和投资潜力，进而为优化"一带一路"共建国家布局提供经验。

二 劳动力市场分析

如前所述，新加坡人口结构有出生率低导致的少子化、65岁及以上人口增加造成的老龄化、劳动力供需失衡等问题，人力资源危机也对新加坡劳动力市场产生了直接影响。为此，本部分将着重分析新加坡劳动力市场状况，主要关注劳动参与率、行业结构情况、薪资水平以及劳动与雇佣管制等方面。

（一）劳动参与率

劳动参与率是关键性的经济指标，反映了经济活动人口占劳动年龄人口的比率。图2-7是2012—2023年新加坡劳动参与率的变化情况。从劳动参与率来看，新加坡的总体劳动参与率处于波动的状态，15岁以上总人口的劳动力参与率在经历了一段时间的增长又下降的阶段后，于2023年降至69.26%。15—64岁人口的劳动参与率，逐年上升。2022年，15—64岁总人口的劳动参与率达到79.26%，较2012年上涨约5个百分点。尽管整体劳动年龄人口的参与率有所波动，但年轻至中年劳动群体的参与度变化更为显著。总体而言，新加坡劳动参与率处于较高水平，位居世界前列。

由于个人与社会均存在多方面的因素，共同影响个人的劳动力供给选择，并最终决定了社会整体的劳动参与率。在男性劳动供给普遍缺乏弹性的前提下，各国劳动参与率的差异主要由女性劳动参与率决定。因此，按性别划分的劳动参与率表现出极大的差异。从图2-8可以看出，2012—2023年新加坡女性的劳动参与率逐渐上升，而男性劳

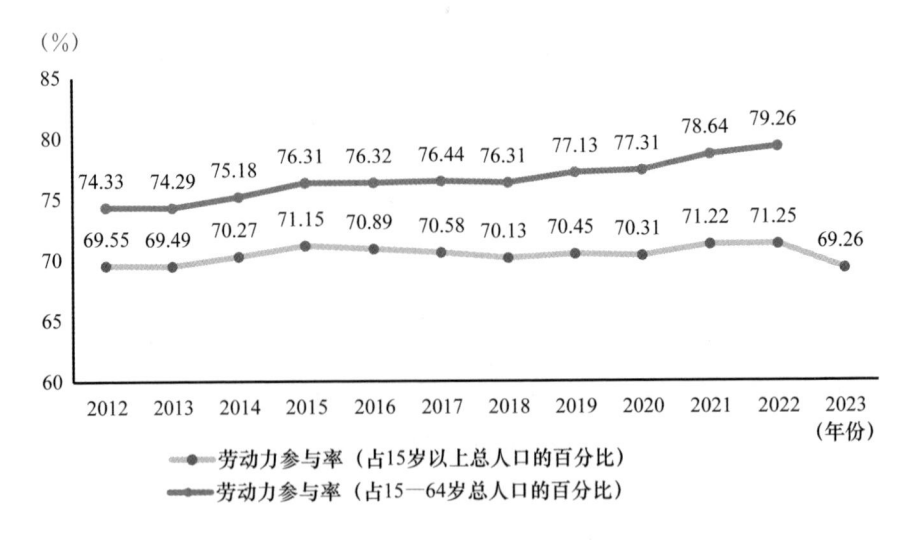

图 2-7　2012—2023 年新加坡劳动参与率

资料来源：世界银行。

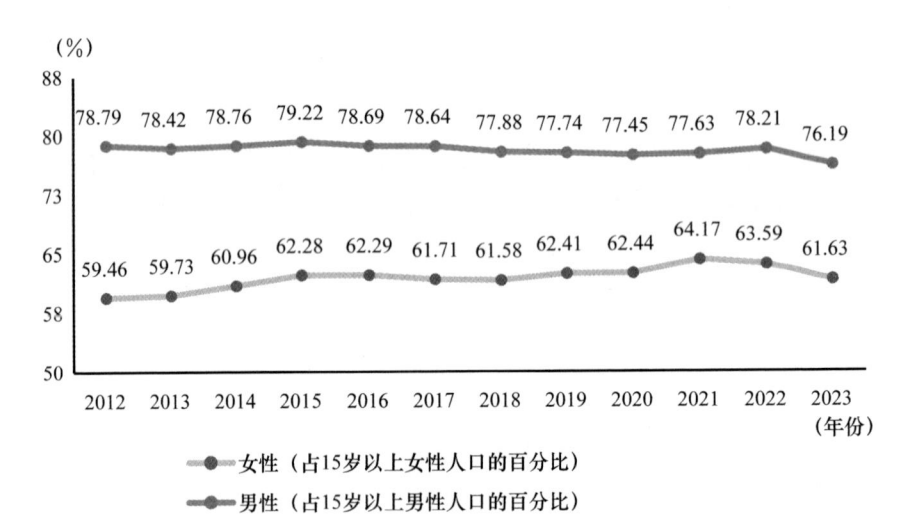

图 2-8　2012—2023 年新加坡劳动参与率（男女比例）

资料来源：世界银行。

动参与率则逐年下降。在发达经济体中，女性劳动力参与率正日渐接近男性劳动力参与率。尽管如此，2023 年新加坡女性的劳动参与率仍然比男性低约 14.5 个百分点，即女性的劳动参与率普遍低于男性。女性参与率有限，表明新加坡劳动力整体规模的潜在可用性较小。

在新加坡出生率低迷、劳动人口不足、老龄化程度加深的背景下，大量行业和企业对外籍雇员存在较大的需求。不断提高女性劳动参与率，在一定程度上能够缓解对外来劳动力的依赖，同时有利于海外投资的引进力度。但从决定一国女性劳动参与率的根本因素来看，传统文化、歧视与偏见以及女性对自身家庭——社会角色的认知，都会对女性的供给产生影响。只有不断改善女性就业环境、提高社会对女性参与劳动的包容度以及强化女性对自身角色的定位，才能积极影响女性的劳动参与决策。为此，新加坡政府通过改革劳动力市场制度、缓解女性就业意愿与生育意愿冲突，以此提高女性劳动参与意愿，增加长期中社会劳动总供给。这也为中国与新加坡在"一带一路"经济合作中更好地利用人力资源提供便利和支撑。

失业率同样是衡量劳动力市场的标准之一，它能够反映国家层面上的就业机会不足，以及劳动力资源的利用程度。失业率通常与劳动参与率相关，如果更多人参与劳动力市场，那么失业率可能会上升，但同时反映了更多人在寻找工作。如图 2-9 所示，2012—2023 年新加坡整体失业率维持在较低水平。2023 年，新加坡总失业人数达到近 7 万人，失业率为 2.7%。2020 年，劳动力市场指标在整个时期处于历史高位，失业人数骤升，失业率达到近十年来的最高点（4.1%）。此后，新加坡总失业率和居民失业率呈下降趋势且低于新冠疫情前水平。

随着新冠疫情防控措施的调整，新加坡地区经济加快复苏，劳动力市场的疲软有所改善，总就业人数有了明显增加。新加坡政府通过保持低失业率和鼓励就业等措施推动经济增长。一方面，为了减少失业人员，新加坡政府采取了一系列的政策。一是政府通过积极的经济政策、投资于基础设施建设、鼓励创新和提供高质量的教育体系等手段，促进了经济的稳定增长，创造了大量的就业机会。二是新加坡注重技能培训和职业教育，培养了大量高素质、适应力强的人才，为劳

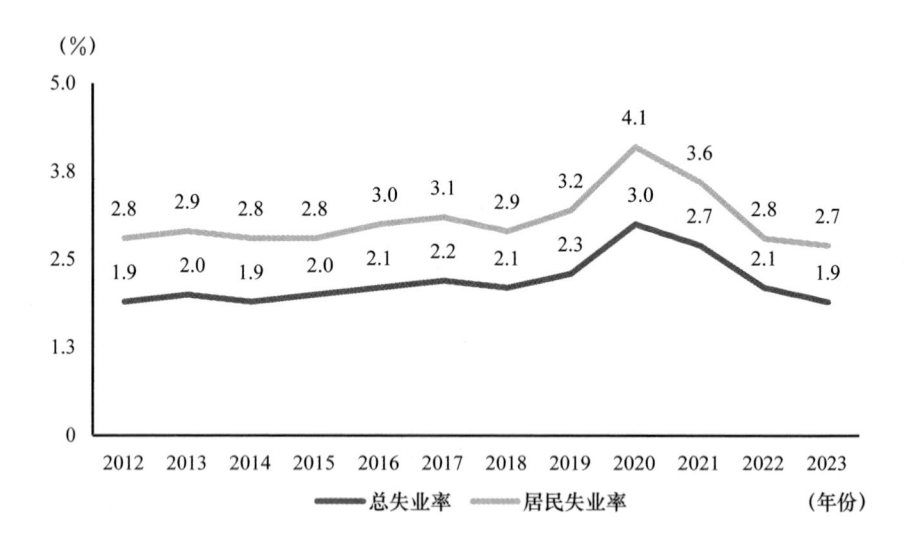

```
(%)
5.0
                                                              4.1
                                                                   3.6
3.8
         2.9                         3.0   3.1                3.0        2.8   2.7
    2.8       2.8   2.8                         2.9   3.2          2.7
2.5                                                                      2.1
                              2.1   2.2                                        1.9
    1.9  2.0       2.0              2.1   2.3
         1.9
1.3

 0
    2012 2013 2014 2015 2016 2017 2018 2019 2020 2021 2022 2023
              ── 总失业率      ── 居民失业率         （年份）
```

图 2-9　2012—2023 年新加坡失业率

资料来源：新加坡国家统计局。

动力提供了丰富的职业选择。受过良好教育的劳动力更易找到相匹配的工作，也能够良好适应市场的供需变化。三是新加坡的市场开放度高，社会稳定和法治环境也为企业提供了一个良好的经营环境，吸引了大量外国投资和国际企业前来设立业务，从而推动本地劳动力的就业增长。另一方面，随着人口老龄化和少子化程度加深，新加坡劳动力市场的供给减少，再加上一部分老年人选择退休或减少工作时间。相对于总劳动力来说，劳动供给人数逐渐减少，进一步导致失业率下降。同时，新加坡政府为了控制本土居民的失业率，严控外籍雇员进入当地劳动力市场的数量，从而达到提高本地就业人口比例的目的。

（二）行业结构情况

新加坡是全球最具活力、前景持续看好的新兴经济体之一，2023年人均生产总值为 8.2 万美元，位居世界第六。新加坡具有多元化的经济结构，以制造业为基础的服务业不断增长，为经济提供了有力支撑。在电子产业、能源与化工产业、通信科技产业以及精密工程产业等方面均处于全球领先状态。近年来，新加坡三大产业比例不断优化，第三产业发展水平较高，对国民经济增长发挥了重大贡献。

图 2-10 是 2012—2022 年新加坡三大产业就业人员占比情况。具体来看，由于第一产业产值占国民经济仅不到 0.1%，因此第一产业就业人员占就业总数的比重始终低于 1%，甚至第一产业就业人员占比表现出逐年下降的趋势。2012 年第一产业就业人数占比为 0.38%，2022 年为 0.11%，下降 0.27 个百分点。第二产业一直是新加坡经济发展的关键性支柱产业，受劳动力成本上升等因素导致的竞争力下降，叠加全球经济衰退带来的负面影响，进而导致新加坡第二产业的发展态势疲软。2012—2022 年，新加坡就业人员占比出现大幅下降，从 2012 年 20.29% 下滑至 2022 年 14.24%，降低 6.05 个百分点。

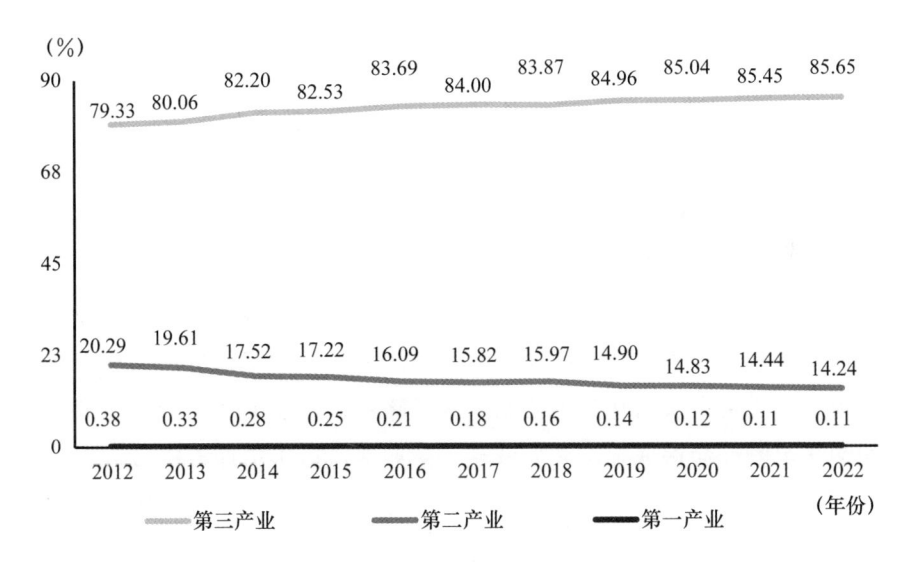

图 2-10 2012—2022 年新加坡三次产业就业人员占比

资料来源：世界银行。

与第一、第二产业有所不同，新加坡第三产业就业比例逐步上升。2022 年第三产业就业人员已占就业总数的 85.65%，也进一步反映了第三产业的重要经济角色。新加坡第一、第二产业的就业人数不断下降，第三产业就业人员持续上升，2022年占比分别为0.11%、14.24%、85.65%。这也进一步凸显了新加坡经济结构的特点，造成就业比例悬殊。在第一产业不具备发展基础、第二产业发展缺乏比较优势的背景下，新加坡在不同的发展阶段能够根据对应的要素禀赋，对产业结构进行相应地调整，进而顺利实现产业升级。

随着"一带一路"建设的持续推进，中国和新加坡在发挥彼此优势的基础上挖掘双方潜能，新加坡成为吸引中资企业投资的重要经济中心之一。新加坡的劳动力短缺和高水平收入导致劳动力成本上升过快，如果不能发挥因势利导作用，及时调整和扭转局面，产业政策将出现偏差。新加坡凭借其高效的国家治理体系，促使产业结构成功转型。

（三）薪资水平

最低工资标准将促使企业转变生产方式或改变雇佣劳动力的数量。若最低工资水平提高，企业雇佣的单个劳动力的经济支出增加，叠加社保基金、延长工时、带薪假期等可能的成本支出，将会在多个方面增加企业的成本支出，进而影响企业的产品价格和竞争力水平。而基础设施建设是"一带一路"倡议的重要组成部分，相关行业对最低工资制度较为敏感。新加坡的劳动法律法规未对最低工资标准进行规定，工资由公司和员工协商。这意味着，企业的劳工成本主要是缴纳法定的社会保证金，大大减轻了企业生产成本增加的压力。

虽然新加坡政府对最低工资标准保持中立态度，但东道国薪资水平同样是影响中资企业对外投资的决定性因素，劳工成本过高将削弱企业盈利能力。图2-11是2012—2023年新加坡全职就业居民每月就业总收入中位数的情况，新加坡薪资水平总体呈逐年上涨的态势。2012—2023年，新加坡的月平均工资由3480美元提高为5197美元，涨幅为49.34%。按照当年人民币兑美元的汇率计算，2012年月平均工资约合人民币22026元；2023年约合人民币36622元。根据世界银行的收入划分标准，新加坡为高收入国家。因此，居民月收入的高低能够在一定程度上说明部分经济状况，新加坡居民月收入与其人均生产总值排名基本相当。新加坡较高的工资水平增加了对周边地区移民劳工的吸引力，外籍雇员的涌入能弥补劳动力供应的不足，成为新加坡的主要就业力量之一。

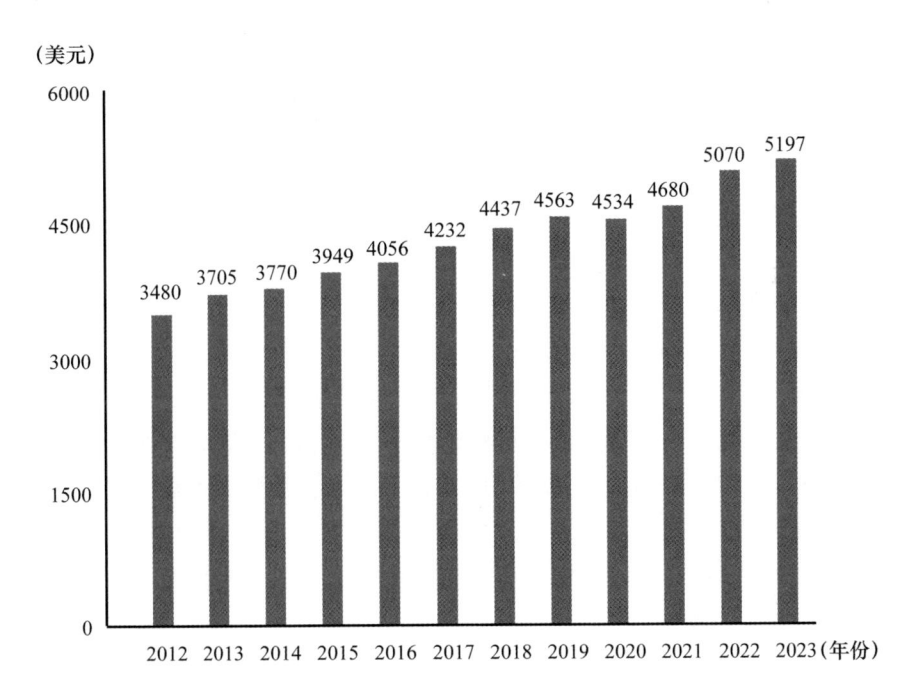

(美元)

年份	2012	2013	2014	2015	2016	2017	2018	2019	2020	2021	2022	2023
月平均名义收入	3480	3705	3770	3949	4056	4232	4437	4563	4534	4680	5070	5197

图 2-11　2012—2023 年新加坡月平均名义收入

资料来源：新加坡统计局。

综上所述，近年来，新加坡居民月收入一直保持稳定增长趋势。但由于新加坡的人口结构变化以及劳动力规模相对不足，适龄劳动力资源短缺的问题难以得到缓解。在此背景下，劳动力市场的供需失衡可能会进一步促使人均薪酬的上涨，进而增加企业用工成本和支出。不过随着外籍雇员进入当地劳动力市场的数量上升，降低了投资者可能面临的劳动力市场风险。

（四）劳动与雇佣管制

企业在对外投资时面临的人力资源管理和劳动力市场环境更为复杂，不仅要考虑东道国的政治局面稳定性，还要充分了解当地的法律法规、文化传统和其他制度，从而提供有针对性的劳动关系管理模式。

在法律框架方面，新加坡主要通过《移民法案》《雇佣法案》《外国人力雇佣法案》《职业安全与健康法案》等法律规范工作准证、劳动关系、外国工人管理、工伤赔偿及职业安全与健康等方面的问题。其中，关于外国人在新加坡工作的相关规定，所有外国雇员在新加坡受雇前必须持有有效的工作签证，且工作签证的类型多样化。例如，较为常见的工作证有工作许可证、就业准证、创业准证、培训工作许可证等。新加坡人力部实行需求导向型的工作许可政策，立足于企业的用人需求，有针对性地引进具有特定技能的人才。同时，对不同行业实行差异化配额限制，控制外籍雇员的雇佣比例。中资企业在对外投资之前，应全面了解劳动雇佣相关的法律法规，有效配置人力资源，提高工作效率。

在法定工作时间和假期方面，新加坡人力部对工作时间和加班条件有着严格的法律规定。保护范围内的雇员，如果一周工作超过5天，每天最多工作8小时或每周最多44小时。在上述工作时间上限外，延长工作需支付加班费。雇主必须向"雇用法第四部分雇员"支付不少于其每小时基本加班工资1.5倍的加班费。加班工资必须在工资周期结束后的14天内支付。"雇用法员工"有权在指定的公共假期，按照其总薪酬率享受带薪假期。新加坡共有11个公众假期，这些节日不包括在年假和休息日之内。

在社会保障方面，新加坡政府推行的中央公积金计划，是一项全面的社会保障储蓄，对所有在新加坡工作的新加坡公民及新加坡永久居民都是强制性的。新加坡雇员和雇主须按雇员薪金的百分比，每月向雇员的中央公积金账户缴款，雇主和雇员缴纳的比例根据雇员的年龄而定。中央公积金的使用范围包括退休储蓄、医疗福利、自置居所、家庭保护和资产增值。外籍雇员获得新加坡永久居民身份也将被列入中央公积金计划,否则无须缴纳公积金。[①]

在工会方面,新加坡重视保护本国劳动者的权益,并拥有发达的工会组织,但政府对劳工行动采取严肃的管制立场。新加坡全国职工总会是当地最大的工会,在代表劳动者与雇主或其他组织就工人待遇等问题的谈判方面具有很大的影响力。中资企业在新加坡设立分支机构时,应了解与工会组织相关的法律法规,依法与员工签订劳动合同。通过积极参与工会组织的活动,也能帮助企业深入了解新加坡劳动力市场的规范和条例。

三 总结

从新加坡人力资源的可用性来看,新加坡或将长期存在出生率和生育率下降、老龄人口增加、适龄劳动人口减少等人口问题。虽然新加坡人口总量在近些年总体保持增长的态势,但出生率和生育率持续走低,少子化特征逐步凸显。这两股内生力量共同对人口结构的演化发生作用,一是女性人均生育数量大量减少,连续多年创下历史新低水平。生育率低迷造成少儿比重下滑,长期内少子化的压力很难得到释放,这间接提高了劳动人口与老龄人口所占比重。二是预期寿命的显著延长则会带动老龄化程度加深,老年人口比例上升则挤压了适龄劳动人口占比。这些都会导致劳动供给减少,人口结构分布失衡,进一步影响了劳动力市场的供需匹配。人工成本将极大地影响中国企业对外投资,在劳动雇佣方面可能面临人才紧缺和工资投入上升的风险。但新加坡政府通过发挥教育对提升人力资本积累的作用,培养了一大批受教育水平较高、素质和技能良好的劳动力,并吸收了大量国际人才移民,以此补充和弥补了一定的人力资源不足的问题。

从新加坡劳动力市场的情况来看,其劳动参与率一直保持在相对

[①] 《"一带一路"国别介绍——新加坡》,https://www.lexology.com/library/detail.aspx?g=9b54a1a2-8b28-4974-8dcb-e8df62d630e9。

较高的水平。但女性参与率明显低于男性参与率，女性参与率有限，导致新加坡劳动力整体规模的潜力未能深入挖掘。相对于劳动参与率较高，更多人参与劳动力市场，那么新加坡失业率始终维持在较低水平。新冠疫情期间，新加坡失业人数骤升，失业率达到近十年来的最高点，此后逐渐恢复到疫情前的状态。从行业结构就业情况来看，新加坡劳动力表现出以第三产业为主、第二产业为辅的就业模式，这也进一步反映了第三产业作为重要经济支柱的角色。在薪资水平方面，劳动者享有与新加坡人均生产总值相当的收入水平，劳动力供给短缺可能会进一步助推平均工资上升。

总而言之，新加坡作为新兴发达经济体之一，其独特的地理位置和经济潜力，在"一带一路"经济合作中扮演着至关重要的角色。中国投资者设立分支机构时，应关注劳动力不足和劳工成本偏高的现状，积极通过加强数字技术和引入高技能劳动者弥补空缺岗位。同时，应当注意劳动力市场方面存在的法律法规风险，避免经贸合作中出现争端，切实保障自身利益。

第三章　印度尼西亚人力资源和劳动力市场状况[*]

印度尼西亚共和国，简称印度尼西亚，为东南亚国家；由17506个岛屿组成，是世界上最大的群岛国家，横跨亚洲及大洋洲，别称"万岛之国"。首都雅加达位于爪哇岛，为印度尼西亚最大城市，其他主要城市有泗水、万隆、棉兰和三宝珑。印度尼西亚是东南亚地区人口最多的国家，也是最大的经济体之一，能源和人力资源丰富，是中国重要的贸易伙伴国家之一，也是"一带一路"倡议中重要的共建国家。中国同印度尼西亚于1950年建交，2013年建立全面战略伙伴关系；2022年两国明确了共建中印尼命运共同体的大方向，续签"一带一路"和"全球海洋支点"构想合作谅解备忘录，签订《中印尼加强全面战略伙伴关系行动计划（2022—2026）》。

印度尼西亚是"一带一路"倡议的首倡之地，2013年，习近平主席在印度尼西亚首次提出共同建设"21世纪海上丝绸之路"的倡议；2014年，佐科总统提出"全球海洋支点"发展战略；2018年，两国政府签署共同推进"一带一路"和"全球海洋支点"建设的谅解备忘录，全方位共建"一带一路"进入快车道，尤其是近年来两国在投资领域的合作发展迅猛：2022年印度尼西亚从中国进口额为7064104美元，对中国出口7789081万美元，中国对印度尼西亚直接投资净额为455000万美元。印度尼西亚已成为中国在东盟第二大投资目的地。表3-1是2021年印度尼西亚主要发展指标。

---

[*] 作者简介：杨鑫尚，中国社会科学院大学经济学院博士研究生；主要研究方向为劳动经济学、人力资源管理。

表 3-1　　　　　　2021 年印度尼西亚主要发展指标

A 宏观经济与社会发展情况

人均 GDP（美元）	4349.50	实际 GDP 增速（%）	3.70
通货膨胀率（%）	1.87	公共债务占 GDP 比重（%）	48.00
财政余额占 GDP 比重（%）	-5.90	经常账户余额占 GDP 比重（%）	0.30
人口（亿人）	2.72	用电普及率（%）	75.00
医疗投入占 GDP 比例（%）	2.90	财政赤字率（%）	4.65
人类发展指数	0.70	基尼系数	38.20

B "一带一路"基础设施发展指数

	得分	排名
发展总指数	131	1
发展环境指数	114	11
发展需求指数	167	1
发展成本指数	101	43
发展热度指数	130	8

资料来源：《对外投资合作国别（地区）指南：印度尼西亚》（2021 年版），中国驻印度尼西亚大使馆经济商务处、商务部对外投资和经济合作司、商务部国际贸易与经济合作研究院，https：//zjydyl.zj.gov.cn/module/download/down.jsp？i_ID = 41179&colID = 1229701381；世界银行，https：//data.worldbank.org.cn/。

"一带一路"倡议是中国与印度尼西亚关系史上的一个里程碑，促使双方重新关注商业和经济合作。印度尼西亚拥有丰富的自然资源和不断增长的消费市场，已成为中国跨境互联互通愿景中颇具吸引力的合作伙伴。两国在基础设施建设、经贸合作和人文交流等方面进行了深入的合作。

首先，中国—印度尼西亚经济伙伴关系的核心是基础设施建设。"一带一路"倡议以发展基础设施为核心的原则，与印度尼西亚缩小基础设施差距、促进经济发展的愿望相契合。2014—2019 年，中国在印度尼西亚的投资推动了多个重要的基础设施项目的建设，如港口、高速公路、铁路和能源设施。雅万高速铁路是其中的标志性项目，全线通车后将缩短行程时间，提高物流效率，令两国间的出行和贸易面貌焕然一新。其次，"一带一路"倡议加强了印度尼西亚作为区域贸易中心的地位。港口和运输网络的升级加强了设施的互联互通和货物流通，使企业和消费者共同受益。中国的广阔市场和印度尼西亚优越的战略地理位置为促进贸易和增加投资提供了良好的平台，促进了东南亚地区和亚太地区的经济一体化。最后，"一带一路"倡议促进了文化交流和民心相通，双方通过交换学生、文化节和联合研究等项目举措增进了两国的友谊，加强了两国人民之间的相互了解，这些文化联系或将形成超越经济利益的永恒纽带。

中国和印度尼西亚进行"一带一路"合作的第一个十年是充满变革的十年。两国的伙伴关系已经超越了单纯的基础设施建设和经贸合作，包含了两国的相互尊重、文化交流和经济增长。随着数字互联互通、可持续发展等新机遇的到来，两国必将在下一个十年取得更加长足的进步。在这样的背景下，梳理印度尼西亚劳动力市场和人力资源情况，对于明确两国进一步深入合作有一定的启示作用，本章介绍印度尼西亚的人力资源和劳动力市场基本情况，包括印度尼西亚的人口总数与结构变化情况、人口素质（健康和教育发展情况）、劳动人口基本情况、劳动参与率基本情况及其结构、就业与失业基本情况和工资水平等，数据来自世界银行的世界发展数据库、国际货币基金组织数据库和印度尼西亚中央统计局。

一 人力资源基本情况

截至2023年12月，印度尼西亚人口总数为2.81亿人，占世界总人口的3.44%，是全球第四大人口大国，印度尼西亚人口资源十分丰富，本部分从人口总数和人口增长率、人口结构、人口预期寿命和教育发展四个方面介绍印度尼西亚的人力资源基本情况。

(一) 人口总数和人口增长率情况

根据印度尼西亚统计局公布的数据表明,截至2023年12月,印度尼西亚国内常住人口(仅计算印度尼西亚公民)约为2.81亿人,图3-1是2000—2023年印度尼西亚人口总数和增长率变化情况。

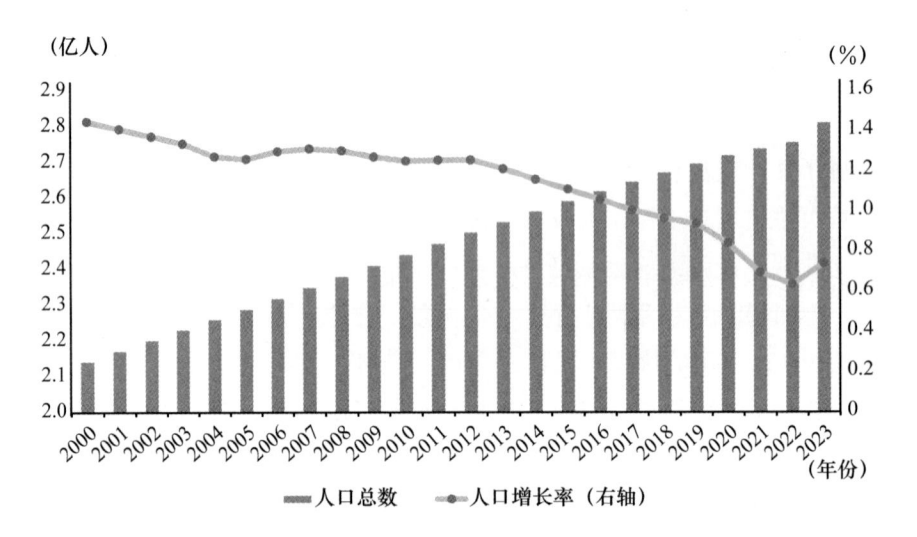

图 3-1 2000—2023 年印度尼西亚人口总数和人口增长率变化情况

资料来源:世界银行, https://data.worldbank.org.cn/。

从图3-1可以发现,2000年以来印度尼西亚人口一直处于增长状态,2000年人口为2.14亿人,2022年增长到2.76亿人,二十年间增长约6000万人。在人口总数增长的同时,人口增长率逐渐放缓,2000年印度尼西亚人口增长率为1.45%,2008年下降到1.3%,2017年再次下降到1.01%,2022年仅为0.64%,2023年回升到0.74%。表3-2是2013—2021年印度尼西亚人口出生率、死亡率和总和生育率变化情况。2013年印度尼西亚的人口出生率为19.42‰,死亡率为7.46‰,每名妇女生育2.43个孩子;2022年,人口出生率下降到16.20‰,死亡率上升到9.59‰,每名妇女平均生育2.15个孩子。

表 3-2　2013—2022 年印度尼西亚人口出生率、死亡率和生育率变化情况

年份	出生率（‰）	死亡率（‰）	总和生育率
2013	19.42	7.46	2.43
2014	18.95	7.43	2.39
2015	18.45	7.46	2.35
2016	18.02	7.53	2.31
2017	17.52	7.58	2.26
2018	17.18	7.50	2.23
2019	16.91	7.54	2.22
2020	16.65	8.96	2.19
2021	16.43	10.07	2.18
2022	16.20	9.59	2.15

资料来源：印度尼西亚国家统计局。

（二）人口结构基本情况

表 3-3 是 2013—2023 年印度尼西亚人口性别和城乡分布的基本情况。从性别角度来看，2023 年男性人口和女性人口占比分别是 50.51% 和 49.49%，可以发现印度尼西亚的男性和女性人口占比在过去十年基本维持在 1∶1。从城乡角度来看，2023 年农村人口和城镇人口占比分别是 41.80% 和 58.20%，印度尼西亚的农村和城镇人口占比在过去十年有明显的下降，从 2013 年的 4.8∶5.2 降到 2023 年的 4.2∶5.8，十年间人口城市化率增加约 8%。此外，2013 年有 12.86% 的人生活在人口超过 100 万人的城市群，2023 年为 14.27%，十年间增长约 1.5 个百分点。

表3-3　2013—2023年印度尼西亚人口性别和城乡分布基本情况　　单位:%

年份	男性	女性	农村	城镇	人口超过100万的城市群
2013	50.37	49.63	48.05	51.96	12.86
2014	50.37	49.63	47.37	52.64	12.95
2015	50.37	49.63	46.69	53.31	13.05
2016	50.38	49.62	46.01	53.99	13.16
2017	50.38	49.62	45.34	54.66	13.28
2018	50.38	49.62	44.68	55.33	13.41
2019	50.37	49.63	44.02	55.99	13.55
2020	50.37	49.63	43.36	56.64	13.71
2021	50.36	49.64	42.71	57.29	13.89
2022	50.35	49.65	42.07	57.93	14.09
2023	50.51	49.49	41.80	58.20	14.27

资料来源：世界银行，https://data.worldbank.org.cn/。

进一步分析印度尼西亚人口的年龄结构，表3-4是2013—2023年印度尼西亚人口年龄结构基本情况。2013年0—14岁、15—64岁和65岁及以上人口的占比分别是27.28%、66.64%和6.08%，2023年三类人群的占比分别为23.88%、69.13%和6.97%，相较2013年，2023年各年龄段的人口占比较为稳定。从15—64岁人口占比来看，印度尼西亚人口结构较为年轻。从抚养比来看，2013年印度尼西亚老年抚养比和少儿抚养比分别是9.13%和40.93%，2023年分别为10.31%和36.54%。

表3-4　2013—2023年印度尼西亚人口年龄结构基本情况　　单位:%

年份	0—14岁	15—64岁	65岁及以上	老年抚养比	少儿抚养比率
2013	27.28	66.64	6.08	9.13	40.93

续表

年份	0—14岁	15—64岁	65岁及以上	老年抚养比	少儿抚养比率
2014	27.08	66.79	6.13	9.18	40.54
2015	26.88	66.94	6.19	9.24	40.15
2016	26.66	67.08	6.25	9.32	39.74
2017	26.44	67.22	6.35	9.44	39.33
2018	26.20	67.34	6.46	9.59	38.91
2019	25.96	67.44	6.59	9.78	38.50
2020	25.72	67.57	6.71	9.93	38.06
2021	25.48	67.74	6.78	10.01	37.61
2022	25.21	67.94	6.86	10.09	37.10
2023	23.88	69.13	6.97	10.31	36.54

注：老年抚养比=老年人口（64岁以上人口）/工作年龄人口（15—64岁人口）；少儿抚养比=少儿人口（0—14岁人口）/工作年龄人口（15—64岁人口）。

资料来源：世界银行，https://data.worldbank.org.cn/；印度尼西亚统计局。

（三）人口预期寿命变化情况

近年来，印度尼西亚社会在疾病防治和降低人口非正常死亡率方面做了很大努力，也取得了积极进展，标志之一是居民预期寿命明显提高，1960年以来印度尼西亚的出生人口预期寿命缓慢上升，1960年只有46.45岁，1983年为60.27岁，1995年达到65.24岁。分性别来看，女性寿命略长于男性，女性在1981年的预期寿命为60.85岁，而男性在1986年才达到60.15岁。表3-5是2013—2022年印度尼西亚预期寿命的变化情况。2013年印度尼西亚人口的出生时平均预期寿命为69.3岁，2019年达到70.5岁，2020年和2021年相较2019年有所下降，分别为68.8岁和67.6岁，2022年上升为68.3岁，同2020年的水平相近，但低于新冠疫情发生之前的2019年。分性别来看，女性的预期寿命高于男性，2013年女性预期寿命为71.3

岁，男性只有 67.2 岁；2019 年女性预期寿命为 72.6 岁，男性为 68.5 岁。2020 年以来，由于新冠疫情等原因，预期寿命下降明显，女性和男性 2021 年分别为 69.7 岁和 65.5 岁，低于 2013 年。2022 年预期寿命有所回升，女性和男性分别为 70.4 岁和 66.2 岁，同 2020 年的水平相近，但低于新冠疫情发生之前的 2019 年。相较亚洲其他国家，2022 年印度尼西亚出生时的预期寿命低于中国（79 岁）、日本（85 岁）、韩国（84 岁）、泰国（80 岁）、越南（75 岁）、朝鲜（74 岁）、菲律宾（72 岁），高于缅甸（67 岁），在亚洲国家中排名靠后，同样低于 2022 年全球出生人口的预期寿命（72 岁）。

表 3-5　　　2013—2022 年印度尼西亚预期寿命变化情况　　　单位：岁

年份	出生时平均预期寿命	女性	男性
2013	69.3	71.3	67.2
2014	69.5	71.5	67.6
2015	69.7	71.6	67.8
2016	69.8	71.8	67.9
2017	69.9	71.9	68.0
2018	70.3	72.4	68.3
2019	70.5	72.6	68.5
2020	68.8	71.0	66.7
2021	67.6	69.7	65.5
2022	68.3	70.4	66.2

资料来源：世界银行，https://data.worldbank.org.cn/。

（四）教育发展情况

国民受教育程度是衡量一个国家人口素质的重要指标。印度尼西亚在漫长的历史中长久地处于分裂的状态，直到 1949 年印度尼西亚共和国成立，才成为一个真正意义上完整的、独立的国家。在这种情况下，印度尼西亚的教育分别经历印度文化、伊斯兰文化、日本文化和荷兰殖民文化。因此，独立后的印度尼西亚一直没有一个统一的民族思想和属于印度尼西亚民族的完整的教育体系。

表3-6是印度尼西亚主要教育指标。第一，2022年印度尼西亚教育支出占GDP的比重为2.4%，2022年主要经济体的教育支出占GDP比重为：中国，3.3%；美国，5.4%；英国，5.4%；法国，5.2%（2021年）。亚洲其他主要经济体的支出占比为：日本，3.5%（2021年）；泰国，2.6%；越南，2.9%；马来西亚，3.5%；韩国3.14%。印度尼西亚同这些国家相比，教育支出占GDP比重较低，低于低收入国家（3.7%）和中等收入国家（3.5%）平均水平，但高于南亚国家的平均水平（2.0%）。

第二，2022年印度尼西亚高等院校、中职院校、高中学校、初中学校和小学学校数量分别为4593所（2021年）、14265所、14236所、41986所、148975所。在校生分别为885万人（2020年）、505万人、516万人、988万人和2407万人。

第三，2022年印度尼西亚高等教育毛入学率为31.45%，高中和中职阶段教育毛入学率为81.68%，25岁以上完成本科及以上教育的占比为9.58%，25—64岁人口的识字率为96.96%（2020年），表明印度尼西亚人口素质较高。

表3-6　　　　　　　印度尼西亚主要教育指标

教育指标	2018年	2020年	2021年	2022年
教育支出占GDP比重（%）	2.84	3.49	3.04	2.40
高等院校数量（所）	—	—	4593	—
中职院校数量（所）	—	—	14078	14265
高中学校数量（所）	—	—	13865	14236
初中学校数量（所）	—	—	40597	41986
小学学校数量（所）	—	—	148743	148975
高等院校学生数（万人）	—	—	885	—

续表

教育指标	2018 年	2020 年	2021 年	2022 年
中职学生数（万人）	—	—	526	505
高中学生数（万人）	—	—	502	516
初中学生数（万人）	—	—	1009	988
小学学生数（万人）	—	—	2485	2407
小学毛入学率（%）	—	106.32	106.2	106.14
初中毛入学率（%）	—	92.06	92.8	87.76
高中和中职毛入学率（%）	—	85.43	85.23	81.68
高等院校毛入学率（%）	—	30.85	31.19	31.45
年龄 25 岁以上完成小学教育的占比（%）	78.42	81.93	84.92	83.22
年龄 25 岁以上完成初中教育的占比（%）	50.91	54.57	57.04	56.70
年龄 25 岁以上完成高中教育的占比（%）	34.6	38.1	39.55	39.56
年龄 25 岁以上完成本科及以上教育的占比（%）	10.04	11.18	9.49	9.58
15—24 岁的青年识字率（%）	99.7	99.77	—	—
15 岁及以上成人识字率（%）	95.65	95.9	—	—
25—64 岁人口的识字率（%）	96.76	96.96	—	—
65 岁及以上老年人口的识字率（%）	74.34	77.9	—	—

资料来源：EPS 国际教育数据库；左志刚：《印度尼西亚经济社会发展报告（2021—2022）》，社会科学文献出版社 2023 年版。

二 劳动力市场基本情况

印度尼西亚是一个拥有庞大劳动力队伍的国家，本部分从劳动人口数量、劳动参与率、就业与失业和工资水平四个方面对印度尼西亚劳动力市场基本情况进行介绍。

（一）劳动人口数量变化情况

按照国际劳工组织的定义，将所有年满15周岁，符合国际劳工组织对从事经济活动人口所作定义的群体①为劳动力。图3-2是2013—2023年印度尼西亚劳动人口数量和女性劳动力占比变化情况。2013年劳动力总数为1.22亿人，2022年提高到1.40亿人，十年间总体保持上升趋势。分性别来看，2013年女性劳动力占比为37.9%，一直保持上升趋势，2018年达到39.2%，随后保持稳定。以上表明印度尼西亚劳动人口在过去十年间持续上升，且男性劳动人口多于女性。

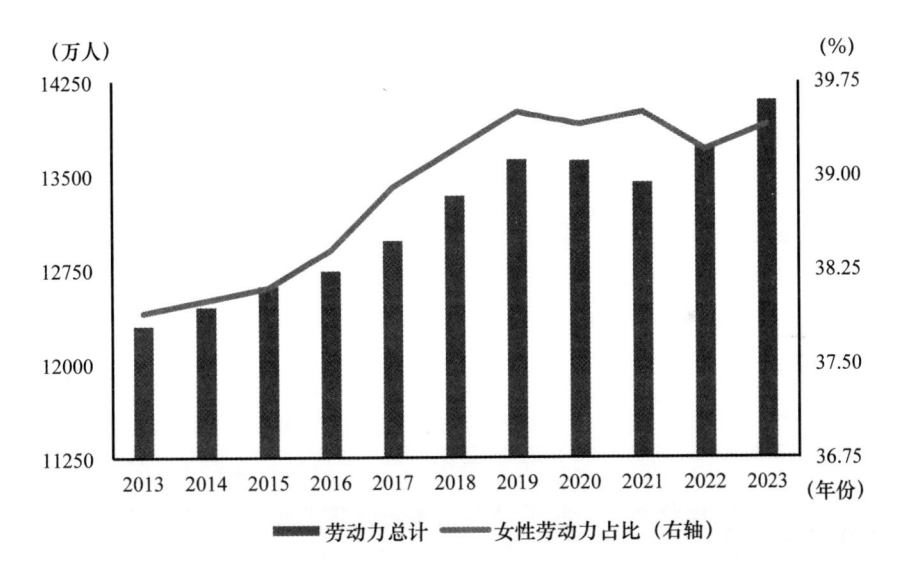

图3-2 2013—2023年印度尼西亚劳动人口数量和女性劳动力占比变化情况

资料来源：世界银行，https://data.worldbank.org.cn/。

---

① 符合国际劳工组织对从事经济活动人口所作定义的群体为：所有在特定阶段为货物和服务的生产提供劳力的人员。既包括就业者，也包括失业者。虽然各国在对待武装部队、季节工或兼职工的做法有所不同，但一般而言劳动力包括武装部队、失业者、首次求职者，但是不包括料理家务者和非正规部门的其他无偿看护和工人。

从表 3-7 可以看出，2023 年占比最高的劳动状况是雇员（50.38%），其次是自营工作者（28.65%）和临时工雇主（22.36%），占比最低的是长期工雇主（4.91%）。从时间上来看，2021 年 2 月到 2023 年 2 月各类劳动状况的劳动力占比情况较为稳定。

表 3-7　印度尼西亚劳动人口的劳动状况　　　单位：%

劳动状况	2021 年 2 月	2021 年 8 月	2022 年 6 月	2022 年 8 月	2023 年 2 月
自营工作者	25.65	27.23	26.91	29.82	28.65
临时工雇主	21.61	19.27	22.28	19.79	22.36
长期工雇主	4.40	4.05	4.48	4.11	4.91
雇员	48.52	49.09	49.80	50.95	50.38
农业临时工	5.00	5.81	5.51	5.59	5.73
非农业临时工	6.70	7.67	6.92	7.34	6.59
无报酬工人	19.18	17.93	19.71	17.70	20.01

资料来源：印度尼西亚统计局。

（二）劳动参与率情况

劳动参与率是考察劳动力市场的重要指标，对于劳动力市场的稳定和发展具有重要作用。劳动参与率是衡量经济活力和劳动力供给的关键指标，高劳动参与率意味着更多的劳动力参与生产和创造价值，推动经济增长和发展，同时劳动参与率对评估劳动力市场的就业水平也有重要作用。

1. 劳动参与率基本情况

按照国际劳动组织的定义，劳动参与率指在适龄劳动人口中，实际从事劳动工作的人数占总人口的比例。表 3-8 是 2013—2023 年印度尼西亚劳动参与率变化情况。从总体劳动参与率情况来看，2013 年 15 岁以上人口的劳动参与率为 67.60%，15—64 岁人口的劳动参与率为 69.31%，2023 年 15 岁以上人口的劳动参与率为 67.6%，15—64 岁人口的劳动参与率为 69.09%（2022 年），总体人口的劳动参与率保持稳定。分性别来看，2013 年 15 岁以上男性的劳动参与率为 82.84%，15—64 岁男性的劳动参与率为 85.01%，2023 年，15 岁以上男性的劳动参与率为 81.92%，15—64 岁男性的劳动参与率为 83.16%（2022 年）；2013 年 15 岁以上女性的劳动参与率为 50.67%，15—64 岁女性的劳动参与率为 53.21%，2023 年，15 岁以上女性的劳动参与率为 53.27%，15—64 岁女性的劳动参与率为 54.62%（2022 年）。以上结果表明：第一，印度尼西亚男性和女性的劳动参与率总体来说保持稳定，15 岁以上男性的劳动参与率约为 80%，女性约为 50%。15—64 岁男性劳动参与率约为 80%，女性约为 55%。第二，男性的劳动参与率高于女性，15 岁以上的男性劳动参与率高于女性约 30%，15—64 岁男性劳动参与率高于女性约 25%。

表 3-8　　　2013—2023 年印度尼西亚劳动参与率变化情况　　　单位:%

年份	总体		男性		女性	
	15 岁以上	15—64 岁	15 岁以上	15—64 岁	15 岁以上	15—64 岁
2013	66.76	69.31	82.84	85.01	50.67	53.21
2014	66.62	69.10	82.63	84.72	50.60	53.06
2015	66.58	69.04	82.41	84.51	50.73	53.17
2016	66.31	68.78	81.69	83.77	50.91	53.39
2017	66.69	69.08	81.46	83.45	51.90	54.32
2018	67.65	70.06	82.19	84.17	53.09	55.56
2019	68.24	70.61	82.55	84.53	53.91	56.30
2020	67.40	69.68	81.61	83.50	53.17	55.46
2021	65.87	68.21	79.69	81.63	52.03	54.41
2022	66.61	69.09	80.56	83.16	52.66	54.62
2023	67.60	—	81.92	—	53.27	—

资料来源：世界银行，https://data.worldbank.org.cn/；印度尼西亚统计局，https://www.bps.go.id/。

2. 劳动参与率的教育分布

表3-9是2013—2022年印度尼西亚不同受教育水平劳动力人口的劳动参与率情况。2013年接受基础教育、中等教育和高等教育的劳动参与率分别为62.44%、71.21%和86.61%；2022年分别为63.05%、68.95%和80.44%。接受高等教育的劳动参与率高于中等教育约10%，高于基础教育约20%。

表3-9 2013—2022年印度尼西亚劳动参与率的教育分布情况　　单位：%

年份	基础教育	中等教育	高等教育
2013	62.44	71.21	86.61
2014	62.00	71.12	86.41
2015	61.71	70.78	85.62
2016	61.23	70.70	85.59
2017	61.63	70.69	84.87
2018	62.84	72.19	81.86
2019	63.34	72.10	84.08
2020	62.96	70.70	82.26
2021	61.89	68.33	80.48
2022	63.05	68.95	80.44

注：基础教育、中等教育和高等教育的定义分别是，受过基础教育、中等教育和高等教育的劳动适龄人口在劳动力中所占的百分比；根据《2011年国际标准教育分类》（ISCED 2011），基础教育包括初等教育或初中教育。中等教育包括高中或中等后非高等教育。高等教育包括短期高等教育、学士学位或同等学力、硕士学位或同等学力、博士学位或同等学力。

资料来源：世界银行，https：//data.worldbank.org.cn/。

分性别来看，由表3-10可知，第一，2013年接受基础教育、中等教育和高等教育的男性劳动参与率分别为79.26%、86.69%和92.96%，2022年分别为77.78%、84.24%和88.96%；2013年接受基础教育、中等教育和高等教育的女性劳动参与率分别为45.43%、52.08%和80.17%,2022年分别为48.08%、50.60%和73.15%。第二,男性的劳动参与率高于女性,接受基础教育、中等教育和高等教育的男性劳动参与率分别比女性高出约25%、35%和10%。第三,接受基础教育和中等教育的女性劳动参与率相较接受高等教育有明显的差异,接受过高等教育的女性劳动参与率同男性差距不大。

表3-10　　2013—2022年印度尼西亚劳动参与率教育分布情况的性别差异　　单位:%

年份	男性			女性		
	基础教育	中等教育	高等教育	基础教育	中等教育	高等教育
2013	79.26	86.69	92.96	45.43	52.08	80.17
2014	79.00	86.52	92.73	45.02	51.76	80.22
2015	78.67	86.12	91.75	44.93	51.59	79.62
2016	77.58	85.96	91.68	44.91	51.8	79.93
2017	77.17	85.51	91.02	46.14	52.51	79.13
2018	78.22	86.68	88.16	47.59	54.2	76.05
2019	78.75	85.94	90.16	48.01	55.07	78.61
2020	78.25	84.95	88.39	47.78	53.48	76.75
2021	76.72	82.19	86.91	47.22	51.59	74.93
2022	77.78	84.24	88.96	48.08	50.60	73.15

资料来源:世界银行,https://data.worldbank.org.cn/。

(三) 就业与失业情况

就业和失业是劳动力市场中最重要的两个方面,就业可以提高劳动力市场的稳定性和活力,促进经济增长和社会发展。在就业的过程中,劳动者可以通过自己的努力和技能获得收入,提高生活水平和质量。同时,就业也可以为企业带来更多的人力资源,提高生产效率和竞争力，这对于整个经济系统的发展具有重要的作用。失业则可能导致劳动力市场的不稳定和经济下滑。失业者无法获得稳定的收入，可能会面临贫困和社会排斥等问题。同时，失业也会导致企业缺乏足够的人力资源，影响生产效率和竞争力。失业率的上升还可能导致社会不安定和犯罪率的增加等问题。

1. 就业情况

（1）印度尼西亚的就业基本情况

按照国际劳工组织的定义，将就业率定义为是指某一国家中就业人员占劳动适龄人口的百分比［一般将15岁（含）以上人口视为劳动适龄人口］。表3-11是2018—2023年印度尼西亚就业率基本情况。从总就业率来看，2018年就业率为64.68%，2023年为65.38%，就业率总体保持稳定。分性别来看，2018年女性就业率为50.87%，2023年为51.68%；2018年男性就业率为78.47%，2023年为79.08%，男性就业率高于女性约25%。2018年就业人口的人均GDP为25968.00美元，2023年为28652.35美元，增长约2500美元。同时可以发现，非正式就业的占比高于正式就业占比（5.8:4.2），表明印度尼西亚劳动力市场发育并不充分，大量劳动力不能在正规就业市场中找到固定工作。

表3-11　　2018—2023年印度尼西亚就业基本情况

年份	2018	2019	2020	2021	2022	2023
就业率（%）	64.68	65.79	64.54	63.35	64.70	65.38
#女性（%）	50.87	52.11	51.17	50.39	50.88	51.68
#男性（%）	78.47	79.45	77.89	76.29	78.51	79.08
弱势群体就业率（%）	48.33	48.25	49.52	49.90	50.28	—
#女性（%）	57.20	57.00	58.20	58.90	59.26	—
#男性（%）	43.20	43.90	43.50	43.96	44.46	—
正式就业（%）	43.02	44.12	39.53	40.38	41.94	—

续表

年份	2018	2019	2020	2021	2022	2023
非正式就业（%）	56.98	55.88	60.47	59.62	58.06	—
就业人口的人均GDP（美元）	25968.00	26474.00	26123.91	27319.5	27887.63	28652.35

注：就业人口的人均GDP使用2021年不变价购买力平价美元进行了折算；非正式就业是指其正常工作时间少于正常工作时间的非正规就业；弱势群体指无酬家庭就业者和自营就业者。

资料来源：世界银行，https：//data.worldbank.org.cn/；印度尼西亚统计局，https：//www.bps.go.id/。

（2）印度尼西亚就业的行业分布情况

由表3-12可知，第一，2013年，第一、第二和第三产业的就业率分别为34.98%、20.95%和44.07%，2022年分别为29.28%、21.86%和48.84%，相比2013年，2022年第一产业就业率下降约6个百分点，第二产业就业率增加1个百分点，第三产业就业率增加了5个百分点。第二，三大产业的就业率相对稳定，第三产业部门（约48%）高于第二产业（约20%）和第一产业（约30%）。

表3-12　　2013—2022年印度尼西亚就业的行业分布情况　　单位：%

年份	第一产业	第二产业	第三产业
2013	34.98	20.95	44.07
2014	34.28	21.40	44.32
2015	33.04	22.04	44.92
2016	31.82	21.72	46.46
2017	30.79	22.02	47.19
2018	29.71	22.27	48.01
2019	28.72	22.30	48.98

续表

年份	第一产业	第二产业	第三产业
2020	29.57	21.54	48.89
2021	28.99	21.76	49.25
2022	29.28	21.86	48.84

注：第一产业包括农业、狩猎、林业和渔业活动；第二产业包括采矿和采石业、制造业、建筑业和公用事业（电力、煤气和水）；第三产业包括批发零售以及餐馆和旅馆业；运输、仓储和通信；金融、保险、房地产和商务服务以及社区、社会和个人服务。

资料来源：世界银行，https://data.worldbank.org.cn/。

分性别来看，由表 3-13 可知，第一，2013 年，第一、第二和第三产业的男性劳动力就业率分别为 35.6%、24.1% 和 40.2%，弱势群体和非全日制就业率男性分别为 45.0% 和 35.1%。2022 年，第一、第二和第三产业的男性劳动力就业率分别为 31.1%、25.5% 和 48.8%，弱势群体和非全日制就业率男性分别为 44.5% 和 33.7%；2013 年，第一、第二和第三产业的女性劳动力就业率分别为 33.9%、15.7% 和 50.4%，弱势群体和非全日制女性就业率分别为 58.6% 和 47.7%。2022 年，第一、第二和第三产业的女性劳动力就业率分别为 26.5%、16.3% 和 57.1%；弱势群体和非全日制女性就业率分别为 59.3% 和 47.7%。第二，第二和第三产业的男性就业率高于女性（分别高出 4 个和 10 个百分点），第三产业的女性就业率高于男性约 8 个百分点。弱势群体和非全日制中女性的就业率相较男性分别高出 15 个和 25 个百分点。

表 3-13　2013—2022 年印度尼西亚就业行业分布的性别差异　　单位：%

年份	男性					女性				
	第一产业	第二产业	第三产业	弱势群体	非全日制	第一产业	第二产业	第三产业	弱势群体	非全日制
2013	35.6	24.1	40.2	45.0	35.1	33.9	15.7	50.4	58.6	47.7

续表

年份	男性 第一产业	男性 第二产业	男性 第三产业	男性 弱势群体	男性 非全日制	女性 第一产业	女性 第二产业	女性 第三产业	女性 弱势群体	女性 非全日制
2014	34.8	25.1	40.1	44.3	31.9	33.4	15.4	51.2	58.5	46.7
2015	33.3	25.9	40.8	41.9	29.7	32.6	15.8	51.6	56.6	43.8
2016	32.9	25.3	41.8	42.2	29.7	30.1	16.0	53.9	56.3	43.9
2017	32.0	25.4	42.5	42.4	30.0	28.8	16.7	54.5	56.8	44.7
2018	31.1	25.7	43.2	42.7	31.9	27.6	17.0	55.4	57.3	46.1
2019	30.1	26.0	43.9	42.7	31.5	26.6	16.6	56.8	57.1	45.8
2020	31.2	25.3	48.9	43.9	34.4	27.1	15.8	57	58.2	48.3
2021	31.0	25.6	49.3	44.0	36.6	26.0	15.9	58.1	58.9	50.0
2022	31.1	25.5	48.8	44.5	33.7	26.5	16.3	57.1	59.3	47.7

资料来源：世界银行，https://data.worldbank.org.cn/；印度尼西亚统计局，https://www.bps.go.id/。

（3）印度尼西亚就业的受教育水平分布情况

表3-14是2019—2021年印度尼西亚就业的受教育水平分布情况。2019—2021年，具有小学及以下学历的就业者占比最多，分别为39.83%、39.89%和37.41%；其次是高中学历，占比分别为29.95%、30.51%和31.13%；接受过高等教育的占比只有12.38%、12.33%和12.92%。

表3-14　2019—2021年印度尼西亚就业的受教育水平分布　　单位：%

受教育水平	2019年	2020年	2021年
小学及以下	39.83	39.89	37.41
初中	18.27	18.27	18.54

续表

受教育水平	2019 年	2020 年	2021 年
高中	29.95	30.51	31.13
高等教育	12.38	12.33	12.92

资料来源：印度尼西亚统计局，https://www.bps.go.id/。

2. 失业情况

（1）印度尼西亚失业率基本情况

按照国际劳工组织的定义，将失业率定义为某一国家中失业人数占劳动适龄人口的百分比，其中失业人数是指目前没有工作但可以参加工作且正在寻求工作的劳动力数量。表3-15是2013—2023年印度尼西亚失业率基本情况。从总失业率来看，2013年失业率为4.34%，2023年为3.41%，失业率总体保持稳定且略有下降。分性别来看，2013年女性失业率为4.27%，2023年为3.11%，2013年男性失业率为4.38%，2023年为3.61%，男性失业率略高于女性。

表3-15　　2013—2023年印度尼西亚失业率基本情况　　单位：%

年份	总失业率	女性失业率	男性失业率
2013	4.34	4.27	4.38
2014	4.05	3.88	4.15
2015	4.51	4.43	4.57
2016	4.3	3.87	4.57
2017	3.78	3.48	3.97
2018	4.39	4.18	4.52
2019	3.59	3.35	3.75
2020	4.25	3.77	4.57
2021	3.83	3.15	4.27

续表

年份	总失业率	女性失业率	男性失业率
2022	3.46	3.15	3.66
2023	3.41	3.11	3.61

资料来源：世界银行，https://data.worldbank.org.cn/。

（2）印度尼西亚失业的教育分布情况

表3-16是2013—2022年印度尼西亚不同受教育水平劳动力人口的失业率情况。2013年接受基础教育、中等教育和高等教育的劳动力失业率分别为3.35%、7.99%和5.21%，2022年分别为1.99%、6.27%和4.10%。其中，接受基础教育的劳动力失业率最低（约2%），接受中等教育的劳动力失业率最高（约6%），接受高等教育的劳动力失业率约为5%。

表3-16　2013—2022年印度尼西亚失业的教育分布情况　　单位：%

年份	基础教育	中等教育	高等教育
2013	3.35	7.99	5.21
2014	2.94	7.64	4.96
2015	3.09	8.48	5.44
2016	3.07	7.54	4.95
2017	2.61	6.95	4.21
2018	2.97	7.71	5.31
2019	2.38	6.21	4.38
2020	2.87	7.27	4.60
2021	2.25	6.70	4.43
2022	1.99	6.27	4.10

资料来源：世界银行，https://data.worldbank.org.cn/；印度尼西亚统计局，https://www.bps.go.id/。

分性别来看，由表 2-17 可知，2013 年接受基础教育、中等教育和高等教育的男性劳动力失业率分别为 3.56%、7.30% 和 4.66%，2022 年分别为 2.32%、6.03% 和 4.03%。2013 年接受基础教育、中等教育和高等教育的女性劳动力失业率分别为 2.98%、9.43% 和 5.85%，2022 年分别为 1.44%、6.75% 和 4.17%，可以发现，男性和女性失业率差别不大。

表 3-17　2013—2022 年印度尼西亚失业率教育分布的性别差异　　单位:%

年份	男性			女性		
	基础教育	中等教育	高等教育	基础教育	中等教育	高等教育
2013	3.56	7.30	4.66	2.98	9.43	5.85
2014	3.23	6.98	4.56	2.44	9.03	5.40
2015	3.32	7.87	4.74	2.69	9.75	6.24
2016	3.49	7.32	4.48	2.33	7.98	5.45
2017	2.90	6.66	4.02	2.13	7.53	4.41
2018	3.29	7.42	4.62	2.44	8.30	6.04
2019	2.69	6.00	4.01	1.87	6.60	4.75
2020	3.30	7.18	4.60	2.16	7.44	4.60
2021	2.76	6.89	4.53	1.43	6.35	4.33
2022	2.32	6.03	4.03	1.44	6.75	4.17

资料来源：世界银行，https://data.worldbank.org.cn/。

（四）工资水平

工资水平是劳动力市场中的一个重要因素，对劳动力市场的稳定和发展具有重要作用。工资水平直接影响着劳动者的收入和生活水平。高工资水平可以吸引更多的人才进入劳动力市场，提高劳动参与率和就业率。这有助于增加劳动力市场的活力和竞争力，促进经济增长和社会发展。同时，较高的工资水平还可以提高劳动者的消费能力，推动内需增长，促进经济的良性循环。相反，如果工资水平过低，劳动者可能会面临贫困和社会不公问题，容易引发社会不满和不稳定。因此，合理的工资水平是维护劳动力市场稳定的重要因素。

1. 工资水平及其变化情况

图3-3是2015年2月至2023年8月印度尼西亚月均工资水平的变化情况。2015年2月印度尼西亚的平均工资为1981725卢比（约124.27美元），之后保持稳定；2019年8月月均工资提高到2913897卢比（约184.73美元），之后有所下降；2023年2月印度尼西亚月均工资为2944541卢比（约184.66美元）。从工资变化率变化来看，印度尼西亚月均工资水平波动较大，2016年8月的月均工资增长17.08%，2018年8月的月均工资增长6.6%，2020年8月则降低5.52%，2022年8月增长至6.16%，2023年2月又降低4.11%，波动率超过10%。结果表明，印度尼西亚的月均工资水平在长时间内保持稳中有增的趋势。

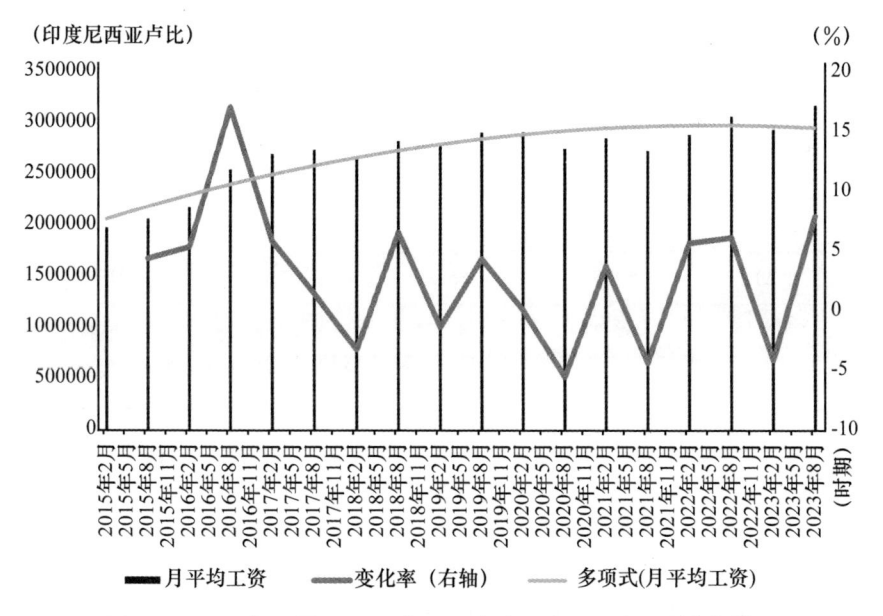

图3-3 2015年2月至2023年8月印度尼西亚月均工资变化情况
资料来源：印度尼西亚统计局。

2. 非正规就业劳动报酬

由于印度尼西亚非正规劳动参与率较高，表 3-18 是 2018—2022 年印度尼西亚非正规劳动每人每天的实际劳动报酬。2018 年农民每天的劳动报酬为 3.8 万卢比（约 2.38 美元），2022 年增长到 5.1 万卢比（3.23 美元），5 年间增长约 1.3 万卢比。2018 年非正规建筑劳工每天的劳动报酬为 6.5 万卢比（约 4.04 美元），2022 年增长到 8.3 万卢比（5.19 美元），5 年间增长约 1.8 万卢比。2018 年理发店妇女每天的劳动报酬为 2.0 万卢比（约 1.23 美元），2022 年增长到 2.7 万卢比（1.7 美元），5 年间增长约 0.7 万卢比。2018 年主妇每天的劳动报酬为 29.8 万卢比（约 18.67 美元），2022 年增长到 38.5 万卢比（24.14 美元），5 年间增长约 8.7 万卢比。2022 年农民、非正规建筑劳工、理发店妇女和主妇的月工资同具有正式工资的劳动力相比分别占 36.8%、59.29%、19.45% 和 275.00%。

表 3-18　2018—2022 年印度尼西亚非正规劳动每人每天实际报酬

单位：印度尼西亚卢比

年份	农民	非正规建筑劳工	理发店妇女	主妇
2018	38090	64543	20136	297728
2019	38205	64125	20432	301501
2020	52331	85931	27188	397396
2021	52397	84827	27103	396194
2022	51453	82762	27157	384855

资料来源：印度尼西亚统计局（Wind 数据库）。

3. 最低工资情况

表 3-19 是 2017—2023 年印度尼西亚各省平均最低工资水平的变化情况。2017 年印度尼西亚最低工资为 207 万卢比，2023 年增长到 346 万卢比，5 年间增长约 140 万卢比。从各年的增长率来看，除了 2021 年，其余年份印度尼西亚最低工资的增速都处于较高水平，

2017年的增速为 5.42%，2018 年的增速达到 9.39%，但 2021 年的增速只有 0.57%。2022 年相较 2021 年增长较快，达到 21.56%，2023 年降到 5.91%。

表 3-19　2017—2023 年印度尼西亚各省平均最低工资水平

年份	2017	2018	2019	2020	2021	2022	2023
各省平均最低工资（万印度尼西亚卢比）	207	227	246	267	269	327	346
增速（%）	5.42	9.39	8.23	8.82	0.57	21.56	5.91

资料来源：印度尼西亚统计局（Wind 数据库）。

表 3-20 是 2022 年和 2023 年印度尼西亚各省的最低工资水平情况。2023 年印度尼西亚最低工资水平从中爪省的 195.81 万卢比（124.56 美元）到雅加达的 490.79 万印尼卢比（308.49 美元）不等，折合人民币每月 1020—2120 元。平均最低工资为 346.35 万卢比，相较 2022 年增加 5.91%，高于平均水平的省份只有 3 个，雅加达（490.79 万卢比）、邦加勿里洞省（349.84 万卢比）和北苏省（348.50 万卢比）；最低工资位于 300 万—346.35 万卢比的省份有 10 个，低于 200 万卢比的省份有两个，分别为日惹特区（198.17 万卢比）和中爪省（195.81 万卢比）。从增速水平来看，最低工资增速较高的省份有苏西省（9.15%）、占碑省（9.04%）和中加省（8.84%）；增速较低的省份有北苏省（5.24%）、马鲁古省（4.00%）、西巴布亚省（2.56%）和雅加达（5.60%）。

表 3-20　2022 年和 2023 年印度尼西亚各省最低工资水平及增速

省份	最低工资水平（万印度尼西亚卢比）		增速（%）
	2022 年	2023 年	
雅加达	457.38	490.79	5.60
苏南省	314.44	340.41	8.26

续表

省份	最低工资水平（万印度尼西亚卢比） 2022年	2023年	增速（%）
西巴布亚省	320.00	328.20	2.56
北加省	301.67	325.17	7.79
东加省	301.44	320.13	6.20
廖省	293.85	319.16	8.16
中加省	292.25	318.10	8.84
南加省	290.63	314.99	8.38
东南苏省	257.60	275.89	8.73
巴厘省	251.69	271.36	7.81
万丹省	250.12	266.12	6.40
楠榜省	244.48	263.32	7.89
西加省	243.43	260.86	7.16
西努省	220.72	237.14	7.44
西爪省	184.14	198.66	7.88
中爪省	181.29	195.81	8.01
邦加勿里洞省	326.48	349.84	7.15
北苏省	331.72	348.50	5.24
亚齐省	316.64	341.36	7.80
南苏省	316.58	338.51	6.96
廖群岛省	305.17	327.91	7.51
哥伦打洛省	280.85	298.93	6.74
马鲁古省	286.22	297.67	4.00
占碑省	264.90	294.30	9.04

续表

省份	最低工资水平（万印度尼西亚卢比）		增速（%）
	2022年	2023年	
西苏省	267.88	287.17	7.20
苏西省	251.25	274.24	9.15
苏北省	252.26	271.49	7.45
中苏省	239.73	259.95	8.73
明古鲁省	223.80	241.82	8.10
东爪省	189.15	204.24	7.80
日惹	184.91	198.17	7.65
平均值	327.02	346.35	5.91

资料来源：印度尼西亚统计局，https://www.bps.go.id/。

4. 工资水平的行业分布情况

表 3-21 是 2022 年和 2023 年印度尼西亚月平均工资的行业分布情况。2023 年 2 月，印度尼西亚月平均工资最高的三个行业分别为房地产、金融和保险活动、采矿和采石，收入分别为 482.48 万、481.13 万和 459.18 万卢比；最低的三个行业是食宿服务活动，农业、林业和渔业以及其他服务活动，收入分别为 214.54 万、206.23 万和 179.03 万卢比。按照 2023 年印度尼西亚各省平均最低工资计算，收入高于最低工资的行业有房地产，金融和保险活动，采矿和采石，信息和通信，电力和天然气供应，公共管理与国防、强制性社会保障，运输和储存，人体健康和社会工作活动，商业活动。

表 3-21 2022 年和 2023 年印度尼西亚月平均工资的行业分布

单位：万印度尼西亚卢比

行业	2022年2月	2022年8月	2023年2月
房地产	420.22	441.56	482.48

续表

行业	2022年2月	2022年8月	2023年2月
金融和保险活动	468.05	518.02	481.13
采矿和采石	433.49	480.89	459.18
信息和通信	486.11	504.52	436.59
电力和天然气供应	460.62	449.35	426.18
公共管理与国防、强制性社会保障	395.55	384.68	388.01
运输和储存	341.13	360.46	358.34
人体健康和社会工作活动	336.98	362.27	355.69
商业活动	350.80	393.01	355.32
建筑业	298.65	297.11	305.03
制造业	284.92	298.69	296.31
供水、污水处理、废物管理和补救活动	272.05	268.70	260.54
批发和零售业、汽车和摩托车的修理	251.63	265.04	249.61
教育	251.75	268.79	247.36
食宿服务活动	212.14	231.36	214.54
农业、林业和渔业	193.77	222.55	206.23
其他服务活动	172.55	184.11	179.03

资料来源：印度尼西亚统计局，https://rosstat.gov.ru/。

三 总结

印度尼西亚是东南亚地区人口最多的国家，也是最大的经济体。作为"一带一路"的首倡之地，其人力资源和劳动力市场情况对进一步推进"一带一路"建设有着重要意义。本章使用世界银行、货币基金组织和印度尼西亚统计局发布的相关数据，详细介绍了印度尼西亚的人力资源和劳动力市场基本情况。

第一，人口结构健康合理，劳动力储量丰富且稳定。印度尼西亚统计局的数据表明，2023年印度尼西亚国内常住人口（仅计算印度尼西亚公民）约为2.81亿人，人口总数位居全球第四，仅次于中国、印度和美国。从人口结构来看，目前印度尼西亚人口结构非常健康，15岁以下的儿童占比为25.21%，15—64岁的成年人占比达到67.94%，劳动力资源丰富，男女比例接近1∶1。根据联合国估算，印度尼西亚青壮年人口（15—64岁）将持续增长至2030年，为印度尼西亚带来长足的人口红利。

第二，人口素质存量有待提高。从健康素质角度来看，印度尼西亚人口的健康素质逐年改善，1960年以来印度尼西亚的出生人口预期寿命呈上升趋势，1960年只有46.45岁，1983年为60.27岁，1995年为65.24岁，2019年达到70.5岁，之后受新冠疫情影响略有下降，2021年为67.6岁，2022年增长到68.3岁。分性别来看，女性寿命略长于男性。从受教育水平来看，受印度文化、伊斯兰文化、日本文化和荷兰殖民文化的影响，独立后的印度尼西亚一直没有一个统一的民族思想和属于印度尼西亚民族的完整的教育体系，2022年印度尼西亚相较其他主要经济体教育支出占GDP比值较低，高等教育净入学率为21.59%，25岁以上完成本科及以上教育的占比为11.18%，25—64岁人口的识字率为96.96%，教育发展程度仍有较大的提升空间。

第三，劳动力市场发展并不允分。2023年印度尼西亚劳动参与率为66.76%，就业率为65.38%，失业率为3.41%，就业人数近1.36亿人，失业人数为840万人。在东南亚国家中，印度尼西亚的失业率较高，基本与菲律宾失业率持平。分性别来看，男性的劳动参与率高于女性，15岁以上的男性劳动参与率高于女性约30%，15—64岁男性劳动参与率高于女性约25%，男性就业率高于女性约25%，失业率基本相同。从行业视角来看，2022年第一、第二和第三产业的就业率分别为29.28%、21.86%和48.84%。从工作类型视角来看，非正式就业的占比高于正式就业占比（5.8∶4.2），非正规劳动的工资也远低于正规就业的劳动者，2022年农民、非正规建筑劳工、理发店妇女的月工资同具有正式工资的劳动力相比分别只占36.8%、59.29%、19.45%。从不同地区来看，印度尼西亚不同省份薪资水平差异明显。2023年2月平均最低工资为346.35万卢比，高于平均水平的省份只有3个，雅加达（490.79万卢比）、邦加勿里洞省（349.84万卢比）和北苏省（348.50万卢比）；最低工资位于300万—346.35万卢比的省份有10个，低于200万卢比的省份有两个，分别为日惹特区（198.17万卢比）和中爪省（195.81万卢比）。

第四章　马来西亚人力资源和劳动力市场状况[*]

共建"一带一路"中等收入国家有8个,依次为中国、印度、俄罗斯、印度尼西亚、土耳其、泰国、伊朗、马来西亚,在"一带一路"共建国家 GDP 总量中占据重要的份额。马来西亚地处东南亚中心位置,扼守马六甲海峡,连接海上东盟和陆上东盟,区位优势十分明显。邻近主要贸易航线,港口设施完善,航运发达,与全球200多个国家和地区都有货物往来,具有开放便利的贸易环境。中国是马来西亚前五大贸易伙伴之一,与马来西亚的劳务合作规模也在不断扩大。两国经贸战略依存度高,经贸合作规模大、基础深厚。在推进"一带一路"建设与国际产能合作过程中,马来西亚积极参与,成为"21世纪海上丝绸之路"的重要节点国家。当前,中马关系拥有稳固的政治互信、深厚的利益融合以及广阔的合作空间。因此,对作为东南亚地区"一带一路"共建国家的典型代表马来西亚的人力资源和劳动力市场状况进行分析,有助于中资企业更好地走出去,也能够在新形势下推动两国经济社会共同合作与发展,对于促进当地实现经济可持续发展也具有重要的借鉴意义。

对劳动力市场状况的分析可从供给和需求两侧出发,并进一步考察均衡就业和工资水平。就劳动供给而言,一个经济社会的劳动供给

---

[*] 作者简介:蔚金霞,中国社会科学院大学经济学院博士研究生;主要研究方向为发展经济学、劳动经济学。

总量取决于劳动力的数量和质量。其中,劳动力数量由人口总量、劳动参与率和工作时间来决定;劳动力质量由人力资本水平决定。劳动需求可从经济体的产业结构和技能需求结构进行展开。按照此种思路,本章的主要内容安排如下,首先,对马来西亚的基本经济状况和贸易状况进行分析;其次,从劳动力数量和质量的角度分析马来西亚人力资源和劳动供给情况;再次,从产业结构和技能结构分析马来西亚的人力资源需求情况;复次,展示就业、失业和工资水平等市场均衡特征;最后,马来西亚关于劳动力市场的规制特征。

一 基本经济状况和人口特征

(一) 马来西亚基本经济状况

1963年9月16日,马来亚联合邦同新加坡、沙捞越、沙巴合并组成马来西亚(1965年8月9日新加坡退出)。马来西亚位于东南亚,与泰国、新加坡、印度尼西亚、菲律宾、文莱等国家相邻,由马来半岛南部的西马和北部的东马组成。

20世纪70年代以来,马来西亚调整以往以农业为主的产业结构,大力推动产品出口,实施出口导向型经济,并推行"原住民优先政策"。马来西亚的新政策不仅推动了电子、服务、制造等行业的迅速发展,还在消除贫困、促进社会和谐方面发挥着重要作用。

1987年以来,马来西亚经济增长速度连续十年保持8%以上。为在2020年建成发达国家,20世纪90年代马来西亚提出了"国家宏愿政策"和"国家发展政策",持续推动高科技项目的建设。然而,马来西亚持续高速发展的经济在1998年和2008年分别受到亚洲金融危机和国际金融危机的冲击。马来西亚政府在两次危机中积极采取经济刺激措施,推动内需增长,使经济逐步摆脱金融危机冲击的影响并恢复中速增长。2015年,马来西亚公布了第十一个五年计划(2016—2020年),继续推进经济转型,关注民生改善。2016年,马来西亚提出 2050 国家转型计划（TN50），为 2020—2050 年发展规划前景。2019 年，马来西亚提出"2030 年宏愿"，把缩小贫富差距、创建新型发展模式、推动马来西亚成为亚洲经济轴心作为三大主要目标。2023 年，马来西亚 GDP 按不变价格计算为 1.57 万亿林吉特，同比增长 3.7%；人均国内生产总值为 51475 林吉特；进出口总额为 2.64 万亿林吉特。①

（二）马来西亚人口基本特征

马来西亚具有多元化和复杂化的人口特征。其人口由多个民族组成，包括马来族、华人、印度人和原住民等。根据 2020 年马来西亚政府发布的第六次全国人口和房屋普查报告，② 2020 年，马来西亚全国人口约为 3245 万人，其中马来西亚公民为 2980 万人，华裔马来西亚公民占 23.2%。就马来西亚公民族群构成而言，2020 年，除了华裔，马来西亚土著（包含马来裔、马来半岛原住民、沙巴和沙捞越原住民）人口占 69.4%，印度裔人口占 6.7%，其他族裔占 0.7%。外交部提供的马来西亚国家概况数据显示，2023 年，马来西亚人口总数为 3370 万人。其中马来裔占 70.1%，华裔占 22.6%，印度裔占 6.6%，其他种族占 0.7%。③

从总人口来看，马来西亚的人口增长率在下降。2010 年第五次普查时马来西亚总人口数为 2750 万人，2011—2020 年马来西亚年均人口增长率为 1.7%。世界银行数据显示，2023 年马来西亚人口增长率降至 1.1%。这一数字与 21 世纪前十年年均 2.2% 的增长率相比有所下降。

从人口年龄结构来看，马来西亚已出现人口老龄化趋势，马来西

---

① https://www.fmprc.gov.cn/web/gjhdq_676201/gj_676203/yz_676205/1206_676716/1206x0_676718/.
② https://baijiahao.baidu.com/s?id=1724744897428901012&wfr=spider&for=pc.
③ https://www.mfa.gov.cn/web/gjhdq_676201/gj_676203/yz_676205/1206_676716/1206x0_676718/.

亚65岁及以上人口从2010年的140万人增长至2020年的220万人，2023年增至267万人。65岁及以上人口占比从2010年的5.09%提升至2020年的6.78%，2023年增至8.00%，人口老龄化趋势逐渐加剧。居民收入状况不佳和居住条件受限是生育率下降的主要因素。

从性别结构来看，马来西亚性别比差距也在扩大。马来西亚男女比例从2010年的106：100扩大至2020年的110：100，之后女性人口占比有所回升。

二 人力资源和劳动力市场供给状况分析

一个经济社会的人力资源和劳动供给状况由其劳动力的数量和质量决定。本部分从人口数量和人口结构、劳动参与率和工作时间等劳动力数量决定因素和教育、健康等劳动力质量决定因素出发，分析马来西亚的人力资源和劳动供给状况。

（一）劳动力数量

1. 人口数量和人口结构

从人口总量来看，根据外交部数据，2023年马来西亚人口总数为3370万人。从人口增长率来看，马来西亚人口增长率在20世纪60年代有高于3%的时期，为其后期经济发展提供了充足的劳动力，在经历了一段时间的下降后，人口增长有所回升。1989年，马来西亚人口增长率高达2.98%。其后，马来西亚人口增长率呈现下降趋势，2023年降至1.1%（见图4-1）。

出生人口、死亡人口、迁入人口和迁出人口的数量决定了一个社会的人口总量。从人口出生情况来看，根据世界银行统计，2022年马来西亚粗出生率[①]为15‰。从粗出生率的变动趋势来看，总体上呈

---

① 粗出生率表示年中时估计的一年内平均每千人中的活产婴儿数。

第四章 马来西亚人力资源和劳动力市场状况

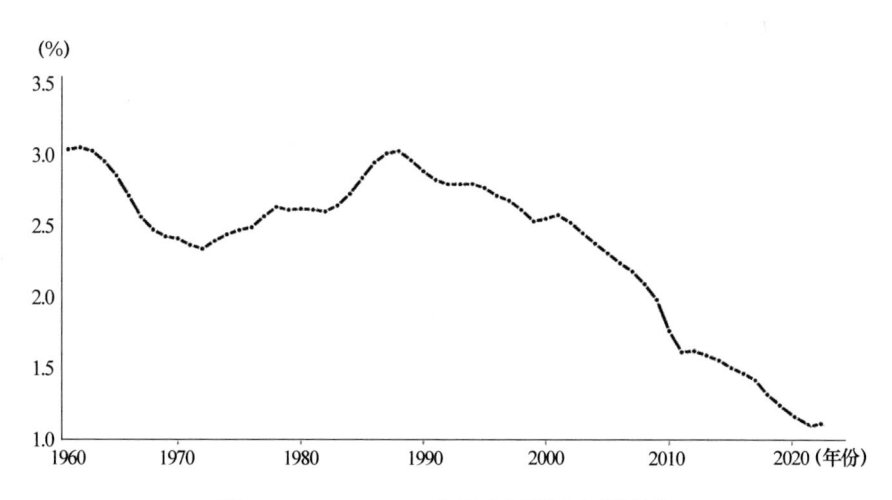

图 4-1 1960—2023 年马来西亚人口增长率

资料来源：世界银行。

现下降趋势，尤其在 2000 年前后呈现较为快速的出生率下降，2006—2016 年较为稳定，保持在 16‰左右，而在 2017 年之后再次出现下降趋势（见图 4-2）。总生育率也呈现逐年下降的趋势，2022 年马来西亚总生育率为 1.8。

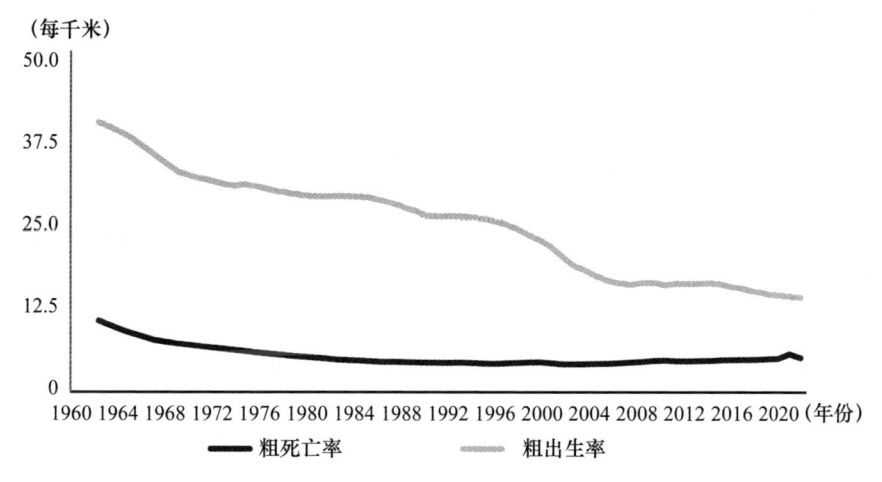

图 4-2 1960—2022 年马来西亚人口粗出生率和粗死亡率

资料来源：世界银行。

从死亡情况来看，据世界银行统计，2022年马来西亚人口粗死亡率[①]为5‰。总体而言，1980—2020年呈现较为平稳的趋势，约为5‰，受新冠疫情影响，2021年上升至6‰（见图4-2）。

粗出生率减去粗死亡率得出人口的自然增长率，即相当于不包括移民的人口变动率。较为显然地，马来西亚的人口自然增长率呈现下降趋势，而这主要是源于人口出生率的下降。

马来西亚是一个移民大国，外来劳工是马来西亚移民中占比最大且影响最深刻的移民主体。20世纪70年代之后，马来西亚经济从进口替代型转向出口导向型，经济模式由商品经济转向以制造业为基础，主要发展劳动密集型产业。因本国人口基数较小，劳动力有限，劳动力缺乏的问题日趋严重，马来西亚政府主张引进外来劳动力，在此背景下大量外来劳动力涌入马来西亚。外籍雇员成为马来西亚人力资源市场劳动供给的重要来源。CEIC提供的马来西亚外来劳动力人口数据显示，2024年5月，马来西亚外来劳动力人口为723.29万人（见图4-3）。

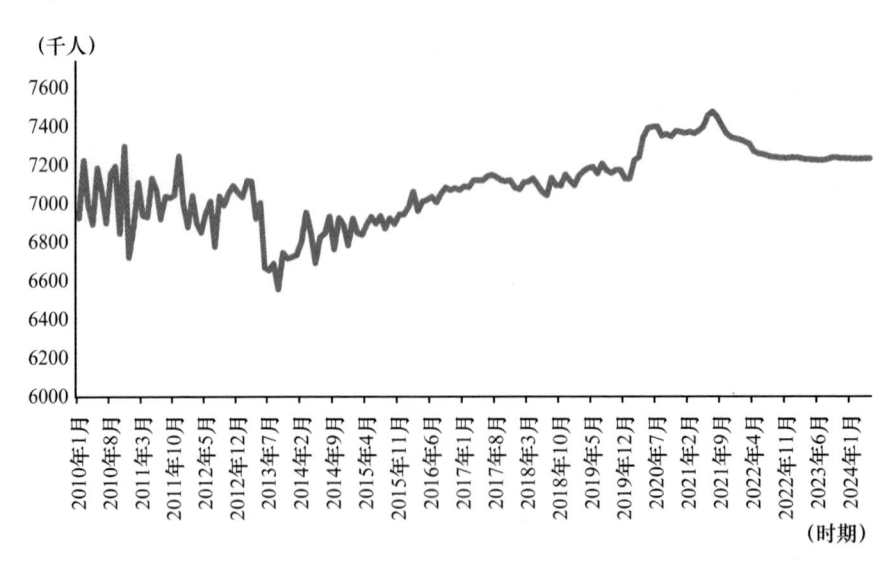

图4-3　2010—2024年马来西亚的外来劳动力数量

资料来源：CEIC。

[①] 粗死亡率表示年中时估计的一年内平均每千人中的死亡人数。

相关研究显示，这些外籍雇员主要来自印度尼西亚、尼泊尔、孟加拉国、缅甸和柬埔寨等国家，集中在马来西亚的沙巴和砂拉越地区，主要从事制造业、农业和家政服务业，受教育水平与马来西亚本地人相比偏低，技能水平和收入水平也更低。①

为了维护本国劳工的利益，促使本国劳动力充分就业，马来西亚对外籍雇员的聘用及外籍雇员在人力资源市场上的自由流通进行了严格的限制。② 这也造成了大量的非法劳工出现。2011年，马来西亚政府在移民登记中使用指纹识别系统，统计出非法移民约130万人。

近几年，受新冠疫情的影响，外籍雇员招聘被停止。随着疫情的缓解，但由于政府审批进度缓慢，并且与印度尼西亚、孟加拉国等外籍雇员主要来源国就劳工权益保护方面的谈判陷入阻滞，仍未看到大规模外籍雇员回流，造成外籍雇员短缺。③ 根据马来西亚全国总商会2021年10月的调查数据，马来西亚合法外籍雇员约为110万人，较2018年减少超过1/3。合法外籍雇员数量的减少，造成马来西亚多个行业出现用工短缺现象，据估计仅种植业就缺少约7.5万名劳动力。④ 制造业的外籍雇员从2019—2023年骤降44%，流失近30万人。马来西亚建筑业、种植业等行业仍面临不同程度的用人危机。⑤

从人口的迁移情况来看，根据世界银行的估算，马来西亚净移民⑥数量为正，即总体上呈现人口流失状态。从人口迁移的总体变动趋势来看，2006年马来西亚的人口流失情况最为严重，净移民达到25.1万人，之后的人口流失情况开始减轻，2023年净移民数量降至4.9万人（见图4-4）。但总体上，仍然呈现人口的净迁出状态。

---

① 胡修文：《马来西亚外来劳工移民政策研究》，硕士学位论文，暨南大学，2018年。
② 冯桂玲：《马来西亚人力资源市场的现状及其特点》，《东南亚纵横》2013年第4期。
③ https://m.gmw.cn/baijia/2022-06/14/1302996047.html.
④ http://goodsfu.10jqka.com.cn/20211215/c635096110.shtml.
⑤ https://m.gmw.cn/2023-05/30/content_1303388619.htm.
⑥ 净移民是该时期内的净移民总数，即移居到国外的移民总数减去每年移居到国内的移民数量，其中，既包括常住居民，也包括非常住居民。

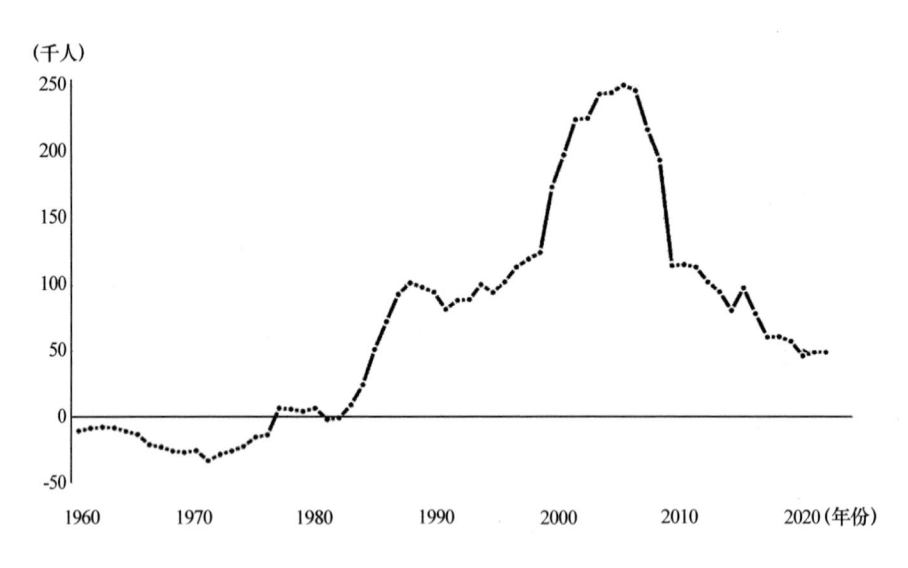

图 4-4　1960—2023 年马来西亚净移民数量

资料来源：世界银行。

从人口的性别结构来看，2023 年马来西亚女性人口总数约为 1678.83 万人，占人口总量的 48.9%。从其变动趋势来看，2000 年之前马来西亚的女性人口占比较为稳定地处于 49%。2000—2010 年，女性人口占比明显下降；2010 年之后又有所回升（见图 4-5）。从出生性别比来看，马来西亚出生人口的性别比例较为平稳，处于 1.06—1.07。

从年龄结构来看，2023 年马来西亚 0—14 岁人口数量为 769.12 万人，占总人口的比重约为 22%；15—64 岁人口数量为 2394.59 万人，约占总人口比重的 70%；65 岁及以上人口数量为 267.15 万人，约占总人口的 8%。马来西亚进入老龄社会的时间较晚。马来西亚总抚养比呈下降趋势，少年抚养比逐年下降，老年抚养比逐年上升。2023 年，马来西亚总抚养比为 43%，少年抚养比为 32%，老年抚养比为 11%。马来西亚的人口结构已出现拐点，越过了人口红利的高峰期。可以预见，其人口红利正在逐步消失，经济增速出现放缓趋势。①

---

① 孟令国、胡广：《东南亚国家人口红利模式研究》，《东南亚研究》2013 年第 3 期。

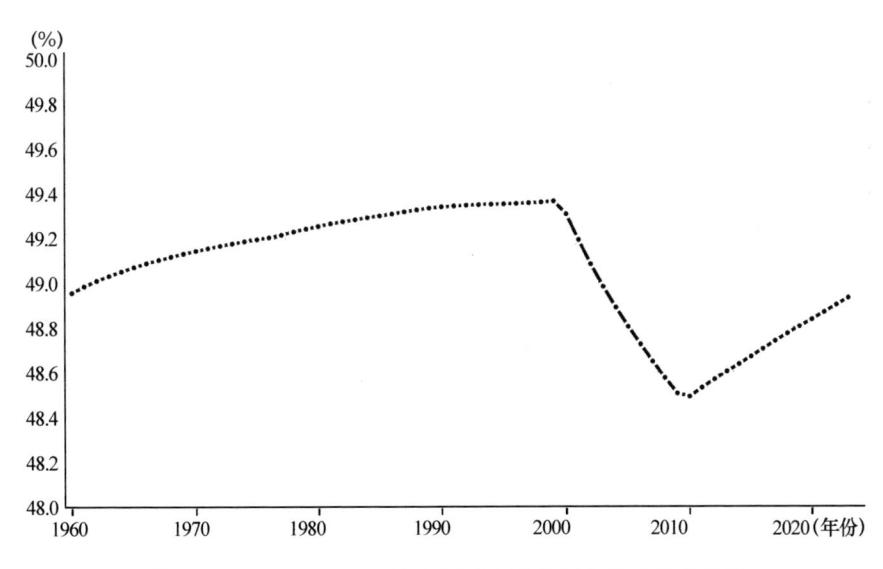

图 4-5　1960—2023 年马来西亚女性人口占总人口的比重

资料来源：世界银行。

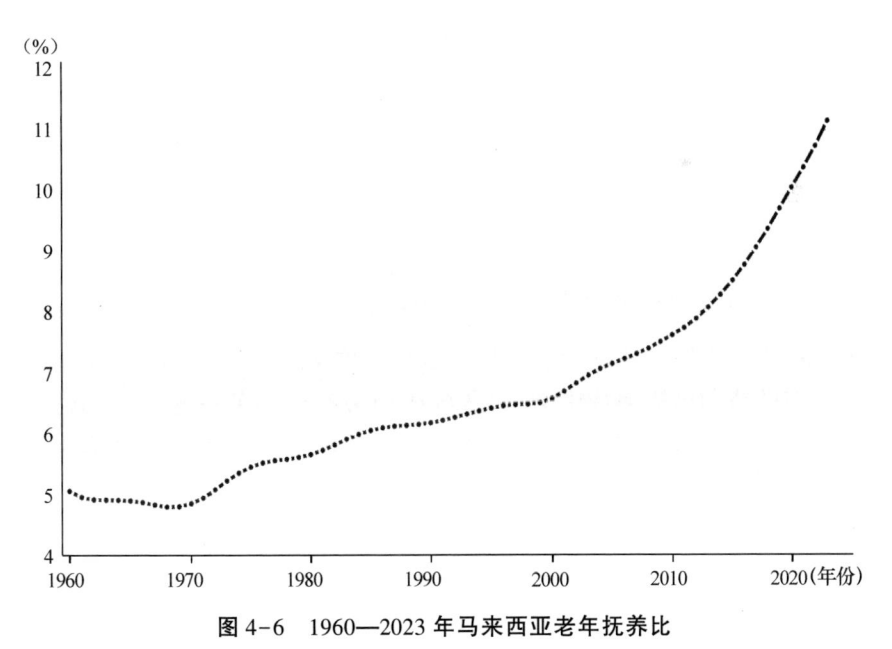

图 4-6　1960—2023 年马来西亚老年抚养比

注：老年抚养比是被抚养老年人口（65 岁及以上人口）与劳动年龄人口（15—64 岁人口）之比。

资料来源：世界银行。

从人口的民族结构来看，马来西亚作为东南亚有着多民族多文化的国家之一，其人口主要由马来人、华人和印度人组成。其中，马来裔约占总人口的70.1%，华裔约占22.6%，印度裔约占6.6%，其他种族0.7%。[①] 马来西亚各民族之间存在就业地位的差异，政府对各民族劳动就业相关权力的干预改变着各民族的就业地位。早期，大部分马来人在落后地区从事农业，而华人和印度人在沿海地区从事商业。为了保障马来人的就业地位，政府先后推行了1971年新经济政策、1991年国家发展政策和2001年新国家发展政策保障马来人的特权。马来人优先是马来西亚社会的基本准则，马来人的就业地位不断提高。[②]

从区域结构来看，人口位居前5位的州是雪兰莪州、沙巴州、柔佛州、沙捞越州和霹雳州。

从城乡结构来看，马来西亚城镇人口比例呈现总体上升趋势，说明农村劳动力转移较快，城镇化的推进将使更多的劳动力进入人力资源市场，带来人口红利。2023年，马来西亚城镇人口数为2700.63万人，占总人口的79%。相比于东南亚其他国家，处于较高的城镇化水平（见图4-7）。

2. 劳动参与率

世界银行数据显示，2023年，马来西亚劳动力总数[③]为1730.76万人，女性劳动力在总劳动力中的比例较低但呈上升趋势，2023年占比为38.9%。根据国际劳工组织中的定义，按照年龄在15岁及以上人口中从事经济活动的人口比率来定义劳动参与率时，近年来，马来西亚的劳动参与率逐年上升，但仍低于70%，与柬埔寨、越南、缅甸、老挝等东南亚国家相比，其劳动参与率较低。2023年马来西亚的劳动参与率仅为65%（见图4-8）。

[①] https://www.mfa.gov.cn/web/gjhdq_676201/gj_676203/yz_676205/1206_676716/1206x0_676718/.

[②] 龚敏：《东南亚劳动就业问题研究》，硕士学位论文，北京外国语大学，2018年。

[③] 劳动力总数包括所有年满15周岁、符合国际劳工组织对从事经济活动人口所作定义的群体：所有在特定阶段为货物和服务的生产提供劳力的人员。既包括就业者，也包括失业者。

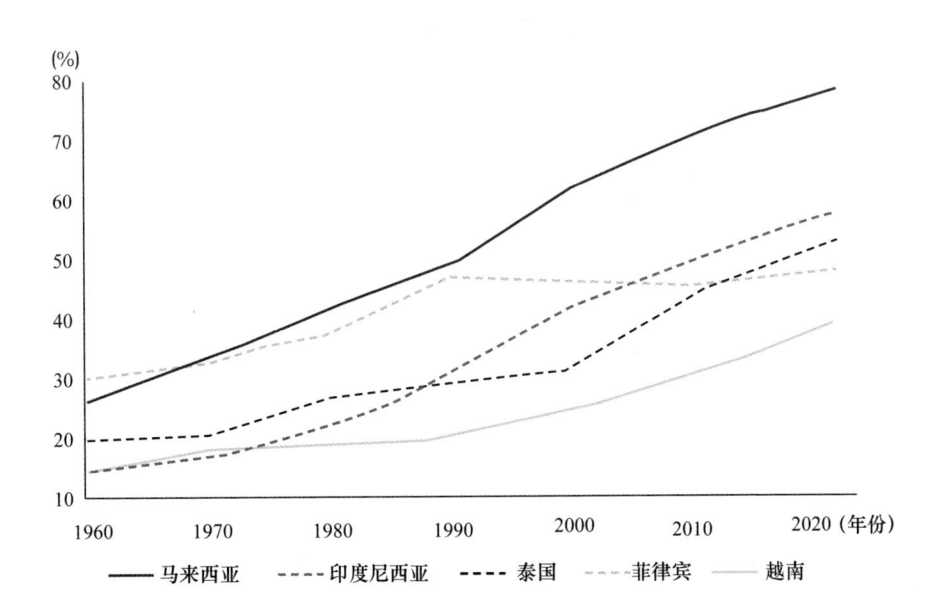

图 4-7　1990—2023 年东南亚主要国家城镇人口（占总人口比例）

资料来源：世界银行。

图 4-8　1990—2023 年马来西亚劳动力参与率（占 15 岁以上总人口的比重）

资料来源：世界银行。

一般来说，劳动人口从事劳动的时间早，说明其工作期限也较长；反过来也可以说这部分劳动人口学习的时间较短，人力资源投资相对较少。从印度尼西亚、菲律宾、越南、泰国和马来西亚五个主要东南亚国家15—24岁年龄人口的劳动参与率来看，马来西亚处于较低水平，这也说明15—24岁的劳动人口中，参加学习的人口数量较多，并未过早地进入劳动力市场，而是投资更多的人力资本，因而人口素质较高（见图4-9）。劳动力素质的提升将为以人力资源为主要特征的第二次人口红利奠定重要的基础。[①]

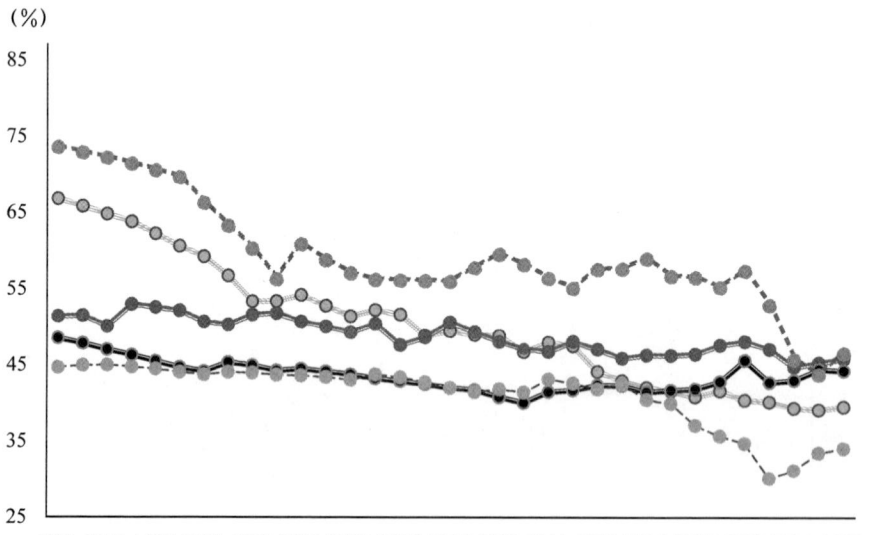

图 4-9　1991—2023年东南亚主要国家15—24岁人口的劳动力参与率
资料来源：世界银行。

分性别来看，总体而言，女性劳动力参与率虽呈现逐年上升趋势，但仍明显低于男性，所有年龄段男性的劳动生产率高于女性。2023年男性劳动力参与率为78%，女性劳动力参与率为51.6%（见

---

① 孟令国、胡广：《东南亚国家人口红利模式研究》，《东南亚研究》2013年第3期。

图4-10）。随着年龄的增长，女性劳动力参与率呈现先上升后下降的趋势，CEIC的最新数据显示，2024年3月，15—24岁女性劳动力参与率为34.73%，25—34岁女性劳动力参与率达79.63%，35—44岁女性劳动力参与率为71.28%，而45—54岁劳动力参与率为58.38%（见图4-11）。可以看出，女性也并未过早地进入劳动力市场。

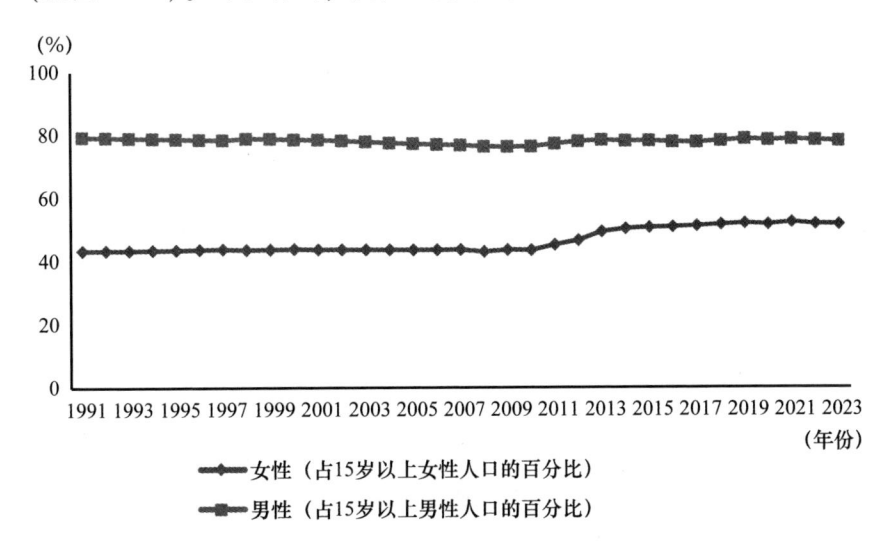

图4-10　1991—2023年马来西亚分性别劳动力参与率

资料来源：世界银行。

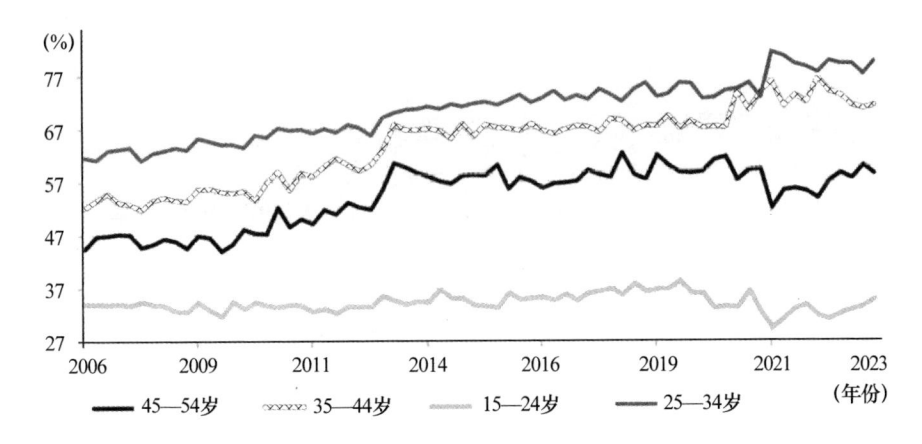

图4-11　2006—2023年马来西亚女性分年龄段劳动力参与率

资料来源：CEIC。

3. 工作时间

从工时制度来看,马来西亚实行的工作时间一般限制为每周48小时,每周6个工作日。从延长工作时间的一般限制及工资补偿率来看,马来西亚规定的加班时间限制为每日4小时,每月64小时;延长工作时间的工资补偿规定未设置梯度,工资补偿率为150%。就休息休假制度而言,最早规定每周休息时间的公约是国际劳工组织于1921年颁布的《每周休息(工业)公约》(第14号),该公约的工业界定范围与《工作时间(工业)的公约》适用范围等同,即矿业、制造业、建筑业以及运输业等。该公约规定:受雇于任何工业企业,公共、私营或其任何分支机构的所有工作人员,一般每七天享有至少24小时的休息时间。第14号公约在"一带一路"共建国家中得到较为广泛的认可,与中国有紧密贸易往来的"一带一路"共建国家基本均签订了该公约,包括马来西亚。马来西亚的年假制度与中国一样,对劳动者可以享受的年假时长按照累计工作年数采取阶梯递增的模式。最短8天,最长16天。马来西亚公共假日有11天。[①] 总体而言,马来西亚劳动工作时间呈现逐渐下降的趋势,平均低于工时制度规定的每周48小时。2023年周平均工作小时数为44.8小时(见图4-12)。

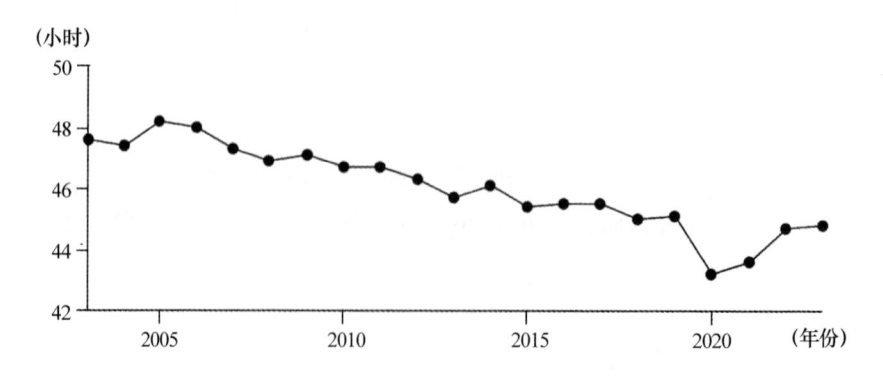

图4-12 2003—2023年马来西亚周平均工作小时数

资料来源:CEIC数据库。

[①] 国际劳工组织TRAVAIL数据库,子报告三。

(二) 劳动力质量

健康和教育是衡量劳动力质量的主要指标。据世界银行估算，2020年，马来西亚的人力资本指数①为0.6，在东南亚国家中处于中等水平。同期，中国为0.7；越南为0.7；柬埔寨、缅甸、老挝为0.5。

从教育情况来看，马来西亚政府重视马来文化建设，通过统一的国家文化建设巩固国家发展统一的基础。在教育方面，马来西亚政府通过构建完善的教育体系推动教育的普及，推动马来语教育与华文教育共同发展。2022年，马来西亚教育公共开支总额占GDP的比重为3.51%，同期，中国为3.30%，越南为2.61%（见图4-13）。与泰国、菲律宾和印度尼西亚相比，教育支出份额也处于相对较高水平。

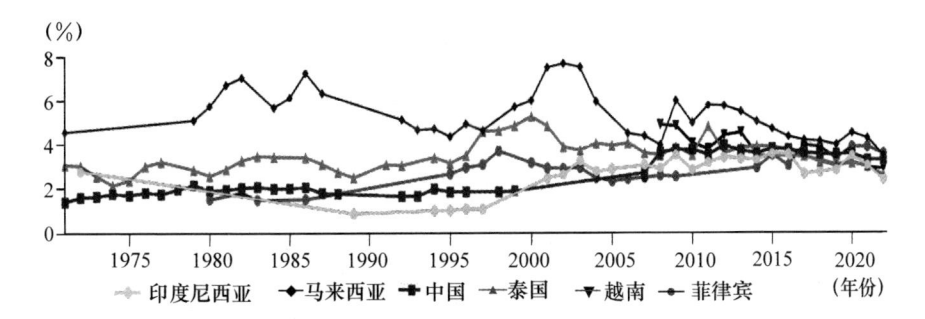

图4-13　1971—2022年主要东南亚国家及中国政府教育支出占国内生产总值比重
资料来源：CEIC数据库。

就初等教育而言，马来西亚实施小学免费教育；截至2017年年底，马来西亚共有小学7901所；2013年以来小学入学率已达到100%。就中等教育而言，截至2017年年底，马来西亚共有中学2586所；2018年，马来西亚中学入学率为72%。就高等教育而言，全国有马来亚大学、国民大学等20所高等院校，近年来私立高等院校增至500多所；高等院校入学率也呈现逐年上升趋势，2020年达到43%；且女性入学率总体高于男性入学率；2017年马来西亚在校大学

---

① 人力资本指数计算健康和教育对工人生产力的贡献。指数得分范围为0—1，测量今天出生的孩子作为未来工人所具备的生产力相对于全面健康和完整教育所具备的生产力基准。

生为67.2万人。目前，受过高等教育的就业人员占比29.4%，受过中学教育的占比55.6%，受过小学教育的人占比12.1%。15岁以上人口的识字率为95%，15岁以上成年女性识字率为94%，15岁以上成年男性的识字率为96%。马来西亚青年（15—24岁）的识字率为97%。总体而言，马来西亚人受教育程度较高。[①]

出生时预期寿命指标可以反映劳动力人口的健康状况，根据世界银行数据，2020年马来西亚的总体出生时预期寿命为76岁，高于世界平均预期寿命73岁。其中，男性出生时的预期寿命为74岁，女性出生时的预期寿命为78岁。营养不良发生率为3%，低于世界平均水平（8%）。[②]

三　人力资源和劳动力市场需求状况分析

（一）产业结构

20世纪90年代以来，马来西亚经济持续高速发展。2022年，马来西亚人均GDP（现价美元）为11971.9美元。从产业分布来看，马来西亚第二、第三产业增加值贡献了GDP的绝大部分。马来西亚自然资源丰富，橡胶、棕油和胡椒的产量和出口量居世界前列。马来西亚曾是世界产锡大国，近年来产量逐年减少。石油储量丰富，此外还有铁、金、钨、煤、铝土、锰等矿产。盛产热带硬木。马来西亚政府鼓励以本国原料为主的加工工业，重点发展电子、汽车、钢铁、石油化工和纺织品等。2022年，马来西亚制造业领域产值为5394亿林吉特。[③] 2021年，第三产业占总增加值的52.12%，第二产业占总增加值的38.15%，第一产业占总增加值的9.72%（见图4-14）。

---

① https://data.worldbank.org.cn/indicator/SE.ADT.LITR.ZS?locations=MY.
② https://data.worldbank.org.cn/indicator/SN.ITK.DEFC.ZS?locations=MY.
③ https://www.fmprc.gov.cn/web/gjhdq_676201/gj_676203/yz_676205/1206_676716/1206x0_676718/.

第四章 马来西亚人力资源和劳动力市场状况

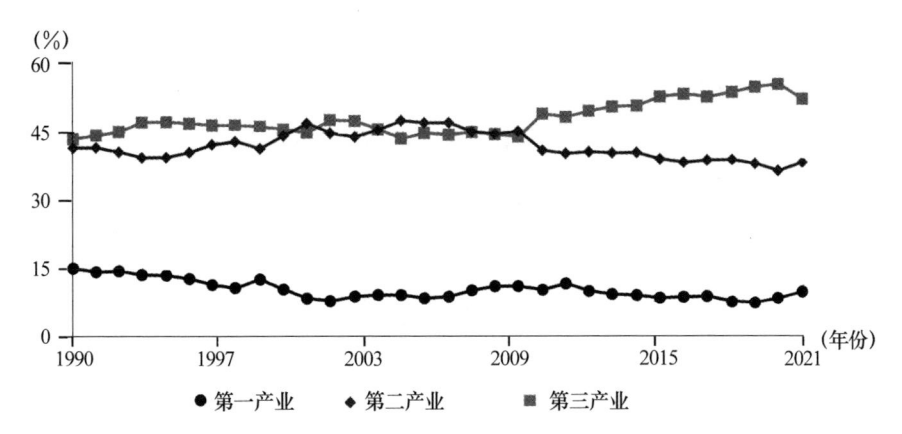

图 4-14 1990—2021 年马来西亚国内生产总值的产业分布

资料来源：CEIC 数据库。

第二、第三产业的发展也为国民提供了广阔的就业机会。马来西亚的产业结构以第三产业为主，第三产业就业人口占总就业人口的比例在 50% 以上。2023 年，第三产业占就业总数的百分比为 64.74%，第二产业占就业总数的百分比为 26.17%，第一产业占就业总数的百分比为 9.09%（见图 4-15）。从就业份额来看，第三产业承担着最为主要的就业吸纳作用。

马来西亚服务业范围广泛，包括水、电、交通、通信、批发、零售、饭店、餐馆、金融、保险、不动产及政府部门提供的服务等。20 世纪 70 年代以来，马来西亚政府不断调整产业结构，使服务业得到迅速发展，成为国民经济发展的支柱性行业之一。[①] 服务业是就业人数最多的产业，提供了超过一半的就业机会。当前，马来西亚有 882.7 万人的就业机会。从行业分布来看，就业人数最多的是第三产业（457.7 万人）；第二产业为 242.9 万人；第一产业为 48.2 万人（见图 4-16）。

---

① https://www.fmprc.gov.cn/web/gjhdq_676201/gj_676203/yz_676205/1206_676716/1206x0_676718/.

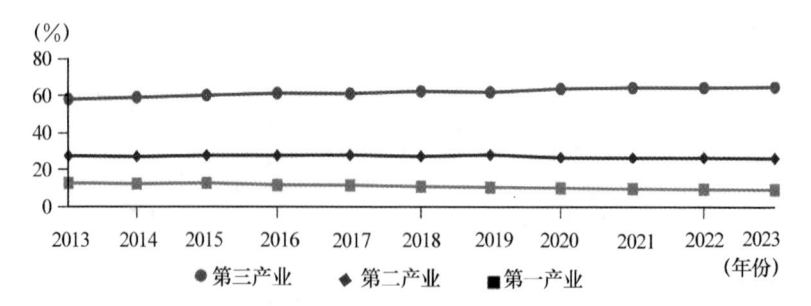

图 4-15　2013—2023 年马来西亚就业总数的产业分布

资料来源：CEIC 数据库。

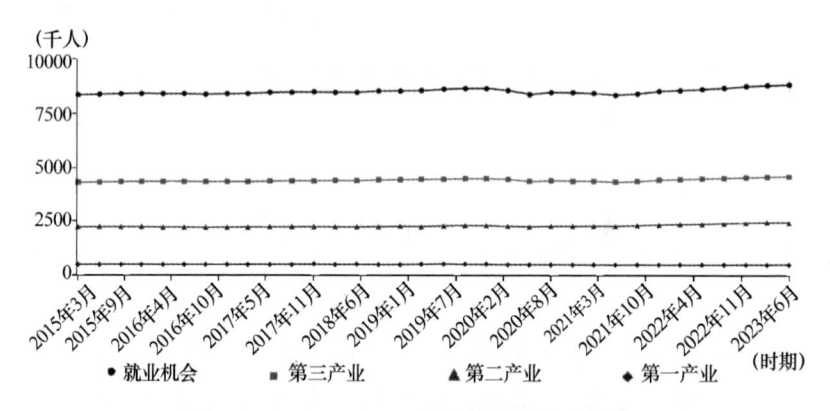

图 4-16　2015—2023 年马来西亚就业机会

资料来源：CEIC 数据库。

与其他东南亚国家相比，马来西亚的服务业就业占比也处于较高水平，即产业结构的转变较为先进，产业结构高级化进程更快（见图 4-17）。

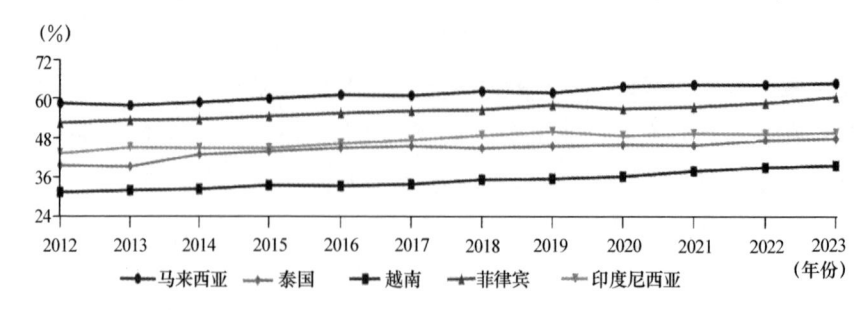

图 4-17　2012—2023 年主要东南亚国家服务业就业占比

资料来源：CEIC 数据库。

（二）技能结构

从就业机会的技能分布来看，马来西亚对高技能劳动者的需求高于低技能劳动者。2023年第二季度末，对技能工作者的需求为220.52万人，对低技能工作者的需求为111.55万人（见图4-18）。

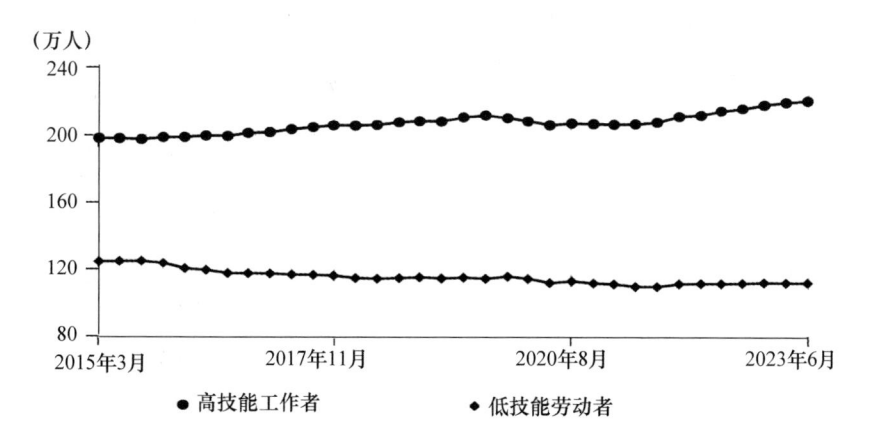

图4-18　2015—2023年马来西亚就业机会技能分布

资料来源：CEIC数据库。

从就业人员的类型来看，2011年之前，文职人员多于专业人员，而2011年之后，专业人员的数量反超文职人员的数量，且二者之间的差距存在扩张的趋势。2023年，就业人员中专业人员有214万人，文职人员有156万人（见图4-19）。

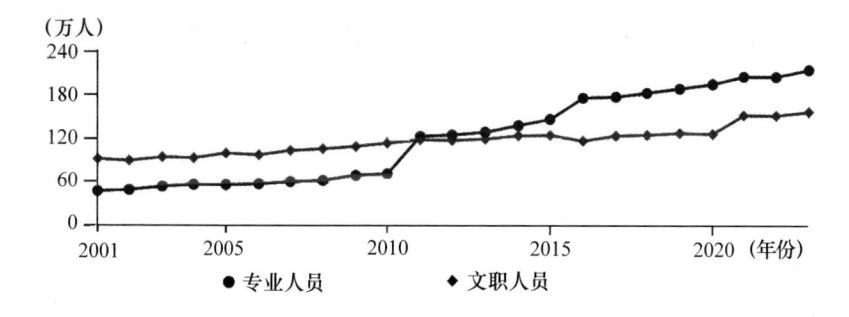

图4-19　2001—2023年马来西亚就业人员类型分布

资料来源：CEIC数据库。

随着马来西亚经济的转型,如对数字经济、科技创新的重视,高科技制造业、知识经济、创新产业的发展,对高技能专业人才的需求增加。

四 人力资源和劳动力市场均衡状况分析

(一) 就业和失业

从就业人员的地区分布来看,最主要分布在雪兰莪州、沙巴州、柔佛州、沙捞越州、霹雳州和吉隆坡,2023年,这几个地区的就业人员占总就业人员的60%(见图4-20)。

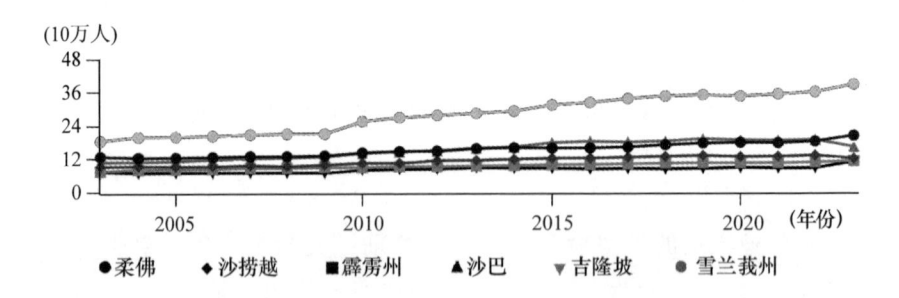

图4-20 2003—2023年马来西亚就业人员区域分布

资料来源:CEIC数据库。

截至2023年第二季度末,马来西亚总就业人数为1630.78万人。其中,男性为990.16万人,女性为624.45万人。失业人口为58.18万人。2022年,总体失业率为3.93%,女性失业率为4.11%,高于男性失业率3.82%(见图4-21)。总体而言,从失业率的变动趋势来看,除了受新冠疫情影响,近年来马来西亚失业率维持在较低水平。马来西亚统计局《劳动调查报告》显示,在失业时间方面,48.4%的失业者失业时间少于3个月,28.6%的失业者失业时间大于3个月小于6个月,而失业时间超过1年的人占9.3%。

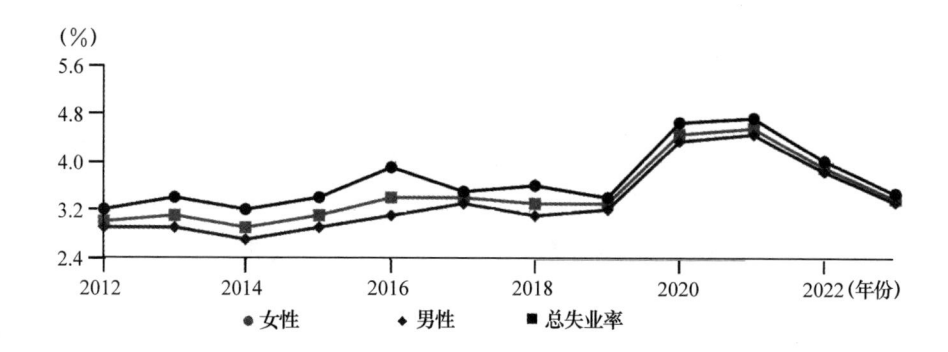

图 4-21　2012—2023 年马来西亚失业率

资料来源：CEIC 数据库。

一方面，产业结构和产业技术的快速升级为马来西亚民众提供了充足的就业机会，使马来西亚一直保持着较低的失业率。另一方面，马来西亚对外籍雇员的规定制约着企业的用工自主性。同时，马来西亚并无专为协助失业者而设的失业保险金或失业援助制度。马来西亚政府认为，当局已在马来西亚维持合适的投资环境，使马来西亚自20世纪80年代末期以来便实现全民就业。因此，似乎并无需要在马来西亚设立失业保险或失业援助制度，以专门协助失业者。失业保障体系的不健全势必会影响到人力资源的自由流通和失业者的再就业。[①]因此，马来西亚保持着相对较低的失业率水平。

(二) 工资水平

总体上看，马来西亚劳动收入份额较为稳定，基本维持在50%左右。但相对发达经济体而言，仍处于较低水平。一方面，受经济发展阶段的影响，马来西亚在进入中等收入阶段后，经济增长的主要拉动要素在于资本；另一方面，马来西亚作为发展中国家，劳动力资源相对丰富而资本相对稀缺。同时，在国际分工体系中，马来西亚处于低

---

① 冯桂玲：《马来西亚人力资源市场的现状及其特点》，《东南亚纵横》2013年第4期。

端生产环节的劣势地位,劳动收入被严重挤压,这也限制了其劳动收入占比的提升。[①]

从工资水平的变动情况来看,马来西亚平均工资水平除了因新冠疫情影响出现的短暂下降,总体呈现逐年上升趋势。2022年,马来西亚总体平均工资为3212马来西亚林吉特(约合人民币4989.5元)。女性平均工资水平为3140马来西亚林吉特;男性平均工资水平为3262马来西亚林吉特(见图4-22)。

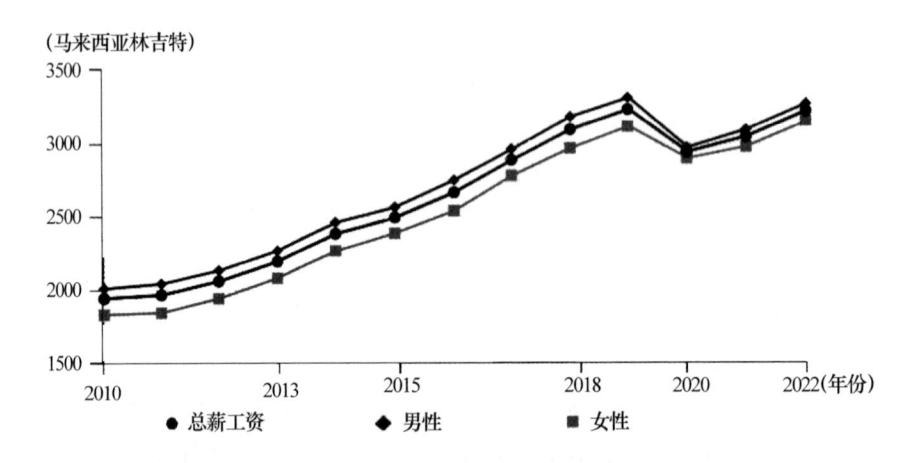

图4-22 2010—2022年马来西亚薪资平均水平

资料来源:CEIC数据库。

与周边主要国家或地区,尤其是东南亚国家相比,马来西亚的小时工资处于较高水平,这也意味着其劳动力成本较高。从马来西亚和周边主要国家或地区的制造业小时工资的变化趋势来看(见表4-1),2002—2016年,总体上都处于增长态势,其中,马来西亚的小时工资相对较高,但增长速度较慢。而中国的小时劳动力成本增长速度过快,导致与周边地区的相对优势在下降或者消失。[②]

[①] 文艺:《劳动收入占比与经济增长——基于跨越中等收入陷阱的研究》,博士学位论文,湘潭大学,2017年。

[②] 郭也:《中国制造业单位劳动力成本变化趋势——以2002—2016年数据为依据》,《北京社会科学》2021年第4期。

第四章 马来西亚人力资源和劳动力市场状况

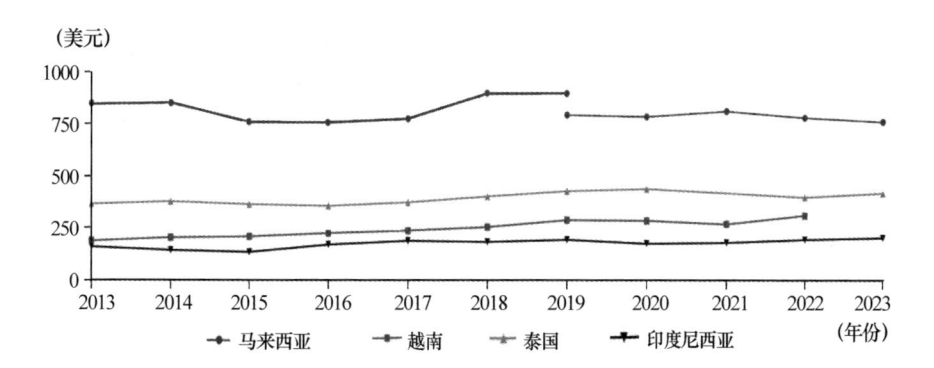

图 4-23　2013—2023 年马来西亚和周边主要国家制造业工资水平

资料来源：CEIC 数据库。

表 4-1　　　2002—2016 年马来西亚和周边主要国家或地区

制造业小时工资水平　　　　　　单位：美元

年份	小时工资					
	中国	中国香港	泰国	印度尼西亚	马来西亚	越南
2002	0.437	6.590	0.717	0.353	2.015	—
2003	0.473	6.610	0.716	0.433	2.016	—
2004	0.500	6.387	0.750	0.429	2.018	—
2005	0.522	6.035	0.792	0.423	1.985	—
2006	0.612	6.647	0.876	0.497	2.051	—
2007	0.780	6.899	0.996	0.516	2.235	—
2008	0.996	7.064	1.130	0.521	2.304	—
2009	1.103	7.539	1.100	0.565	2.228	—
2010	1.240	7.538	—	0.662	2.390	0.624
2011	1.658	8.390	1.360	0.697	2.532	0.733
2012	1.925	8.611	1.592	0.727	2.818	0.892
2013	2.611	9.042	2.006	0.744	3.052	0.952
2014	2.934	9.916	2.091	0.713	3.138	1.071

续表

年份	小时工资					
	中国	中国香港	泰国	印度尼西亚	马来西亚	越南
2015	3.261	10.286	1.557	0.659	2.719	1.230
2016	3.282	—	1.976	0.836	2.674	1.311
2016/2002	7.51	—	2.76	2.37	1.33	—

资料来源：郭也：《中国制造业单位劳动力成本变化趋势——以 2002—2016 年数据为依据》，《北京社会科学》2021 年第 4 期。

工资水平由劳动生产率决定。从生产率的变动趋势来看（见图 4-24 和表 4-2），各国劳动生产率大都处于上升趋势，且马来西亚的劳动生产率明显高于泰国、印度尼西亚、菲律宾和越南。马来西亚相对较高的劳动生产率水平自然也就带来了较高的工资水平。

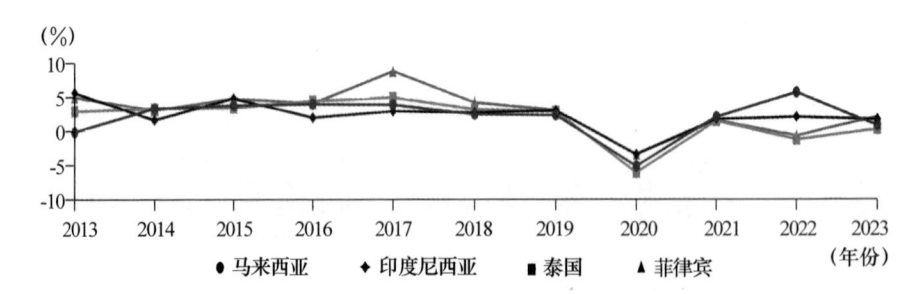

图 4-24　2013—2023 年马来西亚和周边主要国家劳动生产率同比增速

资料来源：CEIC 数据库。

表 4-2　2002—2016 年马来西亚和周边主要国家或地区小时劳动生产率

单位：美元

年份	中国	韩国	新加坡	中国台湾	中国香港	马来西亚	泰国	印度尼西亚	菲律宾	越南
2002	6.242	24.039	60.700	—	10.369	19.414	12.667	10.820	10.808	4.042
2003	6.999	24.704	63.411	—	10.498	20.812	13.391	11.983	11.987	3.911

续表

年份	中国	韩国	新加坡	中国台湾	中国香港	马来西亚	泰国	印度尼西亚	菲律宾	越南
2004	7.566	28.725	77.879	—	12.563	24.415	14.199	13.057	12.172	3.941
2005	7.695	30.509	92.699	29.519	13.805	23.995	15.261	13.162	13.051	3.644
2006	9.000	33.407	91.009	31.886	14.781	24.950	16.949	14.457	14.099	3.536
2007	12.344	37.147	90.082	34.942	12.890	28.556	17.643	14.903	14.712	3.952
2008	13.966	41.237	80.379	34.444	13.657	28.749	19.542	16.398	16.348	3.904
2009	14.950	41.179	47.739	34.436	16.393	30.065	18.354	16.081	15.881	3.889
2010	16.094	44.173	57.972	40.899	18.907	28.774	21.056	14.271	16.141	2.920
2011	17.689	47.136	109.926	41.460	19.091	27.043	20.360	14.694	16.562	3.206
2012	18.767	48.009	119.009	42.284	19.074	29.162	21.252	14.473	16.945	3.533
2013	17.957	48.202	120.951	44.309	19.952	29.937	21.707	15.196	18.035	3.703
2014	19.511	46.986	150.174	48.631	18.110	31.575	19.393	16.029	19.549	3.856
2015	21.244	48.107	165.803	49.360	19.297	34.781	19.860	16.419	19.933	3.887
2016	22.124	48.298	170.800	50.742	—	34.910	21.149	17.057	19.921	4.065
2016/2002	3.54	2.01	2.81	—	—	1.80	1.67	1.58	1.84	1.01

资料来源：郭也：《中国制造业单位劳动力成本变化趋势——以2002—2016年数据为依据》，《北京社会科学》2021年第4期。

五 人力资源和劳动力市场规制

就雇员本地化规定而言，中高收入国家对雇员本地化有严格的规定。马来西亚的外企能够雇佣外籍雇员的人数并未使用比例限制，而是由外国公司上缴资本数额决定：缴足资本在200万美元以上的外企，可自动获得最多10个外籍员工职位，包括5个关键性职位；缴足资本为20万—200万美元的外企，可自动获得最多5个外籍员工职位，包括至少 1 个关键性职位，经理职位、非经理人员的外籍员工雇用期最长达 10 年和 5 年。

就最低工资标准而言，在中亚、南亚、东南亚的"一带一路"共建国家中，发展中国家居多，最低工资标准处于中下水平，劳动力价格普遍较低。根据 2023 年 1 月 1 日马来政府颁发的最低工资法令，马来西亚全国最低月薪为 1500 林吉特，约合 2286.15 元人民币/月，329.31 美元/月。在"一带一路"共建国家中处于中间位置，人均 GDP 为 5000—10000 美元，最低工资水平为 200—300 美元，平均工资水平为 300—600 美元。最低工资与人均 GDP 的比值在一定程度上可以反映一国低收入劳动者群体能够享受国家经济发展成果的份额情况。国际上，一般将平均工资的 40%—60% 作为制定最低工资水平的参考线。马来西亚最低工资与人均 GDP 的比为 35.36%，最低工资与平均工资水平的比值为 51%。总体来看，马来西亚的最低工资水平处于合理区间内。[1]

就职业安全与健康规定而言，马来西亚有明确法律条文要求建立国家职业安全与卫生委员会、理事会等类似机构来负责职业中的安全与卫生问题，目的是提供信息、指导和监督参与事故预防以及确保安全的工作条件，协调职业健康和安全方面的工作，为雇员提供相应的保护。

就员工的解雇规定而言，马来西亚并未规定向员工提供解雇理由的义务，也并未规定合理解雇的理由，但禁止因怀孕、产假、工会会员资格和活动解雇员工。相应地，孕妇、产假妇女享有免遭解雇的权利。[2]

就工作年龄限制而言，马来西亚最低就业年龄标准为 15 岁。马来西亚男性和女性的法定退休年龄均为 60 岁，由此，马来西亚男性和女性劳动者的劳动就业年限相同，均为 45 年。[3]

---

[1] 国际劳工组织数据库。
[2] 国际劳工组织 EPlex 数据库。
[3] 朱往立：《"一带一路"沿线国家劳动条件标准比较研究》，博士学位论文，北京交通大学，2022 年。

六　总　结

马来西亚是"一带一路"共建国家的中等收入国家代表，作为出口导向型经济，对外贸易在国民经济中占有重要地位。中国和马来西亚经贸合作深厚，对马来西亚的人力资源和劳动力市场状况分析，有助于中资企业更好地走出去，推动两国经济社会深度合作、共同发展。

马来西亚的人口复杂多元，包括马来人70%，华人22.7%，印度人6.6%，其他种族0.7%。总人口约为3300万人，且人口增长率呈现下降趋势，2023年已降至1.1%。人口老龄化趋势逐渐加剧，2023年马来西亚65岁及以上人口数量约为267.15万人，约占总人口的8%。人口出生率和总和生育率总体呈下降趋势，2022年马来西亚总和生育率为1.8，收入水平和有限的居住条件是马来西亚生育率降低的主要原因。人口死亡率较为平稳，约为5‰。出生率的下降使人口自然增长率也呈现下降的趋势。马来西亚的人口结构已出现拐点，越过人口红利的高峰期，这也意味着人口红利正在逐步消失，经济增速呈放缓趋势。

马来西亚是一个移民大国，外籍雇员是马来西亚移民中占比最大且影响最深刻的移民主体。近几年来，由于新冠疫情的影响，外籍雇员招聘被停止。随着疫情的缓解，但由于政府审批进度缓慢，并且与印度尼西亚、孟加拉国等外籍雇员主要来源国就劳工权益保护方面的谈判陷入阻滞等原因，合法外籍雇员数量的减少，造成马来西亚多个行业出现用工短缺现象。

从城乡结构来看，马来西亚城镇人口比例呈现总体上升趋势。2023年，马来西亚城镇人口占比为79%，相比于东南亚其他国家，处于较高的城镇化水平。

近年来，马来西亚的劳动参与率逐年上升，但与柬埔寨、越南、缅甸、老挝等东南亚国家相比仍然较低。女性劳动力参与率虽呈现逐年上升趋势，但仍明显低于男性。15—24岁年龄人口的劳动参与率处于较低水平，低劳动年龄人口并未过早地进入劳动力市场，而是投资更多的人力资本，具备以人口质量为特征的第二次人口红利基础。

从工作时间来看，马来西亚实行的工作时间一般限制为每周48小时，每周6个工作日。实际工作时间呈现逐渐下降的趋势，2023年周平均工作小时数为44.8小时，低于工时限制。

马来西亚重视教育，教育支出份额相对较高，总体受教育程度较高。人口预期寿命也相对更长，人口质量总体较高。

马来西亚第二、第三产业提供了绝大部分的就业机会，尤其是第三产业作为马来西亚国民经济的支柱，提供了一半以上的就业岗位。随着马来西亚经济的转型发展，如对数字经济、科技创新的重视，高科技制造业、知识经济、创新产业的发展，对高技能、专业人才的需求增加。

总体而言，近年来马来西亚失业率维持在较低水平。工资水平虽不及发达经济体，但与周边主要国家或地区相比，马来西亚的小时工资处于较高水平。

第五章　老挝人力资源和劳动力市场状况*

老挝人民民主共和国，简称老挝，是位于中南半岛北部的内陆国家。老挝国土面积为 23.68 万平方千米，北邻中国，南接柬埔寨，东临越南，西北达缅甸，西南毗连泰国。近年来，中国和老挝双边经贸合作不断深化，目前中国是老挝第一大投资国、出口国和第二大贸易伙伴关系。老挝的经济以农业为主，工业基础相对薄弱。工业部门的支柱产业是水力发电，通过输电和铁路运输与邻国建立主要经贸联系。老挝是亚洲高速发展的经济体之一，2023 年人均名义 GDP 位列世界第 152 位，属中等偏下水平。

老挝人力资源的质量与数量相比，相对薄弱，对其经济增长及多元化发展构成了严重阻碍。2017 年世界经济论坛公布的全球竞争力报告调查明确指出，雇主将老挝劳动力平均受教育程度低下问题列为在老挝开展业务的最大制约因素。世界银行在 2012 年进行的就业和生产力技能（STEP）调查以及在 2014 年公布的老挝发展报告，也都提出了同样的看法。雇主对劳动力的基础能力（如读写能力、计算能力、逻辑思维、团队合作）与特定职业技能（如维修、电子或导游技能）等方面的需求都无法获得满足。

随着老挝经济的进一步发展，若人力资源的质量无法得到有效提升，劳动者能力的供给与需求之间的差距可能会逐渐扩大。在宏观层面来看，有可能会阻碍老挝从农业部门向高附加值的现代工业和服务

---

* 作者简介：吴臣，云南大学经济学院讲师，硕士生导师，日本经济学会会员、美国经济学会会员；主要研究方向为宏观经济学经济增长理论、发展经济学、劳动经济学。

业部门的经济结构变迁。在微观层面来看，能力差距的扩大会导致老挝未来青年劳动力的就业前景堪忧。

本章的主要目标是分析老挝人力资源及劳动力市场的发展状况，并探讨通过教育提高人力资源质量的可能性。首先介绍老挝的人力资源结构，以及健康、教育等人力资源投资水平的演变，并分析人力资源的就业、失业及弱势就业等劳动力状态。其次说明老挝的劳动力市场结构（性别、年龄和教育水平等方面），并对教育经济收益进行分析。最后总结并提出改善人力资源质量的教育改革建议。

一 人力资源基本情况

（一）老挝人口结构演变

根据中国外交部的统计，截至 2023 年 1 月，老挝人口约为 758 万。如图 5-1 至图 5-4 所示，*World Population Prospects 2022* 指出，老挝人口中，男性为 379.5 万人，女性为 373.5 万人，男性比女性多 6 万人。

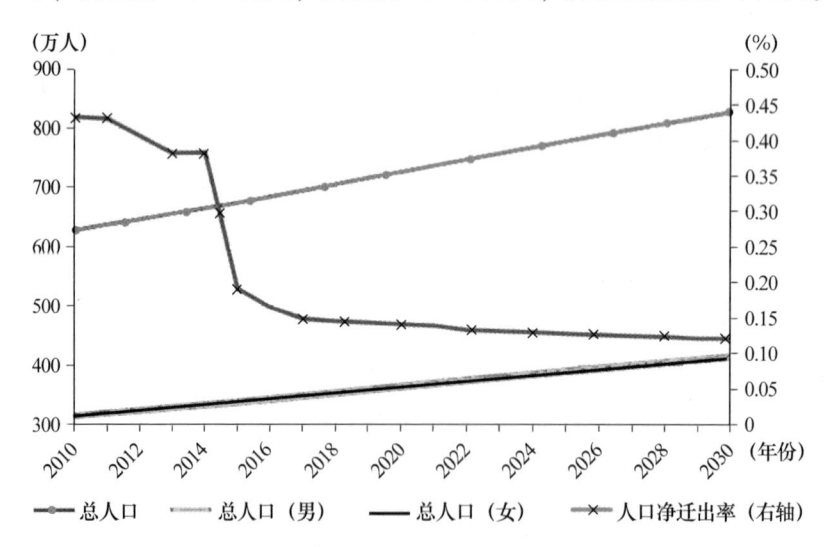

图 5-1 2010—2030 年老挝总人口及人口净迁出率演变和预测

资料来源：United Nations, Department of Economic and Social Affairs, Population Division (2022), *World Population Prospects 2022*, Online Edition。

第五章 老挝人力资源和劳动力市场状况

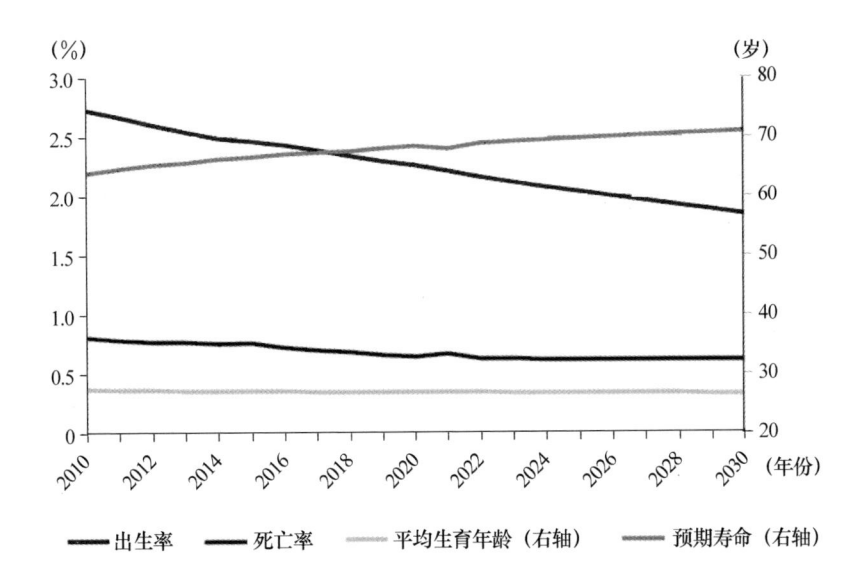

图 5-2　2010—2030 年老挝出生率、死亡率、平均生育年龄及预期寿命演变和预测

资料来源：United Nations, Department of Economic and Social Affairs, Population Division (2022), *World Population Prospects 2022*, Online Edition。

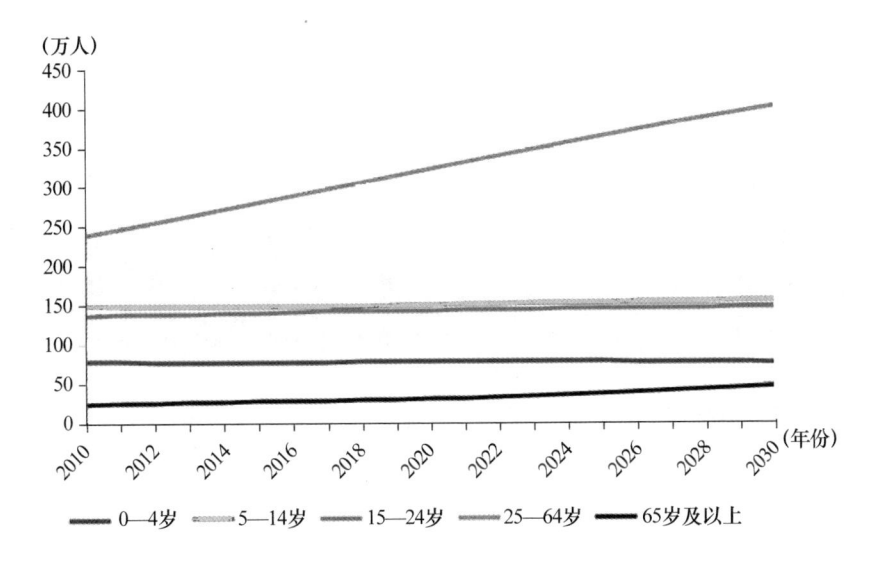

图 5-3　2010—2030 年老挝人口年龄结构演变和预测

资料来源：United Nations, Department of Economic and Social Affairs, Population Division (2022), *World Population Prospects 2022*, Online Edition。

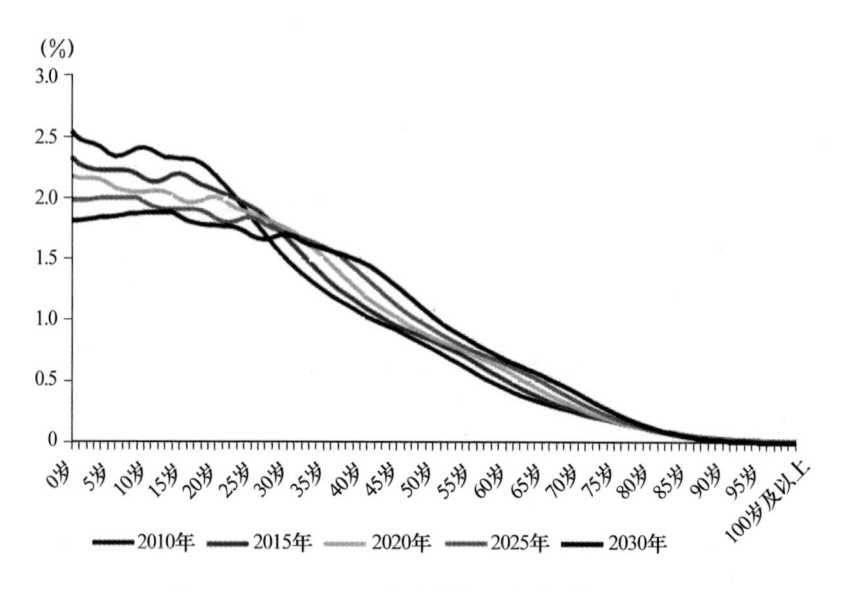

图 5-4 2010—2030 年老挝人口密度演变和预测

资料来源：United Nations, Department of Economic and Social Affairs, Population Division (2022), *World Population Prospects 2022*, Online Edition。

总人口性别比为 1.016，高于全球性别比（1.011）。2023 年，老挝人口预期寿命为 69.3 岁，略低于全球平均预期寿命（71.7 岁）。

2023 年，老挝人口中有 284.9 万人居住在城市地区，占老挝人口的 37.3%，低于全世界平均水平（57%）。大多数人居住在湄公河及其支流沿岸的山谷中，人口最稠密的地区是首都万象及其周边地区。老挝人口密度为每平方千米 32.6 人，被认为是东南亚最低的国家之一。分为 50 个民族，分属老—泰语族系、孟—高棉语族系、苗—瑶语族系、汉—藏语族系，统称为老挝民族。

老挝正在经历快速的人口转型。2023 年老挝总生育率为 2.1%，出生人口为 16.1 万人，即每天 443 人；死亡率为 0.6%，死亡人口 4.7 万人，即每天 128 人。生育率和死亡率都有所下降。2023 年人口自然增长为正，出生人数超过死亡人数为 11.4 万人。老挝的儿童抚养比①为

---

① 一个国家低于工作年龄（15 岁以下）的人口与劳动力的比率。

46.8%。高龄抚养比①为6.9%。老挝人口总抚养率为53.8%，说明抚养人口占劳动人口的一半以上，这意味着老挝的劳动人口必须自给自足，并支付儿童和老年人的开支，给其带来了较大的压力。

2023年老挝的中位年龄为24.4岁，仍是亚洲人口最年轻的国家。15岁以上的潜在劳动人口数高达527.3万人，约占全国总人口的69.5%。截至2030年，老挝人口预计将增加至827.6万人。而中位年龄将增加至28.3岁。展现出巨大的人口潜力，人力资源发展指数相对较高。

总体来说，老挝的人口结构相对年轻，这对老挝未来的经济发展是有利的。但是，老挝仍然需要加强对于青年人力资源的关注，关注推动未来经济发展的劳动力基础。在劳动力资源的开发和管理方面继续努力，促进年轻人的创业和就业。同时也要关注老年人口的需求，保障他们的基本生活和福利。这将有助于实现老挝经济发展的长期可持续性，并为全体老挝人民提供更好的生活条件。

（二）老挝人力资源的健康水平

根据世界银行World Development Indicators 2021的统计数据，随着近年来GDP的大幅增长，2021年老挝贫困率（每天的生活费不足3.2美元）已迅速降至37.4%。老挝政府非常明确贫困和卫生水平低下往往并存，因此近期目标是通过加强其国家卫生体系以实现全民医疗覆盖。根据世界卫生组织的报告，老挝自1950年加入世界卫生组织以来，在四个卫生领域有着显著的进步。

第一个领域是疟疾。直到20世纪90年代，疟疾病例在老挝还有数十万起。由此造成了数千人丧生，成千上万的人因这种疾病的长期影响而遭受重创，患者的教育及就业被迫中断。而通过村级治疗和监测项目，使老挝在消除疟疾寄生虫方面取得了令人瞩目的进展，疟疾的严重威胁在老挝几乎已被消除。

---

① 一个国家高于工作年龄（65岁以上）的人口与劳动力的比率。

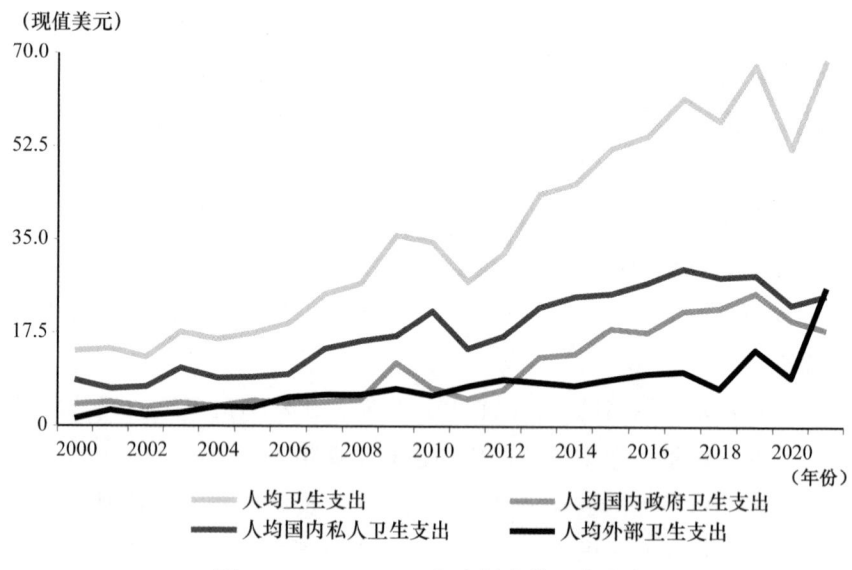

图 5-5 2000—2020 年老挝人均卫生支出

资料来源：World Health Organization Global Health Expenditure database（2024）。

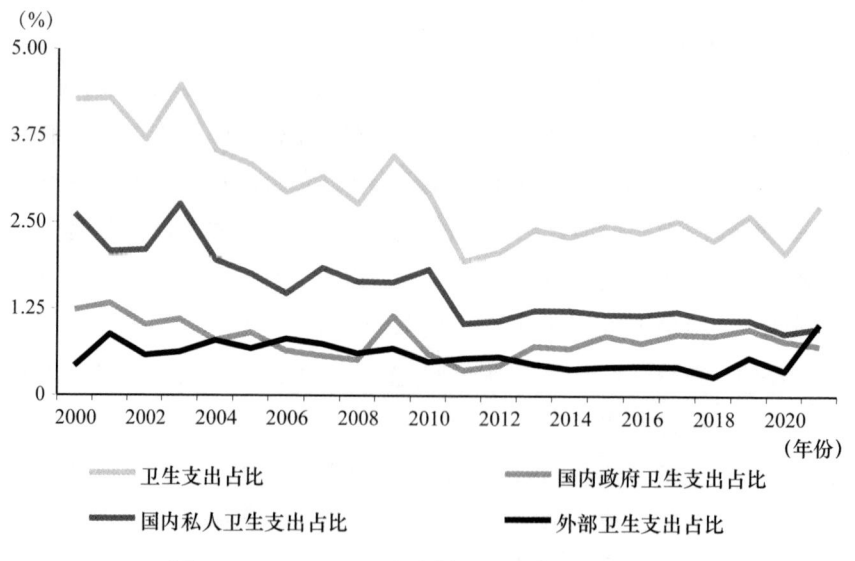

图 5-6 2000—2020 年老挝卫生支出占 GDP 比重

资料来源：World Health Organization Global Health Expenditure database（2024）。

第二个领域是孕产妇和幼儿健康。1978年，5岁以下幼儿每1000名中死亡人数就有218人。2020年，在政府持续大规模投资和优先级重新排序之后，这一数字已降至44人。每10万孕产妇死亡人数从2000年的579人下降到2020年的126人，下降78.7%，代表老挝是世界上孕产妇死亡率下降速度最快的国家之一。

第三个领域是国家卫生系统的改进。2016年，老挝在首都万象以外的所有省份推出国民健康保险计划，该计划旨在确保国民，特别是穷人在经济困难的情况下获得卫生保健。该计划对财政保障和医疗服务产生了积极的影响，是实现健康公平的一大进展。

第四个领域是政府在控烟领域开展了大量工作。2009年，老挝出台了第一部《国家烟草控制法》，随后于2010年颁布了禁止烟草广告、促销和赞助的总理法令。2021年，老挝成为世界上禁止电子烟和其他新型尼古丁产品的30个国家之一。

此外，老挝对新冠疫情的强力、快速反应，也确保了其成为因疫情导致的生命及财产损失最低的亚洲国家之一。应对疫情的措施和经验教训为老挝继续加强准备和应对突发公共卫生事件的能力创造了机会，尤其是应对通货膨胀、卫生预算下降及气候变化等新出现的威胁。虽然国民健康保险计划是一个强力的工具，但老挝卫生医疗水平相比国际社会仍然落后，差距依然存在。

目前剩余的疟疾病例几乎全部发生在偏远社区。在结核病和艾滋病等疾病治理方面也急需取得进展。5岁以下儿童及孕产妇的死亡率仍高于全球平均水平，许多儿童长期营养不良，农村地区1/5的儿童发育严重迟缓。老挝目前的医疗保险只覆盖了20%的人口，覆盖面不足可能是由于该国人口大量分散在主要城市中心以外，约80%的老挝民众在农村生活和工作。烟草消费仍然是老挝的一个巨大负担，每年造成约7000名儿童、成年人死亡，消耗约3.6万亿老挝基普（合人民币约13.5亿元），导致这一点的主要原因是老挝极低的烟草税率。解决这些问题需要充足的卫生资金，而目前老挝资金缺口仍然极大，会影响卫生服务的数量和质量。虽然相关任务看似艰巨，但老挝卫生状况的进步坚定了其政府完成目标的信心。

总体而言，目前老挝的医疗保健仍然不发达。人均卫生支出的总量虽然在逐年增加，然而卫生支出占 GDP 的比重却呈现降低趋势，且卫生系统仍有大部分资金来自国外。但老挝最近的经济增长为其提供了一个解决问题的机会。老挝有机会为居民创建系统性的卫生保健服务，加强老挝人口的健康教育将是改善老挝卫生状况的关键之一。

（三）老挝人力资源的教育水平

根据联合国教科文组织统计，自 20 世纪 80 年代中期老挝从计划经济向市场经济转轨以来，政府就明确提出把教育作为社会经济发展和开发人力资源的关键。目前老挝人口识字率达到 70%—80%，接近世界平均水平。教育服务虽然正在改善，但教育水平相对较低。老挝历史上通过佛教寺庙提供教育的传统做法，尽管在某些地区仍然有少量存在，但总体来说已被国家教育系统所取代。

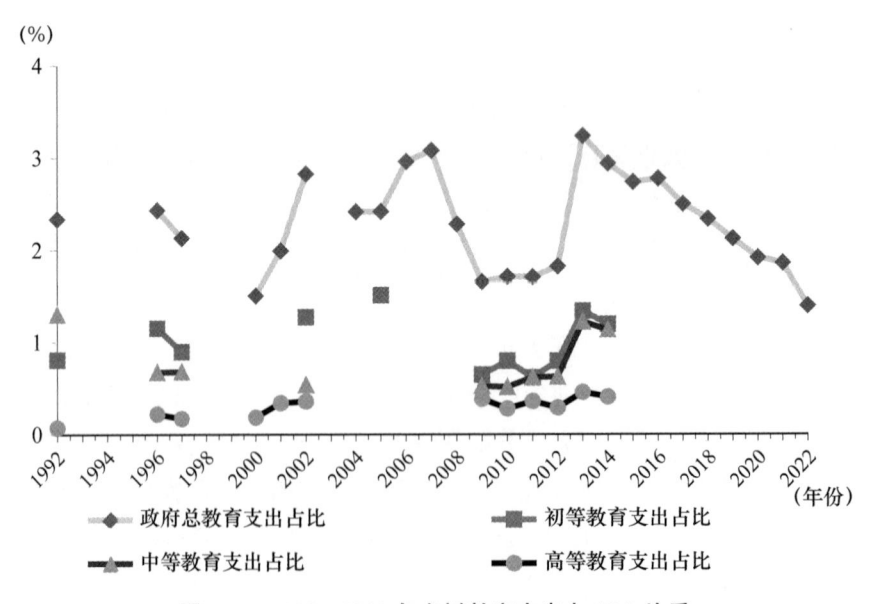

图 5-7 1992—2022 年老挝教育支出占 GDP 比重

资料来源：UNESCO Institute for Statistics（UIS）Bulk Data（2024）。

2017年，凭借98.9%的初等教育净入学率，老挝基本实现了普及初等教育及性别平等的目标，但一些教育指标仍然是东南亚国家中最差的。老挝仍有许多居民不会说官方教学语言老挝语，以儿童为中心的教学技能和辅助材料等教育条件有限。约70%的儿童没有参加幼儿教育计划，其中来自偏远地区和贫困家庭的儿童被排除在外的可能性最大。初等教育的质量是另一个主要问题，只有81.9%的入学儿童完成了初等教育，并且学生的学习成果很差，缺乏必要的知识和技能。

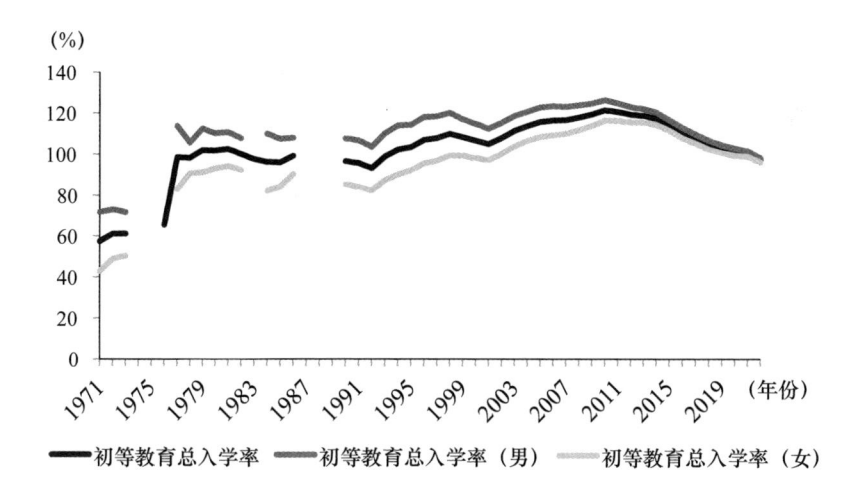

图 5-8　1971—2021 年老挝中等教育总入学率

资料来源：UNESCO Institute for Statistics（UIS）Bulk Data（2024）。

老挝国家教育系统的发展因财政资源有限和缺乏训练有素的教师等原因而受阻。教育支出占 GDP 比重较小，近年来只有 3% 左右，低于世界平均水平。长期以来，缺乏教育阻碍了老挝的经济发展，而经济发展不充分则意味着教育支出不足，从而陷入恶性循环中。因此，老挝未来社会经济目标的实现关键在于积极推动人力资源发展，提升整个老挝的教育质量，以满足老挝经济增长对于劳动力的需求。

老挝经过教育系统重组，2009/2010 学年以前采用的 "5—3—3" 制度（小学 5 年、初中 3 年和高中 3 年）；2009/2010 学年的 "5—4—

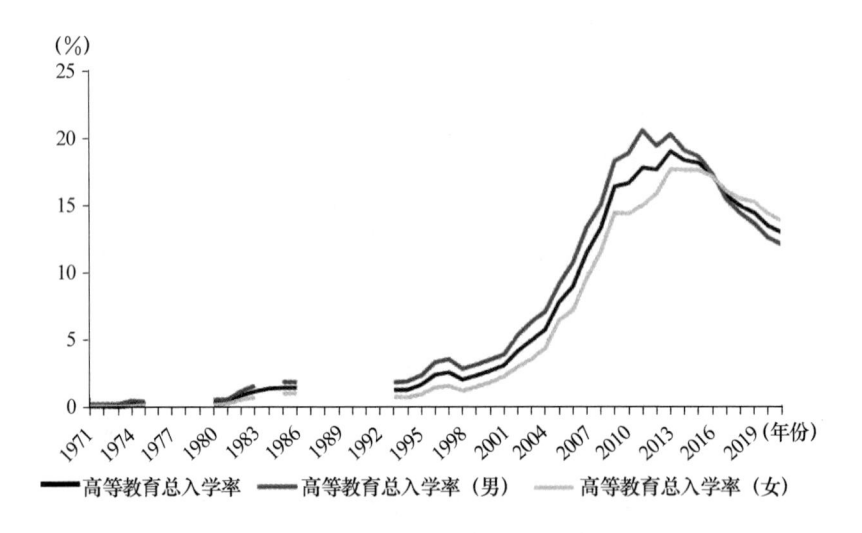

图 5-9　1971—2021 年老挝高等教育总入学率

资料来源：UNESCO Institute for Statistics（UIS）Bulk Data（2024）。

2"制度；2010/2011 学年开始采用"5—4—3"制度的转变。并且向所有老挝儿童提供学前教育、初等教育和中等教育（初中和高中）4 个时期的免费教育。此外，2012—2013 年老挝教育部针对职业技能教育培训进行资助和扶持后，职业技能教育培训入学率有了显著上升。近年来，老挝教育部已经考虑将该阶段教育纳入国家公立教育体系。

学前教育通常聚焦在儿童的身体、情感、社交和心理等方面，被认为是接受进一步的小学教育的基础。学前教育包括托儿所和幼儿园两个级别。分别招收 2 个月至 2 岁和 3—5 岁的儿童。由于学前教育支出相对于老挝居民平均收入来说较为昂贵，并非所有家庭都能够负担，而教育部同样没有足够的资源来资助全国范围内的学前教育。尽管学前教育入学率上升到目前的 50% 左右，但老挝学前教育的参与率仍然很低，且各省之间差距极大。

初等教育持续 5 年，是老挝唯一的义务教育。初等教育入学率总体呈现上升趋势，但在 2008 年之后逐渐下降，2022 年达到 97.2%。

书籍和学习用品的费用加重了家庭负担，以及农村地区普遍缺乏教师等问题的存在，导致许多儿童无法上学。而且很大一部分小学教师缺乏足够的培训。教师的工资待遇普遍偏低，许多人仍需要务农养活自己。此外，在教育平等方面，不同群体之间存在显著差异。部分少数民族并不认为女性教育是必要或有益的。在城市地区，教育差距逐渐缩小。农村地区的一些教育指标在全国最低，且与城市的差距还在继续扩大。在贫困地区，儿童往往无法参加义务教育，因为他们需要进行家庭劳动获取生计。整体来看，小学教育质量较差，相当一部分毕业生无法通过中学入学考试。

中等教育分为初中和高中（初中4年，高中3年）。小学毕业生进入初中学习的比例约为77.6%。老挝在普及初等教育方面取得进展的同时，也增加了中等教育的压力。总入学人数虽然上升，但中等教育仍然存在问题。中等教育入学率趋于上升，但在2017年之后逐渐下降，2022年为56.9%。男女性别差距在贫困、偏远和以少数民族为主的地区最大，在这些地区的教育质量也最低，辍学率居高不下。导致这些问题的需求方面因素，包括通学距离、财务成本、语言和文

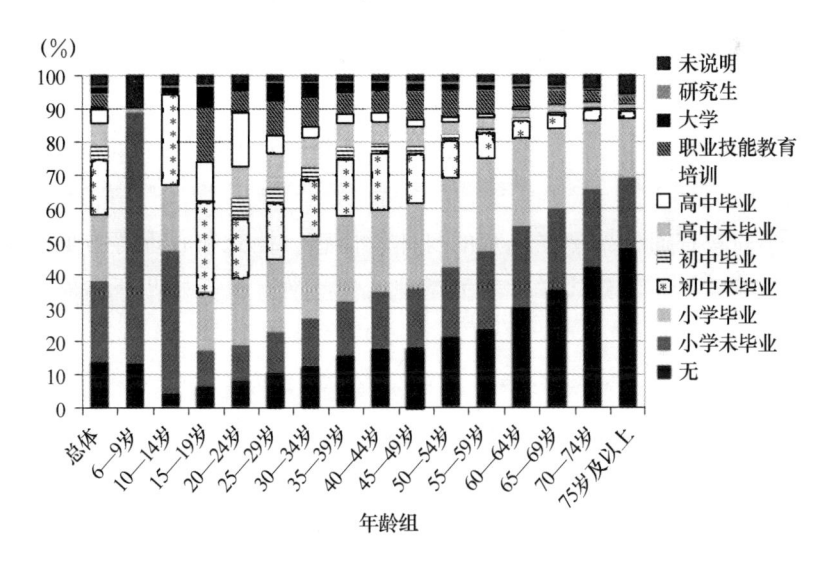

图5-10　2015年老挝6岁以上人口总体年龄组最高学历占比

资料来源：Laos Population and Housing Census 2015 dataset。

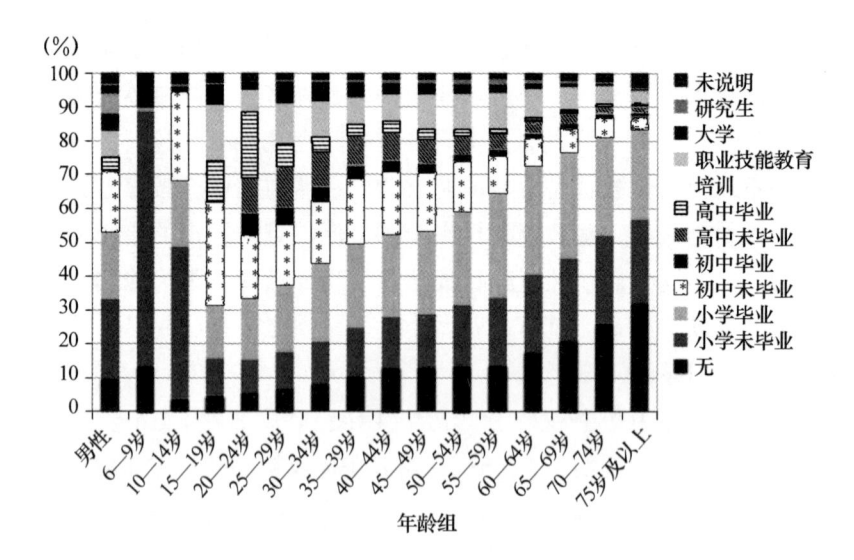

图 5-11　2015 年老挝 6 岁以上人口男性年龄组最高学历占比

资料来源：Laos Population and Housing Census 2015 dataset。

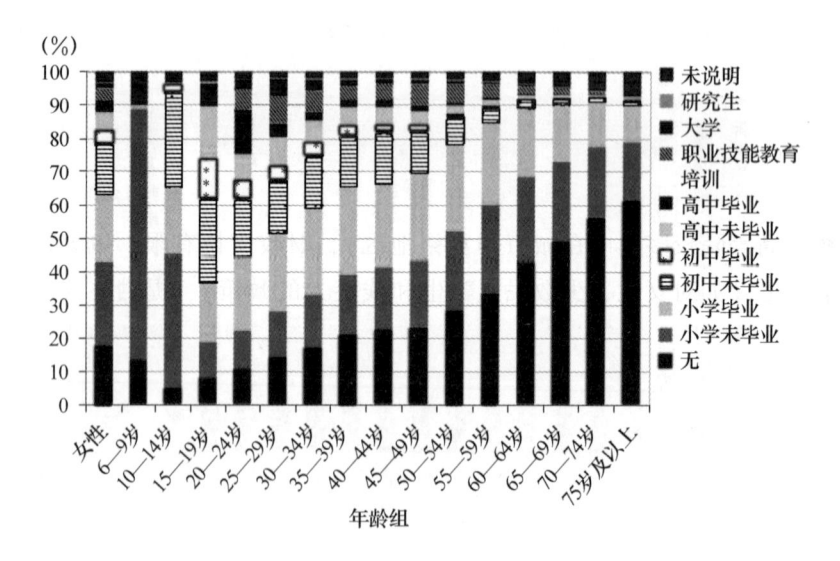

图 5-12　2015 年老挝 6 岁以上人口女性年龄组最高学历占比

资料来源：Laos Population and Housing Census 2015 dataset。

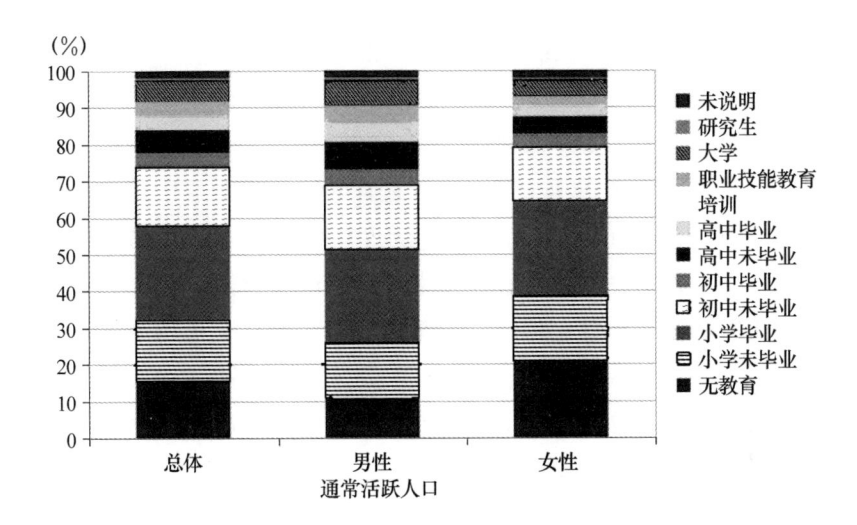

图 5-13　2015 年老挝 10 岁以上劳动力活跃人口最高学历占比

资料来源：Laos Population and Housing Census 2015 dataset。

化因素，供给方面的因素，包括硬件资源有限、人力资源不足以及教育质量低下等。

高等教育则有多种选择，如职业技能教育培训与大学及以上教育。中等教育入学率趋于上升，但在 2017 年之后逐渐下降，2022 年为 56.9%。高等教育的入学门槛限制了大部分人口获得更高水平的能力。主要障碍包括中等教育毕业生数量有限，缺乏衔接课程，地理因素（高等院校多集中在城市和富裕地区），财政支持有限，包容性政策不足（如对女性、少数民族学生和残疾人的政策），提供方式缺乏灵活性等原因。尽管公立大学的数量和规模不断扩张，每年的净入学人数仍然只占很小一部分，远远低于高中毕业生人数。

2015 年老挝人口普查按受访者的最高学历水平，将受教育程度分为 10 类：无教育、小学未毕业、小学毕业、初中未毕业、初中毕业、高中未毕业、高中毕业、职业技能教育培训、大学、研究生。在对 6 岁以上受教育年龄人口最高学历水平分析中，通过年轻和年长的年龄组别对比可知，随着时间的推移受教育程度逐渐提高。然而，即使较为年轻的年龄组中，大部分人口受过的教育也极为有限。超过

2/3 的工作年龄人口甚至没有完成初中教育。

老挝在性别差距方面，女性的教育普及较好地改善了性别不平等现象。特别是在初等教育方面，教育性别歧视已经基本消除。在 58 岁以上的年龄组别中，至少完成初等教育的男性比例几乎是女性的两倍；而在 19 岁以下的年龄组别中，至少完成了初等教育的男女比例差距极低，不到 1 个百分点。在初中及以后的教育阶段，女性完成率的提升速度超过了男性，但性别差距依然存在，且学历越高，差异越明显。

在加强各阶段教育方面，老挝进展参差不齐。初等教育的进展最为明显。至少完成小学学业的人口比例，从 55 岁人口的 60% 左右上升到 15 岁人口的 80% 以上。尽管有波动，但各年龄组别的完成率稳步提高。在普及初等教育取得进展的同时，中等教育已逐渐成为人力资本提升的制约因素。特别是在 35—39 岁、40—44 岁和 44—49 岁的年龄组别中，初中和高中教育的完成率仍然停滞不前，仅在较为年轻的年龄组别中出现显著改善。提高人力资源质量的目标依然任重道远。

10 岁以上劳动力活跃人口的教育程度与受教育年龄人口基本类似，主要区别在于青年劳动力。亚洲开发银行在 2017 年对老挝的社会指标调查报告显示，老挝近 87% 的青年完成了初等教育，但只有 32% 的青年完成了中等教育，即近 2/3 的小学毕业生未能进入初中或在中等教育期间辍学，从而使许多青少年获得正式就业的前景非常黯淡。这极大地限制了拥有相关技能劳动力人口的市场流入。

总体来说，尽管老挝教育水平有所进步，但仍然需要改善。虽然初等教育迅速普及，但中等教育完成率仍然很低，且教育质量不高。职业技能教育培训与高等教育面临着极大限制。这些制约导致了教育成绩不佳的恶性循环，从而对老挝青年人口获取从事非农产业劳动的相关能力和对经济现代化作出贡献等方面造成严重的负面影响。因此，提升中等以上教育的入学率及完成率是促进老挝经济发展的优先事项。

（四）老挝人力资源的劳动力状态

根据国际劳工组织统计，2023年老挝532万劳动年龄人口中，实际劳动人口约为305.6万人，占劳动年龄人口的57.4%，是总人口的40%。其中，女性实际劳动人口约为148.7万人，占女性劳动年龄人口的56%，女性劳动参与程度已经有了一定的提高，男性失业率已显著超过了女性失业率（见图5-17）。实际劳动人口中，25—64岁劳动者占据了78.7%，这也表明老挝社会的劳动力主要集中在这一年龄段。

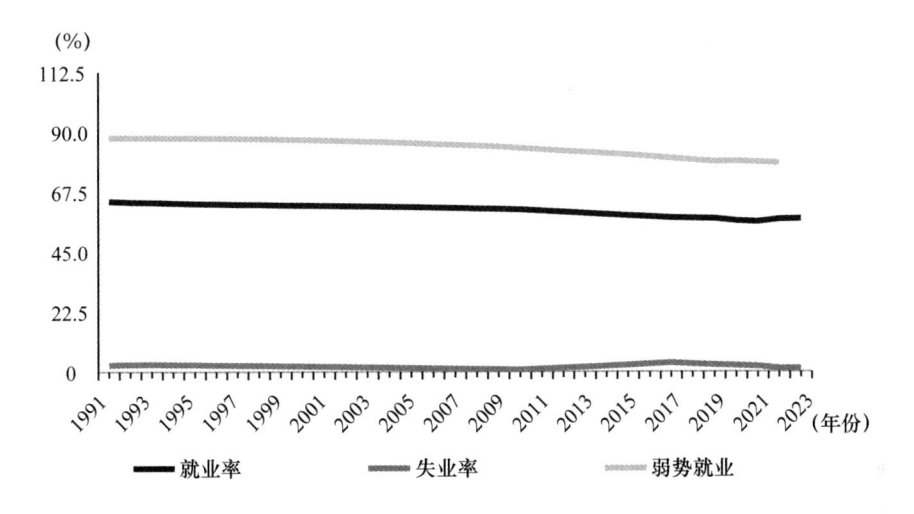

图5-14　1991—2023年老挝就业状态比率

资料来源：International Labor Organization（2024），ILO Modelled Estimates Database，ILO STAT。

2023年老挝有3.6万人处于失业状态，失业率为1.2%。其中女性失业人口为1.3万人，占失业总人口的36.1%。年龄大于25岁的失业人口有2.1万人，15—24岁的失业人口有1.5万人。实际劳动力以外的潜在劳动力包括学生、退休人员等，约为226.4万人，占42.6%。潜在劳动力中男性比女性多48.5%。

根据国际劳工组织统计，2017年老挝475.8万劳动年龄人口中，有近194万人为正式就业人口，占劳动年龄人口的40.8%。其中，175.8万人处于就业状态，18.2万人处于失业状态，总失业率为9.4%

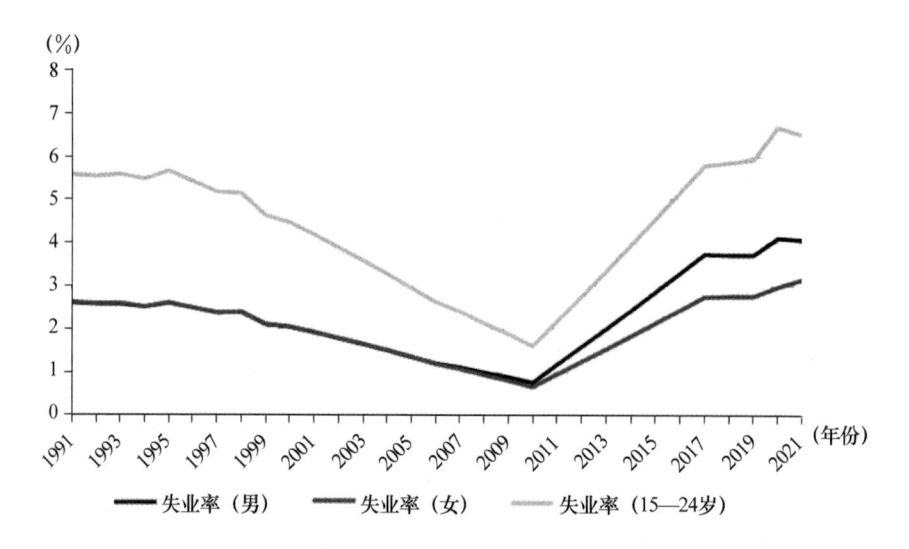

图 5-15　1991—2021 年老挝失业率

资料来源：International Labor Organization（2023），ILO Modelled Estimates Database，ILO STAT。

（见表 5-1）。在没有从事经济活动的 281.8 万人中，有 75.8 万人从事无报酬的家庭劳动。与 2010 年相比，正式就业占比明显降低，青年失业率显著提高。因此，老挝并没有从预期的人口红利中获益，青年人口就业面临严重挑战。

表 5-1　老挝劳动年龄人口（15 岁以上）劳动力状态

劳动力状态	2010 年	2017 年
劳动年龄人口（万人）	388.7	475.8
实际劳动人口（万人）	308.0	194.0
就业（万人）	302.1	175.8
正式就业率（%）	79.24	40.8
失业率（%）	1.9	9.4

续表

劳动力状态	2010年	2017年
青年失业率（15—24岁）（%）	3.1	18.2

资料来源：LAO PDR Labor Force Survey 2010，2017。

根据开发银行统计结果，2017年首都万象的正式就业率（69.2%）和失业率（8.6%）最高。在首都地区以外，农村正式就业率普遍低于城市地区。北部农村地区的失业率最低（1.1%），部分原因是该地区从事无报酬的家庭劳动人口比例也最高（见表5-2）。

表5-2　2017年老挝按地区划分的劳动年龄人口（15—64岁）劳动力状态

地区	劳动年龄人口（人）	就业（人）	非正式就业（人）	失业（人）	正式就业率（%）	失业率（%）
中部	1402448	832667	528865	40916	62.3	4.7
农村	1049848	625672	401800	22376	61.7	3.5
城市	352600	206995	127065	18540	64.0	8.2
南部	840668	381210	433474	25984	48.4	6.4
农村	611318	260020	330854	20444	45.9	7.3
城市	229350	121190	102620	5540	55.3	4.4
北部	1369300	775180	579254	14866	57.7	1.9
农村	946070	513760	426420	5890	54.9	1.1
城市	423230	261420	152834	8976	63.3	3.3
首都	591894	374743	182109	35042	69.2	8.6
农村	177680	101417	63856	12407	64.1	10.9
城市	414214	273326	118253	22635	71.5	7.6
合计	4204310	2363800	1723702	116808	59.0	4.7

资料来源：Asian Development Bank，Lao People's Democratic Republic：Economic Policy Support for Enhancing Productivity and Employment。

这些统计数字表明，农村人口未能有效转化为城镇人口，城市化进展缓慢。因此老挝政府仍需注重解决劳动市场供需匹配问题。解决这一问题将会对所有劳动人口带来有利影响。

二 劳动力市场基本情况

（一）老挝劳动力市场参与水平

根据世界银行 World Development Indicators 2024 的统计数据，第一产业（农业、畜牧业和渔业）劳动力占比为70%左右，长期处于下降趋势，劳动力逐渐向增长更快的第二、第三产业转移，但在2017年之后有所上升。非第一产业部门占经济增加值的82%以上，第三产业的就业增长最快，约占增加值的48%和就业的30%，第二产业占增加值的34%和就业的10%。

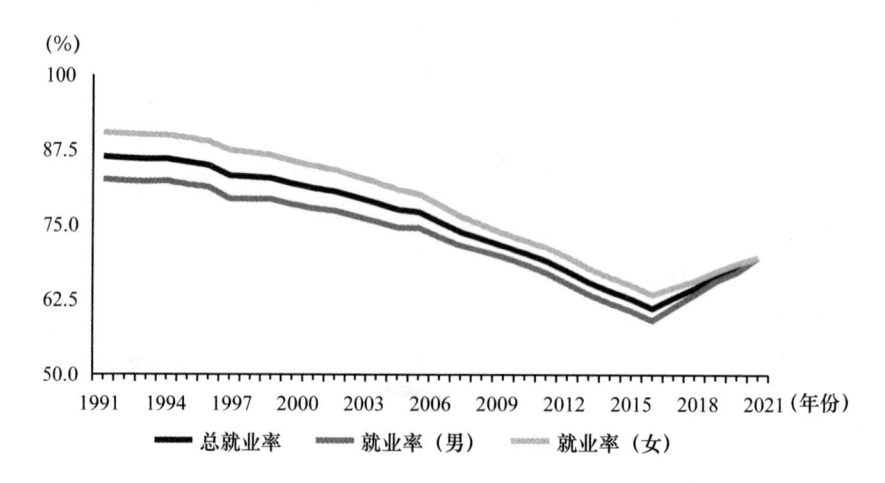

图 5-16 1991—2022年老挝第一产业劳动力市场参与率

资料来源：The World Bank，World Development Indicators（2024），Employment in Primary, Secondary and Tertiary Sectors（% of Total Employment）（Modeled ILO Estimate）。

第二产业劳动力占比处于上升趋势，但在2017年之后有所下降。第二产业仍然主要集中在传统的纺织、服装和鞋帽业等轻工业。这些企业大多数是以家庭为基础的微型企业。制造业正在慢慢向多样化发展，如零件、设备行业等，但第二产业增长主要来源于部分经济特区。老挝的大多数经济特区都位于首都万象附近。在这些区域投资的公司当中有一多半是外国公司，而创造的工作岗位中只有不到一半流向了当地工人。

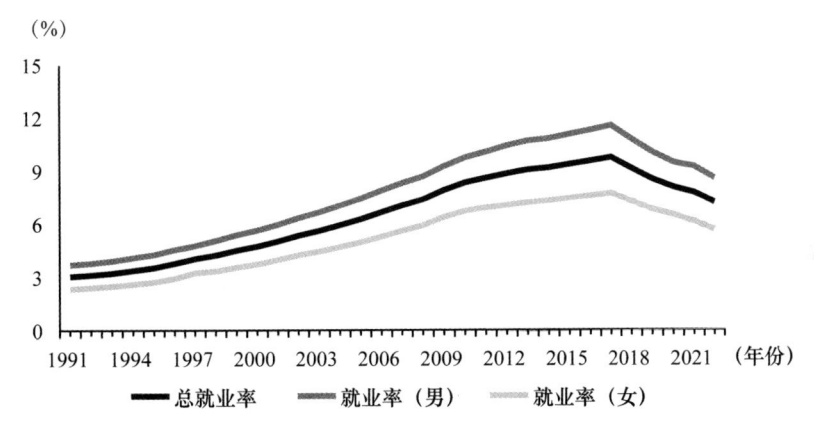

图 5-17 1991—2022 年老挝第二产业劳动力市场参与率

资料来源：The World Bank，World Development Indicators（2024），Employment in Primary，Secondary and Tertiary Sectors（% of Total Employment）（Modeled ILO Estimate）。

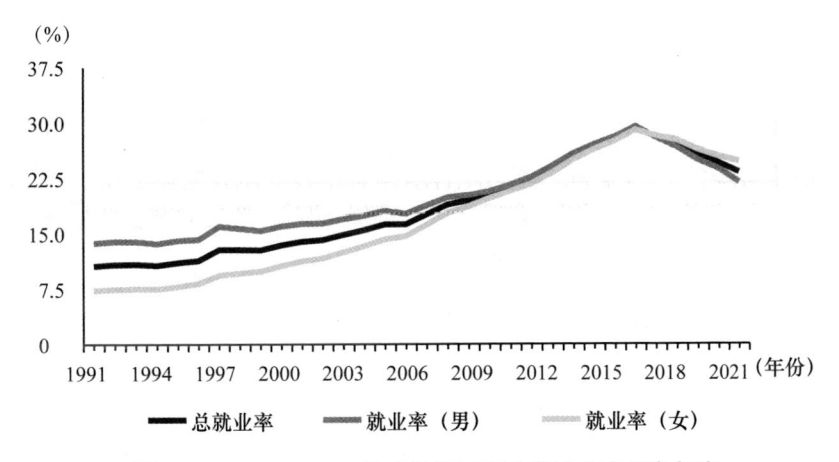

图 5-18 1991—2022 年老挝第三产业劳动力市场参与率

资料来源：The World Bank，World Development Indicators（2024），Employment in Primary，Secondary and Tertiary Sectors（% of Total Employment）（Modeled ILO Estimate）。

随着老挝从第一产业向第二产业的经济结构变迁，预计第二产业部门将继续吸收很大一部分从农村地区迁移的劳动力。第二产业将继续增长，并相应地需要人力资源进入，但企业很难找到熟练工人。第二产业发展仍面临诸多限制，包括商业环境差、缺乏投资信贷、基础设施建设不足、缺乏教育和培训等问题。

与第二产业一样，第三产业劳动力占比长期处于上升趋势，但在2017年之后有所下降。第三产业作为劳动密集型产业，GDP占比也在持续增长。该行业以女性为中心。发展前景良好的信息和通信技术（ICT）服务行业、金融和保险行业等新兴产业，虽然规模较小，但有可能继续吸收从农村地区迁移的劳动力，通常需要劳动者经过职业培训或高等教育。传统的销售行业是服务业中最大的行业，其中很大一部分属于自有企业主经营的小型零售店，通常只采取无报酬的家庭劳动模式。许多辍学者在这一行业可以找到低技能的销售和服务类工作。

总体而言，老挝的就业质量比就业数量更具挑战性。虽然劳动力参与率相对较高，失业率相对较低，但就业前景近年来开始变得不太乐观。近期老挝劳动力市场的主要挑战涉及劳动力生产率和收入低下。不充分就业（未按能力录用）和弱势就业（包括无报酬的家庭劳动）普遍存在。第二、第三产业的就业份额持续增加，但劳动力仍然主要集中在第一产业，反映了老挝经济对农业的严重依赖。就业结构转变滞后于人口结构转变暗示着一种紧迫的局面，即人力资源的薄弱扼杀了经济多样化和现代部门的出现。青年人力资源的失业率较高，大多数青年仍然进入第一产业。虽然第二、第三产业的青年就业人数在增长，但大部分处于弱势就业状态。青年获得正式工作岗位的前景有限，而且往往没有能力在现代部门中发挥关键作用。

（二）老挝劳动力市场结构

根据2015年老挝人口普查数据统计，将劳动力市场参与情况根据性别、产业部门、年龄、教育层次进行分组。表5-3总结了老挝人口按照性别和年龄分组的劳动力状态与各产业部门的劳动力占比。在

第五章 老挝人力资源和劳动力市场状况

劳动力状态方面，老挝劳动力参与率相对较高（54.9%，2021年世界平均水平为39.6%），且男女差距不大。失业率相对较低，在大部分年龄区间约占1%。但弱势就业普遍存在。这部分现实反映了老挝在经济发展中对农业的严重依赖。

表5-3　2015年老挝按年龄划分的劳动力状态及各产业部门占比　单位:%

年龄分组		全产业劳动力状态占比			产业部门占比				
					第一产业		第二产业		第三产业	
		活跃人口	弱势就业	失业	劳动力	弱势就业	劳动力	弱势就业	劳动力	弱势就业
总体	全年龄	54.9	44.8	1.1	73.9	99.4	7.2	33.2	18.9	39.8
	0—17岁	9.5	8.3	0.4	87.7	99.4	5.0	21.2	7.2	52.7
	18—27岁	82.3	64.6	3.0	74.0	99.2	8.4	22.7	17.7	35.2
	28—37岁	95.2	74.6	1.1	68.4	99.3	8.6	32.3	23.0	37.2
	38—60岁	89.3	75.3	0.6	73.9	99.5	6.2	46.0	20.2	43.2
	60岁以上	44.9	40.6	2.0	86.9	99.6	2.8	67.0	10.3	59.0
男性	全年龄	55.9	43.3	1.2	71.5	99.3	8.8	25.2	19.6	30.4
	0—17岁	8.7	7.6	0.5	87.4	99.4	5.9	18.7	6.7	53.2
	18—27岁	80.9	61.6	3.3	73.5	99.1	10.6	18.0	15.9	29.7
	28—37岁	97.9	71.5	1.3	65.6	99.2	10.8	24.3	23.6	26.4
	38—60岁	95.4	74.7	0.5	69.6	99.3	7.5	32.7	22.9	31.1
	60岁以上	55.8	50.0	1.5	85.5	99.5	3.1	56.6	11.4	46.9
女性	全年龄	53.8	46.1	1.1	76.4	99.5	5.6	46.0	18.2	50.1
	0—17岁	10.2	9.1	0.4	88.0	99.5	4.3	24.1	7.7	52.3
	18—27岁	83.5	67.3	2.6	74.3	99.3	6.5	29.5	19.2	39.1
	28—37岁	92.5	77.5	1.0	71.2	99.4	6.5	45.8	22.3	48.8
	38—60岁	83.6	75.9	0.6	78.0	99.6	4.7	68.9	17.3	60.5
	60岁以上	35.1	32.0	24.0	88.9	99.7	2.5	86.6	8.6	84.1

资料来源：Laos Population and Housing Census 2015 Dataset。

虽然就业率在28—37岁年龄组的人口中达到顶峰，但考虑到老挝未来应对技术变革及保证经济活力的要求，18—27岁年龄分组的青年劳动力的就业状态最值得关注。青年劳动力的市场参与率较高，82.3%处于经济活跃状态，其中男性为80.9%，女性为83.5%。青年劳动力失业率与其他年龄分组相比较高，经济活跃状态的青年劳动力有3.0%处于失业状态（3.3%的男性和2.6%的女性），但仍然低于世界平均水平6.2%。

对比老挝的劳动力就业数量，就业质量的提升更具挑战性。弱势就业普遍存在，占青年劳动力就业人口的64.6%（61.6%的男性和67.3%的女性）。虽然第二、第三产业的青年劳动力就业人数在增长，但大多数就业人口仍然会进入第一产业。青年劳动力的弱势就业在第一产业表现得尤为突出，超过99%，而第二、第三产业占比约为1/3和1/4。

表5-4　2015年老挝按最高学历划分的18—60岁劳动力产业部门分布

单位:%

最高学历分组	劳动力状态占比 全产业			产业部门占比						非第一产业
	活跃人口	失业	弱势就业占比	第一产业		第二产业		第三产业		劳动力份额
				劳动力份额	弱势就业占比	劳动力份额	弱势就业占比	劳动力份额	弱势就业占比	
总体	88.5	1.6	71.4	72.1	99.4	7.6	33.2	20.2	38.9	27.9
初等教育及以下	92.4	0.9	86.3	88.4	99.5	4.8	37.4	6.9	67.8	11.6
中等教育	81.0	2.0	63.4	62.4	99.2	12.3	33.2	25.3	55.6	37.6
职业技能教育培训	92.1	3.5	15.9	7.5	93.1	9.9	24.4	82.6	10.3	92.5
高等教育	94.2	4.5	8.5	2.4	81.0	9.8	13.6	87.8	7.1	97.6
男性	91.1	1.7	69.3	69.6	99.2	9.4	24.8	21.0	29.3	30.4

续表

最高学历分组	劳动力状态占比 全产业 活跃人口	劳动力状态占比 全产业 失业	劳动力状态占比 全产业 弱势就业占比	产业部门占比 第一产业 劳动力份额	产业部门占比 第一产业 弱势就业占比	产业部门占比 第二产业 劳动力份额	产业部门占比 第二产业 弱势就业占比	产业部门占比 第三产业 劳动力份额	产业部门占比 第三产业 弱势就业占比	非第一产业 劳动力份额
初等教育及以下	95.8	1.0	87.5	88.1	99.4	5.7	24.3	5.2	54.6	11.9
中等教育	84.1	2.0	62.7	63.0	99.4	14.0	27.0	23.0	43.9	37.0
职业技能教育培训	94.6	3.4	16.5	8.7	93.3	12.3	21.4	79.1	9.3	91.2
高等教育	95.6	4.1	8.2	2.6	84.1	11.4	12.9	86.0	6.2	97.4
女性	86.0	1.4	73.3	74.7	99.5	5.8	48.5	19.4	49.4	25.3
初等教育及以下	89.8	0.8	85.3	88.6	99.5	4.0	52.3	7.4	76.2	11.4
中等教育	77.1	0.9	64.0	61.6	99.4	10.0	44.9	28.4	88.3	38.4
职业技能教育培训	88.9	0.9	15.2	5.9	92.8	6.6	32.3	87.5	11.6	94.1
高等教育	92.1	0.9	9.0	2.2	75.0	7.2	15.3	90.8	8.4	97.8

表5-5　2015年老挝按最高学历划分的18—27岁青年劳动力产业部门分布

单位:%

最高学历分组	劳动力状态占比 全产业 活跃人口	劳动力状态占比 全产业 失业	劳动力状态占比 全产业 弱势就业占比	产业部门占比 第一产业 劳动力份额	产业部门占比 第一产业 弱势就业占比	产业部门占比 第二产业 劳动力份额	产业部门占比 第二产业 弱势就业占比	产业部门占比 第三产业 劳动力份额	产业部门占比 第三产业 弱势就业占比	非第一产业 劳动力份额
总体	83.3	3.0	64.6	74.0	99.2	8.4	22.7	17.7	35.2	26.0
初等教育及以下	94.4	1.6	85.7	88.3	99.3	5.6	22.8	6.0	55.1	11.7

续表

最高学历分组	劳动力状态占比 全产业 活跃人口	劳动力状态占比 全产业 失业	劳动力状态占比 全产业 弱势就业占比	产业部门占比 第一产业 劳动力份额	产业部门占比 第一产业 弱势就业占比	产业部门占比 第二产业 劳动力份额	产业部门占比 第二产业 弱势就业占比	产业部门占比 第三产业 劳动力份额	产业部门占比 第三产业 弱势就业占比	非第一产业 劳动力份额
中等教育	69.6	3.0	54.0	68.8	90.2	12.0	24.2	19.2	51.8	31.2
职业技能教育培训	88.5	9.7	11.3	7.4	94.5	7.8	14.6	84.8	7.3	92.6
高等教育	89.9	11.3	8.5	4.1	84.3	10.2	10.8	85.7	7.3	95.9
男性	80.2	3.3	61.6	73.5	99.1	10.6	18.0	15.9	29.7	26.5
初等教育及以下	94.8	1.8	84.5	88.0	99.2	7.0	15.1	5.0	51.2	12.0
中等教育	88.9	3.2	51.5	69.3	90.1	14.3	20.1	16.4	41.8	30.7
职业技能教育培训	88.0	11.4	12.1	8.7	93.2	12.1	12.6	79.2	7.7	91.3
高等教育	89.6	12.6	8.6	4.8	86.8	13.2	9.7	81.9	7.0	95.2
女性	83.5	2.6	67.3	74.3	99.3	6.5	29.5	19.2	39.1	25.7
初等教育及以下	94.1	1.4	88.6	88.6	99.4	4.6	30.4	6.8	58.9	11.4
中等教育	70.2	2.8	56.7	68.3	90.4	9.5	30.8	22.2	59.7	31.7
职业技能教育培训	88.8	8.3	10.7	6.4	95.9	4.6	16.5	88.0	7.1	92.6
高等教育	90.1	10.2	8.3	3.4	81.1	7.5	12.6	89.1	7.5	96.6

资料来源：Asian Development Bank（ADB），Staff Estimates Using Data from the Laos Population and Housing Census 2015 Dataset。

根据亚洲开发银行在2019年进行的《就业部门发展教育计划：人力资本和劳动力参与分析》统计，表5-4和表5-5分别总结了老挝18—60岁劳动力和18—27岁青年劳动力按照教育层次分组的劳动力状态与各产业部门占比。按照最高学历将教育水平分组归纳为4个大分类：初等教育及以下（无教育或完成部分、全部初等教育）；中等教育（完成部分或全部中等教育）的青年；职业技能教育培训；高等教育（大学或研究生）。

中等及以上教育与非第一产业就业密切相关。在18—27岁的青年劳动者中，随着教育水平的上升，第二、第三产业的劳动力份额从初等教育及以下的11.7%，经过中等教育的31.2%，上升到职业技能教育培训的92.6%，最后达到高等教育的95.9%。弱势就业主要集中在第一产业，且教育层次的提高降低了劳动力从事弱势就业的风险。因为教育层次的提高不仅增加了劳动力接触第二、第三产业劳动岗位的机会，也提升了获取正式工作的可能性。

表5-6　2015年老挝按产业部门划分的18—60岁劳动力最高学历分布

单位:%

产业部门劳动和状态分组		最高学历占比										
		总体				男性				女性			
		初等教育及以下	中等教育	职业技能教育培训	高等教育	初等教育及以下	中等教育	职业技能教育培训	高等教育	初等教育及以下	中等教育	职业技能教育培训	高等教育
全产业	活跃人口	58.5	31.4	6.5	3.6	52.0	36.1	7.6	4.4	65	26.9	5.4	2.8
	失业	32.7	43.9	13.8	9.6	29.1	46.1	14.5	10.3	37.8	40.3	13.0	8.9
	弱势就业	67.7	30.5	1.4	0.4	62.5	35.3	1.7	0.5	72.4	26.2	1.1	0.3
第一产业	劳动力	72.2	27.0	0.7	0.1	66.4	32.5	0.9	0.2	77.5	22.0	0.4	0.1
	弱势就业	72.3	27.0	0.6	0.1	66.5	32.5	0.9	0.1	77.6	21.9	0.4	0.1
第二产业	劳动力	38.9	50.4	6.2	4.5	31.7	53.4	9.7	5.2	45.1	45.6	6.0	3.3
	弱势就业	41.6	50.5	6.1	1.8	31.0	58.0	8.3	2.7	50.7	44.1	4.1	1.1
第三产业	劳动力	20.0	39.0	25.9	15.1	15.4	39.1	27.9	17.6	25.0	38.9	23.8	12.4
	弱势就业	34.7	55.7	6.9	2.7	28.7	58.7	8.9	3.7	38.5	53.0	6.5	2.1

续表

产业部门劳动和状态分组	最高学历占比											
	总体				男性				女性			
	初等教育及以下	中等教育	职业技能教育培训	高等教育	初等教育及以下	中等教育	职业技能教育培训	高等教育	初等教育及以下	中等教育	职业技能教育培训	高等教育
非第一产业劳动力	24.6	42.1	21.1	12.2	20.4	43.5	22.3	13.8	29.6	40.4	19.7	10.3

资料来源：Asian Development Bank Staff Estimates Using Data from the Laos Population and Housing Census 2015 Dataset。

表5-7 2015年老挝按产业部门划分的18—27岁青年劳动力最高学历分布

单位：%

产业部门劳动和状态分组		最高学历占比											
		总体				男性				女性			
		初等教育及以下	中等教育	职业技能教育培训	高等教育	初等教育及以下	中等教育	职业技能教育培训	高等教育	初等教育及以下	中等教育	职业技能教育培训	高等教育
全产业	活跃人口	51.4	30.8	6.4	3.5	47.3	44.1	5.1	3.6	55.0	36.0	6.8	3.4
	失业	24.0	47.5	16.3	12.1	22.0	50.0	16.0	12.1	26.4	44.7	16.7	12.2
	弱势就业	59.4	39.3	0.9	0.4	55.4	43.3	0.9	0.4	62.7	36.1	0.8	0.4
第一产业	劳动力	62.5	36.8	0.5	0.2	57.9	41.4	0.5	0.2	66.8	32.6	0.5	0.1
	弱势就业	62.6	36.8	0.5	0.1	57.9	41.4	0.5	0.2	66.6	32.8	0.4	0.1
第二产业	劳动力	35.2	56.3	4.7	3.8	31.7	59.0	5.2	4.0	40.2	52.4	3.8	3.6
	弱势就业	35.3	59.8	3.0	1.9	28.4	65.9	3.7	2.1	41.4	54.6	2.4	1.6
第三产业	劳动力	17.9	43.0	23.8	15.3	15.2	45.3	23.0	16.4	19.8	41.3	24.4	14.5
	弱势就业	28.5	63.3	5.0	3.2	26.3	63.6	6.0	3.9	29.8	63.0	4.4	2.8
非第一产业劳动力		23.5	47.3	17.6	11.6	21.9	50.8	15.9	11.4	24.9	44.1	19.2	11.7

资料来源：Asian Development Bank Staff Estimates Using Data from the Laos Population and Housing Census 2015 Dataset。

根据亚洲开发银行在 2019 年进行的《就业部门发展教育计划：人力资本和劳动力参与分析》统计，表 5-6 和表 5-7 分别总结了老挝 18—60 岁劳动力和 18—27 岁青年劳动力按照产业部门分组的各教育层次占比，再次确认了在表 5-4 和表 5-5 中观察到的劳动力教育程度与产业部门就业密切相关的事实。第一产业劳动者以初等及以下教育为主。第一产业部门中，18—60 岁劳动者有近 3/4 没有受过教育、部分或全部完成初等教育，且没有接受过中等教育。在 18—27 岁的青年劳动力中，由于全国教育程度的提高，这一比例有所下降（特别是女性），但仍然显著。

相比之下，中等教育在第二、第三产业劳动者中所占比例最大，而青年劳动力所占比例正在逐渐上升。从事第二产业劳动的 18—27 岁青年劳动者中，占最大比例的教育组别为部分或全部完成中等教育且没有受过高等教育。同样，在进入第三产业的青年劳动者中，中等教育所占比例最大。结合第二、第三产业来看，进入非第一产业工作的青年劳动者中，中等教育层次占比 47.3%。随着非第一产业部门规模扩大和多样化趋势，越来越多的中等教育层次劳动者被吸引进入该部门。此外，青少年中处于弱势就业的比例与受教育程度之间存在很强的反比关系。

总体而言，老挝的教育水平与劳动力市场之间的一致性较为薄弱，为就业质量的提升带来了挑战。根据 2017 年 HYS 调查结果统计，尽管正式就业的岗位数量在逐渐增加，但青年劳动者就业状态整体水平处于弱势地位，获取正式就业岗位的前景有限。青年劳动力失业率（13%）是成年劳动力失业率（2%）的 6 倍多。由于缺乏职业生涯的相关引导，青少年的就业预期与现实劳动力市场之间存在着显著偏差。

（三）老挝教育经济收益

通过教育投资提高人力资源的质量，通常是劳动力市场参与率、个人收入，乃至整个社会福利的关键促进因素。大量研究表明，教育的工资回报率显著。① 通常，每增加一年受教育时间可使个人收入水平提高5%—15%。② 而高等教育往往在发达国家会产生较高的回报率，但在发展中国家，初等及中等教育的回报率通常会比较高。③ 特别是经济快速增长的国家中，中等教育显得尤为重要，对于亚洲发展中国家来说同样如此。④

有关研究分析了1984—2013年老挝的教育回报率，发现随着老挝经济现代化发展，新近进入劳动力市场的劳动力教育回报相对更高。⑤ 而随着教育水平的上升，教育回报率也在显著上升。⑥ 亚洲开发银行在2019年进行的《就业部门发展教育计划：人力资本和劳动力参与分析》调查中同样指出，初等教育及中等教育对于解决老挝随着经济发展对劳动者提出的软硬技能需求问题，以及提高人力资源收入等方面具有重要意义。

根据世界银行估计，老挝教育年平均回报率约为4.2%，女性相对较高（6.9%）。按教育水平划分，中等和高等教育的回报率相对较高，分别为18%和50%，而初等教育和职业技能教育培训的回报率约

---

① Martins P., Pereira P., 2004, "Does Education Reduce Wage Inequality? Quantile Regression Evidence from 16 Countries", *Labour Economics*, 11 (3), 355-371; Psacharopoulos G., Patrinos H., 2004, "Returns to Investment in Education: A Further Update", *Education economics*, 12 (2), 111-134; Sianesi B., Reenen J., 2003, "The Returns to Education: Macroeconomics", *Journal of Economic Surveys*, 17 (2), 157-200.

② Harmon C., Oosterbeek H., Walker I., 2003, "The Returns to Education: Microeconomics", *Journal of Economic Surveys*, 17 (2), 115-156; Psacharopoulos G., Patrinos H., 2018, "Returns to Investment in Education: A Decennial Review of the Global Literature", *Education Economics*, 26 (5), 445-458.

③ Coady D., Dizioli A., 2018, "Income Inequality and Education Revisited: Persistence, Endogeneity and Heterogeneity", *Applied Economics*, 50 (25), 2747-2761; Walker J., Pearce C., Boe K., et al. 2019, *The Power of Education to Fight Inequality: How Increasing Educational Equality and Quality is Crucial to Fighting Economic and Gender Inequality*, Oxfam.

④ Brooks D., Hasan R., Lee J., et al., 2010, "Closing Development Gaps: Challenges and Policy Options", *Asian Development Review*, 27 (2), 1-28.

⑤ Kyophilavong P., Ogawa K., Kim B., et al., 2018, "Does Education Promote Economic Growth in Lao PDR? Evidence from Cointegration and Granger Causality Approaches", *Journal of Developing Areas*, 52 (2), 1-11.

⑥ Onphanhdala P., Suruga T., 2007, "Education and Earnings in Transition: The Case of Lao", *Asian Economic Journal*, 21 (4), 405-424.

为9%。根据2017年HYS调查结果发现，教育为女性和农村青年劳动力带来了极大的好处，包括提高了获得正式就业的机会，以及诸如健康保险等额外福利。

三　总结

老挝的人力资源结构相对年轻，但并未从预期的人口红利中获益，劳动力市场参与率虽然较高，但就业质量仍然需要改善，人力资本的水平有待提高。导致这些结果产生主要有以下几个原因。第一，老挝的医疗保健仍然不发达，偏远农村地区的儿童健康发育问题依然严峻。第二，城市化进展缓慢，现代工业、服务业往往集中在首都万象等少数大城市。第三，中等教育完成率较低，无法满足雇主对人力资源基础能力的要求。第四，职业技能教育培训与高等教育的规模扩大面临着极大的限制，劳动力市场专业技能的供求结构不平衡。

大力发展教育是经济可持续发展的核心。在宏观层面，教育对于加强专业技能流入劳动力市场，推动经济结构变迁，促进产业多元化，实现包容性的经济增长具有重要意义。在微观层面，教育是劳动力就业岗位工作性质和质量的关键决定因素，受教育程度较低的青年最有可能陷入弱势就业和低收入的工作岗位。

随着老挝经济的发展，对人力资源各种软硬技能的需求也在不断增长。因此，在老挝下一步的教育改革过程中，首先要关注中等教育的关键作用。中等教育是促进人力资源进入非第一产业工作的关键决定因素。在未来的一段时间内，中等教育将承担起推动老挝经济结构变迁的重任。提高中等教育毕业率、教育质量，与满足雇主对劳动力提出的基础能力需要密切相关。

其次要加强高等教育。增加人力资源接受职业技能教育培训以及高等教育的机会，对于支持现代工业、服务业的发展也至关重要。必须加强高等教育与中等教育的有机结合，提高中等教育的质量可以为人力资源通过高等教育发展更高级的技能奠定基础。

最后要建立起系统性的教育体系，确保教育与劳动力市场不断变化的技能需求保持一致。制定更加具有凝聚力的教育改革战略，改变以往中等教育、职业技能教育培训和高等教育之间各自为政的情况，形成明确的战略框架来确保满足劳动力市场不断变化的软硬技能需求。

制度篇

第六章 "一带一路"外派员工管理[*]

随着中国经济的壮大发展和海外业务开拓的需要，中国企业随着"中国制造"走出去的同时，也开展了国际化人才的海外派遣之路。中国加入世界贸易组织之后，中国企业国际化之路是企业经营发展的必然之路，众多有实力的企业逐步从国内发展到国外，从区域中心到全球化发展，近年来随着"一带一路"倡议的落地实施，中国企业在国际化乃至全球化的道路上走过了一段艰辛的历程。在众多企业开展国际化派遣的人力资源实践时，熟悉中国侧的外派员工管理显得尤为重要。

"一带一路"外派员工管理主要包括对外派员工招聘调配、劳动关系、职业发展、薪酬福利、社会保障、绩效管理、员工健康、安保反恐、外事保密等业务的管理。本章所述内容适用于公司由中国境内直接派遣至"一带一路"甚至在全球范围内境外直接或间接控股、参股的子公司及分支机构的员工管理。经由中国香港、中国澳门等地区总部派往海外的员工，一般在中国香港、中国澳门属地聘用执行市场化薪酬的员工，依据员工个人情况按照市场化操作确定其派驻工作补贴标准，与境内外派也存在显著管理差异。公司海外招聘且工作地为境外的属地化员工，或境内员工转为属地化员工，其享受市场化的薪资水平，也不适用本章所述相关操作要求。

---

[*] 作者简介：袁金勇，现任中国广核能源国际控股有限公司人力资源部总经理；在企业组织变革、企业员工发展与交流机制、干部与核心人才绩效与薪酬管理、国企三能改革以及国际化人才管理等方面有较为丰富的实践及管理经验。

故本章"境外派遣"特指员工因工作调动等原因，从现工作常驻地所在国家或地区（中国）派遣到另外一个国家或地区长期工作的组织行为。对于"长期工作"的定义，需要与派出公司的国际差旅制度相衔接，如规定长于6个月为"境外派遣"，短于6个月按"国际差旅"。对于无法预先设定派遣期或派遣期不足6个月的，一般可建议按国际差旅方式安排员工前往派驻国，员工可享受境外差旅待遇。本章"派出公司"特指与派遣员工签订派遣协议并存在劳动雇佣关系的公司，包括境外派遣员工在国内的人力资源服务的载体。本章"派驻单位"特指员工境外工作所在的组织，可以是一个公司，还可以是公司的一个分支机构，互换可以是公司的合作单位，相关管理由其隶属的公司承担。

根据行业实操经验总结，"一带一路"外派员工管理总体原则应确保公司在全球范围内业务的有序开展，确保企业文化、管理要求和技术技能的有效输出，提升公司全球化业务环境下的管理水平。应强化风险管控，严格遵守中国涉外经营管理相关要求及属地国或地区法律法规，确保人力资源管理工作及劳动用工合法合规。应着眼未来，积极推进海外项目人力资源管理的属地化和市场化，平衡人力成本，提升综合人力资源效益。应体现艰苦导向，鼓励艰苦创业。境外派遣员工的待遇与工作地的艰苦程度关联，体现向艰苦地区倾斜的管理导向。

因涉及国际派遣的内容十分庞杂，本章仅聚焦"一带一路"外派员工管理相关的政策法规、管理要求及实践经验总结。

一 "一带一路"外派员工招聘调配管理

一般来讲，境外派遣人工成本均高于属地用工，故派出公司应组织编制境外派遣岗位清单，严格控制境外派遣人员数量。为提高外派员工招聘调配的针对性和有效性，做好外派岗位的统筹管理，应对企业外派需求进行综合分析研判，按照"应派尽派"和"非必要不外派"原则，梳理设置确有必要的外派岗位"三定"清单，定外派编制、定外派岗位职责、定外派岗位层级，最终固化成外派岗位说明书。各单位境外派遣岗位详细清单经公司人力资源部审核后报公司负责人批准。非清单范围内的岗位原则上应属地化招聘，原则上非公司正式签订劳动合同的员工不得派遣境外工作。从人工成本控制和外派有效性角度考虑，可列入境外派遣的岗位一般有境外项目公司董事及高管、管控监督岗位、关键核心技术岗位、人财物章等重要敏感岗位、投资协议中明确我方派出的岗位以及国际化业务轮训岗位。

派出公司应根据公司国际化人才培养规划建立国际人才队伍，形成较为稳定的国际化人才梯队，并注重稀缺专业的国际化人才培养和引进，保证公司国际业务开拓的健康、可持续发展。境外派遣人员的选拔遵循相应标准，一般来讲境外派遣对员工的通用标准有：应具备较高的辨别是非的能力，认同企业文化理念，对企业忠诚，有较强的使命感和责任心；应具备拟派遣岗位所需的业务技能、工作经验、专业知识等基本任职资格条件；工作业绩突出，勇于承担责任，综合素质好，有培养潜质；有较强的团队协作精神和学习能力，良好的跨文化环境适应性和跨文化沟通能力、国际视野、抗压和自我调节能力；等等。

境外派遣人员的选拔应建立固化的流程。派出公司首先按照派遣计划中派遣岗位的要求进行派遣人员招聘与选拔。原则上不派遣试用期员工。其次确定境外派遣期限。目前通常以3年为一个外派周期，特别任务根据工作需要确定派遣期限，最短派遣期限一般不低于6个月。如属地国家和地区对任职时间有法律要求的，应以属地国家和地区法律为准。同时，应按照派出公司相关管理制度的要求，加强境外重要敏感岗位人员的轮岗，对涉及人、财、物、章管理权的部分特殊岗位人员定期轮换，防范廉洁从业风险和失泄密风险。

境外派遣员工需与派出公司签订国际派遣补充协议，协议中需要对员工的派遣期限、常驻时间、工作地点、家庭所在地以及派遣身份进行确认，作为执行相关待遇的依据。境外派遣时间以员工被派遣报到之日（中国海关在工作签证上首次出境签章之日）和工作结束时

(工作结束后中国海关在工作签证上最后一次入境签章之日）的实际考勤记录为准。在常驻期内员工因公回国出差、回国办理工作签证和回国休假的时间可计入常驻时间，在常驻开始之前和结束之后发生的回国出差、回国办理工作签证和回国休假的时间一般不计入常驻时间。

二 "一带一路"外派员工劳动关系管理

"一带一路"外派管理场景下，中国企业"走出去"的同时就是员工的"派出去"，势必面临对原有劳动合同的变更和调整，因此带来的劳动关系风险不言而喻，需要派出公司有针对性地进行预判并结合派驻国别的不同进行必要的合规管理。在所有外派管理的人力资源业务领域，外派员工的劳动关系管理处于重要的基础性地位。外派员工的劳动关系处理不当，其他外派政策的合法性都会面临颠覆性的影响，并给外派公司带来较大的用工风险。

外派员工的劳动关系管理需要遵循国内的劳动关系政策法规，企业需要与外派员工签订劳动合同，同时将外派事宜在劳动合同中进行约定。一般通行做法是另附《外派协议》，协议作为劳动合同的附件，与劳动合同有同等法律效力。外派协议一般约定内容有外派期限，外派工作地点，外派工作任务内容，外派工作时间及休假、外派劳动报酬及福利待遇、甲乙双方权利义务安排，协议变更及终止、争议解决渠道（协商或仲裁）等内容。

境外派遣期间如需提前终止境外派遣协议的，派驻公司应征求属地劳工律师意见，与员工协商妥善解除劳动合同的，派出公司应按照有管辖权的国家或地区法律规定处理。

相对于劳动合同执行地点都在中国境内的劳动合同，境外派遣工作面临多边劳工政策环境，劳动争议敞口风险更大，中国针对跨国派遣的专门法规和适用解释目前尚未出台，这也为企业实施境外派遣带来更大的法律风险。比如，境外劳动合同期限内，出现劳动争议，诉讼主体如

第六章 "一带一路"外派员工管理

何约定？劳动者一般会视自身利益最大化做出选择，可能会在境外直接起诉属地派驻单位，利用派驻国对自己有利的法律地位，申诉更多的赔偿。甚至，国内国外同步起诉用人单位，造成派出单位、派驻单位都卷入其中。若涉及离职经济补偿，补偿金基数如何计算？基数内是否需要涵盖外派津补贴部分？在目前实际操作中，这些问题的处理各地区仲裁庭、法院执行标准不一。若事先没有协议约定，企业将面临非常大的法律风险。长期以来，各地区仲裁机构、法院裁决也更倾向保护劳动者，一般都支持外派津补贴计入基本工资基数。

邓舒丹和王颖异探讨了境内涉外劳动关系的法律规定及适用研究问题，[①] 指出在中国成立的涉外劳动关系法律适用《劳动合同法》，只要发生在中国境内的劳动关系，《劳动合同法》就排除外国法的适用，这有利于保护国内的劳动者的合法权益，维护社会的公共秩序。但同时指出，中国地方法院笼统排除外国法律的域外效力并不是最大范围保护劳动者利益的做法。随着《民法典》颁布，涉外合同的法律适用问题应该说有了更明确的实施指引。《民法典》第四百六十七条明确规定了无名合同及涉外合同的法律适用问题，《民法典》或者其他法律中没有明文规定的合同，适用《民法通则》的规定，并可以参照适用《民法典》或者其他法律最相类似合同的规定。综上，为尽量降低外派员工劳动关系争议风险，降低争议空间，劳动合同双方当事人应在劳动合同及外派协议中选择处理合同争议所适用的法律体系，并明确争议处置的仲裁机构和有管辖权的法院。一般而言，派出用人单位处置争议选择适用国内法律体系，并选择派出公司所在地的仲裁机构和地方法院是主流做法。若选择适用他国法律，相关涉外争议的处置将大大地提升复杂性，加之境外劳工保护政策的迥异，工会系统的干预，劳动争议纠纷可能旷日持久，企业面临的涉外法律风险、合规经营风险都存在着更大的不确定性。

---

① 邓舒丹、王颖异：《境内涉外劳动关系的法律规定及适用研究》，《今日湖北》2011年第11期。

三 "一带一路"外派员工职业发展与绩效管理

通过多年外派员工管理实践经验总结,外派员工的职业发展实行"双轨制"是较为科学和妥帖的方案,即在按派驻单位职业发展通道的同时,保留其派出公司职级或对应级别,其在派驻单位的职业发展情况可作为其派出公司内职业发展的重要参考。这样安排的目的在于外派员工外派结束回任后可以与国内职业发展体系无缝衔接,而不至于造成国内发展中断影响外派的积极性。

在外派员工职业发展与绩效管理方面,建立清晰的导向尤为重要。外派人员的绩效管理除与当年奖金激励等短期利益挂钩以外,还应导向清晰地与外派员工的回任交流、岗位晋升等方面紧密联系。在岗位晋升时,派遣员工的国际派遣经历和派遣期间的绩效表现将作为派出单位考虑员工个人晋升的重要参考依据,派遣员工可获得岗位聘任的加分。干部提拔时,在酝酿或参加公司内部公开招聘时,具有国际派遣经历的候选人应在同等条件下优先考虑。

四 "一带一路"外派员工薪酬待遇管理

(一) 薪酬管理总则

一般来讲,公司境外派遣员工的薪酬管理除满足派出公司薪酬管理总体原则以外,还应满足以下要求。

1. 外派员工的薪酬管理必须符合中国及派驻国(地区)的相关法律法规。

2. 薪酬管理应弥补派驻国(地区)与国内之间消费水平的差异,使境外派遣人员在境外享有不低于其国内的生活水平。

3. 由境外市场化薪酬招聘的员工派遣至第三国的人员,派遣待遇按照市场化模式操作,因人而异,统筹考虑家庭所在地、个人探亲支出、公司招聘时对于工作地的安排等因素来确定。派遣待遇水平参考公司境外派遣制度来拟定,以保障性为主。

4. 严格遵守派驻国法律在当地进行个税申报,如当地法律规定雇主有个税代扣代缴义务的,则由派驻单位或委托当地会计师事务所负责统一进行代扣代缴,否则派遣员工应自觉按照派驻国法律进行个税申报,未按派驻国法律进行个税申报的,所产生的法律风险及责任由派遣员工自行承担。

(二) 补偿性待遇

基于母国待遇平衡法,外派人员的基本待遇与在国内工作时相比,原固定工资、日常绩效奖金和年终奖金、福利等待遇标准不变,外派后享有补偿性待遇,不再享有国内的津贴补贴项目。公司将按中国法律规定为派遣员工办理国内法定福利和企业福利,包括基本医疗保险、基本养老保险、失业保险、工伤保险、生育保险、住房公积金、企业年金、补充医疗保险等。为补偿外派人员境外工作生活造成的额外成本,外派人员应享有补偿性待遇。

1. 驻外补贴。驻外补贴是保障员工在境外生活水平的补贴,包含日常商品消费、医疗、通信、交通、劳保等方面的补贴,可按月发放。驻外补贴标准根据派驻国家或地区的艰苦程度及员工派出时的岗位级别确定。

2. 现场补贴。现场补贴是为在艰苦项目工作的员工提供的补贴,项目艰苦程度根据项目偏远程度以及生活设施情况而定。可按以下公式计算现场补贴:现场补贴=驻外补贴×现场补贴系数。

3. 外派延长待遇。为鼓励员工长期外派艰苦地区,或因工作需要弥补暂时无法回任员工,派遣员工在境外工作时长累计超过一定年限的,自外派年限期满后的次月起开始享受外派延长待遇。员工结束派遣回国工作后次月外派延长待遇停止发放。

4. 家属补贴。为补偿员工未尽的家庭责任与义务,派遣员工家属若无家属随任,可享受家属补贴,按月计算。具体标准根据企业实际情况制定。

5. 汇率补贴。当以派驻国家或地区货币为标准发放薪酬和津补贴时，一般采用当月首个工作日中国外汇交易中心公布的人民币汇率中间价的汇率。当薪酬发放日与当月首个工作日汇率波动在10%以内可不做汇率补差；汇率波动达到或超过10%时，建议发放汇率补贴。以人民币为标准发放薪酬和津补贴时不建议发放汇率补贴。

6. 税收补贴。若境外人员的年度薪酬纳税后及缴纳社保后实发之和低于其薪酬在国内发放时的水平，员工应获得差额部分补偿，原则上在次年初对上年度的税负差进行汇算清缴，具体操作以相关法律规定为准。员工离开派驻国家或地区且停止缴税和参保后，若派驻国家或地区有税收或社会保险返还，员工应将返还税收的公司缴交部分退还给公司。

（三）保障性待遇

基于母国待遇平衡法，外派人员可享有保障性待遇。

1. 伙食补贴。派驻单位应为集中办公的员工安排就餐，有条件的派驻单位应为员工安排食堂。若派驻单位确因实际困难无法解决就餐问题，建议按员工境外出差伙食费标准的若干比例享受餐饮补贴，具体支付标准和方式由派驻单位和派出公司根据属地劳动法规确定。如产生个人所得税，由派驻单位承担。

2. 住房待遇。派驻单位应为派遣员工统一提供住房，或以派驻单位名义为员工租赁住房，同时承担物业管理、水、电、煤气（天然气）、采暖等杂项费用，是否承担员工自行配置家具、电器及住房的维修等费用，住房的面积、成本标准由派驻公司自行根据实际情况确定。若派驻单位按照已有住房资源分配住房，员工应服从派驻单位的安排。若派驻单位无法为员工提供或租赁住房，经派驻单位批准后，员工可自行租房。房屋租金和面积标准均不得超过企业内部制定的标准。如产生个人所得税，由派驻单位承担。如当地法律法规对住房面积有特殊要求的，结合当地法律要求考虑。

第六章 "一带一路"外派员工管理

（四）考勤休假与家属随任

员工的境外外派时间根据员工签订派遣协议后正式派驻到境外开始计算，前期的出差时间不计入派遣期。在派遣期内员工因公回国出差、回国办理签证和回国休假的时间可计入派遣时间。但若因为种种原因回国超过3个月不能及时复岗的，原则上应办理外派中止手续。因外派员工全年大部分时间在境外工作，外派员工的考勤管理、假期管理有别于国内员工，此外还有家属境外随任的问题。

1. 考勤管理。派遣员工考勤一般由派驻单位负责，方便加强对外派员工的状态感知，如实记录员工考勤信息。为加强对派遣员工考勤管理，未经派驻单位批准擅自延长在外期限的，可视为旷工。超期在境外滞留的，可视为严重违反公司规章制度，派驻单位有权根据派遣协议进行处理，严重的可依法解除派遣协议，也可通知中国政府公安、外事部门，并通知派驻国政府的海关和移民部门。公司可根据有管辖权的国家或地区的法律法规解除劳动关系。

2. 假期管理。原则上派遣员工按照派驻国家或地区的法定节假日、公休日休假及执行工作时间。为体现外派身份，强化外派意识，建议所有外派员工应享受中国国庆节1天、春节1天假期，不再享受中国其他法定假日。若国庆节、春节所在日历日为派驻国法定节假日或公休日，则顺延至派驻国相邻的下一个工作日。派遣员工每年度享受若干个工作日的带薪假期（可分次休，休假次数原则上不超过3次），不再享受国内的探配偶假和探父母假、路途假及其他节假日休假政策。派遣第一年和最后一年的带薪假期按实际境外工作的时间折算。婚假、产假、看护假、哺乳假、节育假、病假、事假、丧假、工伤假等按派驻国家或地区的法律法规执行。

3. 家属随任。为实现派遣员工家庭生活与工作的平衡，建议派出公司设置家属随任政策，即允许员工配偶及子女陪同员工到境外工作，并给予一定的生活保障。家属随任指配偶及员工子女在每个年度陪同至境外的时间不少于员工派遣时长的2/3。确因项目所在地特殊原因不支持家属随任的，派驻单位有权不予批准，并向员工做好解释工作。派驻单位为随任家属购买紧急救援保险和商业医疗保险，具体标准由公司批准后执行，金额不得高于员工保险的标准。为平衡随任配偶及子女的国内外生活支出和教育支出，员工可享受随任补贴（子女教育津贴），随任补贴（子女教育津贴）与家属补贴不可同时享受。随任补贴（子女教育津贴）在次年初根据上年度家属随任月数支付。有家属随任的员工，随任家属随任起始及随任结束的经济舱机票费用和必要中转住宿费用可由公司报销，家属随任机票预订方式、报销的中转地使用条件、住宿费报销标准与探亲机票一致。

（五）发薪安排与纳税

公司应综合考虑不同国家和地区的相关法律法规、办理工作签证要求、派驻公司管理规定、税务优化等各方面因素，研究确定派遣员工薪酬发放安排。薪酬沟通是员工外派前的必须环节，通过薪酬沟通向派遣员工详细解释定薪和外派待遇，并着重沟通薪酬发放安排和税负平衡安排。

1. 员工在境外工作期间离开工作常驻地（含第三国和母国）出差、参加外部培训时，为鼓励员工向更艰苦的地区流动工作，短差可按派驻单位的差旅规定执行，若是长差可按照出差国家或地区的标准享受驻外补贴、现场补贴和伙食报销。

2. 派遣员工首次赴派驻国或派遣期结束返回国内时，可根据派驻单位的境外差旅规定报销行李托运费用，若行李较多的，可制定一定标准的搬家费予以处理。

3. 境外派遣人员在境外的薪酬待遇及各类补贴、补偿、报销的发放方式，应由派驻单位商派出公司确定，确保符合属地国和中国的法律法规要求。后勤保障待遇由派驻单位牵头负责。

4. 按照中国税法规定，公司应将所有外派人员的《年度走出去纳税人清册》向主管税务机关进行报送并完成个税汇算清缴。报送信息包括所有外派人员基础信息以及境内外收入、纳税情况等；一般主管税务机关单位要求所有外派人员在当年的 6 月 30 日前完成境外个税汇算清缴工作。建议外派企业统一聘请税务顾问，针对外派员工境外个税遇到的问题，如境外个人所得税政策研究及筹划、外派人员汇算清缴申报等进行解答，同时邀请税务顾问举办相关培训。针对现场申报等工作，由于其实际占用工作时间较长，可能会影响税种申报和汇算工作进度，尽可能考虑安排税务顾问办理现场申报事宜。外派企业在制定境外派遣管理办法时，研究优化外派待遇执行方式，根据不同地区税负和汇算清缴要求制定待遇标准，各单位按照税前标准直接发放，避免各单位每月或每年进行税负平衡测算，公司仅需要协助员工按照本国和派遣国相关税务要求，进行汇算清缴，也不再进行汇算清缴后的待遇补发，将有效提高政策执行效率。

五 "一带一路"外派员工健康管理

（一）外派前体检及预防接种

根据世界卫生条例及中国国境卫生检疫法律法规，凡长期出国（1年以上）留学、进修、从事商务、技术合作、探亲、劳务及移民（国外定居）等人员均须到当地国际旅行卫生保健中心接受健康体检、预防接种或国际旅行卫生保健咨询，经体检合格，签发《国际旅行健康证明书》和《国际旅行预防接种证书》后方可出境，并随身携带以备查验。

从公司外派管理角度出发，外派员工必须拥有一个健康的身体，否则可能面临外派后身体素质不能正常履职的情况。公司在审批员工外派手续中一个重要的环节就是安排外派员工体检，核查体检报告。若外派员工有一些较为严重的基础疾病（如高血压、心脏病等），则不建议外派。此外，从防疫检疫政策角度看，出国派遣人员若忽略了离境前的健康检查、免疫接种，可能在目的国口岸无《国际预防接种证书》被拒绝入境，在国外患黄热病、霍乱、疟疾等地区性传染病的可能性增大，会面临很大的健康风险。建议所有外派人员按世界卫生组织规定，接种黄热病、霍乱等疫苗。如果去卫生条件较差的国家和地区，有必要接种霍乱、甲肝、伤寒等疫苗，并随身携带抗疟药物。

在预防接种的疫苗中，分为规定的预防接种和推荐的预防接种。依据国际卫生条例或一些国家的规定，对于旅行者前往某些烈性传染病的疫区或流行区要求进行预防接种即为规定的预防接种。这类预防接种有黄热病和霍乱，黄热病预防接种证书是世界卫生组织唯一要求的国际旅行预防接种证书，而霍乱预防接种证书仅是个别国家的要求。推荐性的预防接种即某些国家和地区有某种或某几种传染病流行，为了防止感染这些传染病，卫生当局提出推荐性的预防接种，如乙型肝炎、乙型脑炎、狂犬病、脊髓灰质炎等。鉴于上述疫苗接种要求不同，因此外派人员应在外派前一个月即到国境卫生检疫机关咨询，以便出行前做好接种。

（二）外派中健康体检

为确保派遣员工的身体健康，派出后员工每年可享受1次免费国内体检，派遣员工年度健康体检费用标准不超过公司当年国内同层级水平。原则上应安排在回国休假或回国出差期间与国内员工体检一并进行。如确因工作原因当年无法回国休假或出差的，可提出在派驻国当地进行体检，派驻单位应根据公司当年体检标准，并结合派驻国实际医疗水平、条件以及当地政策法规，提出体检项目和具体方案，按授权批准后由派驻单位统一组织实施。一般来讲，国内体检与派驻国体检不可同时享受。

（三）境外保险待遇

派驻单位应根据派驻国家或地区的法律规定为派遣员工购买强制性社会保险。派驻单位另行购买商业医疗保险的，由保险公司制订保险方案，经批准后实施。员工在境外工作期间罹患重大疾病的，应结合属地保险政策及派遣协议确定回国或就地诊治。为防范风险，派驻单位应根据实际情况为境外派遣员工购买人身意外保险及紧急救援保险，按派驻单位员工标准执行。若有外派员工境外出险，应及时按事件性质启动相应的应急预案，开展出险员工的救治、转运以及家属安抚、后续保险处置等一系列工作。

(四) 外派员工心理健康

外派员工因境外环境气候差异、文化差异、语言沟通障碍、跨文化工作沟通压力、远离家人等诸多因素，极易导致出现焦虑、抑郁等心理问题。外派员工的心理健康问题已得到多数涉外企业的高度重视。有条件的企业应设置独立第三方的专业心理咨询机构，为外派员工开通心理咨询热线，及时化解外派员工的心理危机。平时的外派团队应设置团队负责人，时刻关注外派人员的思想动态和行为举止表现，一旦出现异常，应及时报告并妥善处置。公司应从日常心理健康科普宣贯、心理健康知识普及、加强外派员工心理关爱等多措并举，逐步提升外派员工的心理资本，降低外派导致心理问题对员工的困扰。

六 "一带一路"外派员工安保反恐管理

2010年8月，商务部、外交部、发展改革委、公安部、国资委、安全监管总局、全国工商联等多部门联合颁发《境外中资企业机构和人员安全管理规定》（以下简称《规定》），《规定》是境外中资企业安全工作的指导性文件，《规定》明确对外投资合作的中资企业要按照"谁派出，谁负责"的管理原则，对派出人员在出国前必须开展境外安全教育和反恐培训；项目总包企业对其分包单位的安全教育和培训负总责。对于"走出去"企业来说，境外风险是指企业在境外开展业务时可能遇到对企业经营造成损失的不确定事件，当前"走出去"面临的主要风险为政治动荡地区冲突带来的安全风险，"中国因素"引发的独特政治风险，经济复苏基础脆弱潜藏的投资回报风险与当地融合过程导致的社会风险等。

2010年8月，商务部发布《对外投资合作境外安全风险预警和信息通报制度》；2012年1月，商务部发布《境外中资企业机构和人员安全管理指南》。总体要求外派企业要高度重视境外企业和人员的安全保护工作，制定境外安全管理制度，建立境外安全突发事件应急处置机制，加强境外机构和人员的反恐培训和安全保护。按照"谁派出，谁负责"的原则，对派出人员在出国前开展境外安全教育和应急反恐培训，提高安全防范意识和应急处突的能力。未经安全培训的人员一律不得派出。

境外中资企业要展示大国形象，认真履行在派驻国的社会责任，做好生态环境保护、资源节约、积极参与解决当地就业、促进经济发展、推进公益事业等工作，营造良好的发展环境。外派人员要认真学习、严格遵守境外安全管理制度，尊重当地的法律、文化和社会风俗，积极融入当地社会，避免与属地人员引发纠纷，造成针对中国公民或华人的人身攻击甚至恐怖袭击等严重后果。

外派企业和个人要高度重视并随时关注外交部、商务部等国家有关部委发布的境外安全风险预警信息，提高警惕，加强必要安全防范措施和应急准备，确保派出人员生命和财产安全。针对风险提示的区域、场所，派出人员应尽量减少不必要的外出，尽量避免前往人员密集场所。如遇紧急情况，应及时报警并尽快联系中国驻外使（领）馆寻求帮助。

外派人员在海外遭遇恐怖袭击、自然灾害时，首先，应立即与就近的驻该国中国使领馆取得联系，以注册登记并获得最新的相关信息。其次，要妥善保存身份护照、出入境记录文件、个人保险和银行记录等重要资料。确认护照、签证是否还在有效期内，如需更新，应立即前往使领馆办理更新。最后，不要消极等待让安全事态恶化，如尚有安全方式，应立即行动想办法离境并尽快回到祖国怀抱，避免失联让亲友、同事担心。

第七章 国际劳工组织对劳动用工的基本规定[*]

一 国际劳工组织概述

(一)国际劳工组织的起源

1919年,根据《凡尔赛和约》的相关规定,国际劳工组织(International Labour Organization,ILO)作为国际联盟的附属机构成立,[①] 其诞生反映了当时国际社会普遍认同的信念,即持久和平只能建立在社会正义的基础之上。[②] 巴黎和会成立了由15国代表组成的国际劳工委员会,其主要职责是起草永久性国际组织的章程文本。国际劳工委员会经过多次商议,拟定了《国际劳工组织章程草案》和一份包括9项原则的宣言,于1919年4月提交和会讨论通过,编入《凡尔赛和约》第13篇,即所谓"国际劳动宪章",为日后《国际劳工组织章程》(The ILO Constitution)的制定奠定了基础。截至2023年9月,国际劳工组织共有187个成员方,[③] 是联合国唯一的三方机构,在国际劳工大会(International Labour Conference,ILC)中,各

---

[*] 作者简介:孙兆阳,经济学学士、理学硕士、哲学博士,中国社会科学院大学国际教育学院副院长,副研究员,硕士研究生导师;主要研究领域为劳动关系、人力资源管理、社会发展等。隋意,中国人民大学劳动人事学院2020级本科生;研究方向为全球劳动治理、国际与比较劳动关系、供应链中的劳动标准制定、劳动者技能形成。

[①] Paris Peace Conference, 1919, *Treaty of Versailles*.

[②] International Labour Organization, About the ILO, https://labordoc.ilo.org/discovery/collectionDiscovery? vid=41ILO_INST:41ILO_V1&collectionId=8154647790002676.

[③] International Labour Organization, Country Profile, https://www.ilo.org/dyn/normlex/en/f? p=1000:11003.

国政府、雇主、劳动者三方拥有 2∶1∶1 的代表权和投票权。1946年，国际劳工组织成为联合国负责劳动就业、社会保障等社会事务的专门机构。① 1969 年，在成立 50 周年之际，国际劳工组织因保障社会正义、努力增进国家间友谊获得了诺贝尔和平奖。②

中国为国际劳工组织创始成员国之一，于 1944 年成为理事会常任政府理事；1971 年，国际劳工组织恢复中华人民共和国合法席位；1983 年，中国正式恢复在国际劳工组织的活动。③ 截至 2023 年 9 月，中国共批准了 28 项国际劳工公约，其中包括 7 项核心公约，④ 分别为第 100 号公约《1951 年对男女工人同等价值的工作付予同等报酬公约》、第 138 号公约《1973 年准许就业的最低年龄公约》、第 182 号公约《1999 年最恶劣形式的童工劳动公约》、第 111 号公约《1958 年（就业和职业）歧视公约》、第 29 号公约《1930 年强迫劳动公约》、第 105 号公约《1957 年废除强迫劳动公约》、第 155 号公约《1981 年职业安全和卫生公约》。

（二）国际劳工组织的宗旨和原则

1944 年第 26 届国际劳工大会在美国费城通过了《关于国际劳工组织的目标和宗旨的宣言》（《费城宣言》，以下简称《宣言》），⑤ 作为《国际劳工组织章程》（以下简称《章程》）的附件，其与《章程》一同成为国际劳工组织开展活动的依据和指导性文件。

---

① 外交部：《国际劳工组织概况》，https：//www.fmprc.gov.cn/web/wjb_673085/zzjg_673183/gjs_673893/gjzz_673897/gjlg_674025/gk_674027/。

② 联合国：《1969 年—国际劳工组织》，https：//www.un.org/zh/node/129663? ivk_sa=1024320u。

③ 外交部：《国际劳工组织—中国和该组织（会议）关系》，http：//bbs.fmprc.gov.cn/web/wjb_673085/zzjg_673183/gjs_673893/gjzz_673897/gjlg_674025/gx_674029/。

④ International Labour Organization, Ratifications for China, https：//www.ilo.org/dyn/normlex/en/f? p=1000：11200：0：NO：11200：P11200_COUNTRY_ID：103404。

⑤ International Labour Organization, 1944, Declaration Concerning the Aims and Purposes of the International Labour Organisation (Philadelphia Declaration), In Conférence Internationale du Travail, 26th Session, Philadelphia, USA：International Labour Office.

《宣言》规定国际劳工组织的宗旨为：促进充分就业和提高生活水平；促进劳资合作；改善劳动条件；扩大社会保障；保证劳动者的职业安全与卫生；维护世界持久和平，建立和维系社会正义。《宣言》重申了国际劳工组织的基本原则，主要包括：劳动者不是商品；言论自由和结社自由是不断进步的必要条件；任何地方的贫困均对其他地方的繁荣构成威胁；反对贫困的斗争需要各国在国内坚持不懈地进行，同时也需要国际社会共同的努力。

此外，《宣言》明确，全人类不分种族、信仰或性别都有权在自由和尊严、经济保障和机会均等的条件下谋求其物质福利和精神发展；为实现上述目的而创造条件应构成各国和国际政策的中心目标；一切国内、国际的政策和措施，特别是具有经济和财政性质者，均应以此观点来加以衡量，只有能促进而不妨碍达成这一基本目标者才能被予以接受；国际劳工组织有责任按照此基本目标来检查和考虑国际一切经济和财政政策及措施；国际劳工组织在执行委托的任务时，对一切有关的经济和财政因素加以考虑后，可以在其公约和建议书中列入适当的条款。

（三）国际劳工组织的组织机构

国际劳工组织的主要机构包括国际劳工大会（International Labour Conference）、理事会（Governing Body）和国际劳工局（International Labour Office）。国际劳工大会是最高权力机构，闭会期间理事会指导该组织工作，国际劳工局是其常设秘书处。此外，地区会议和产业委员会是其重要的辅助机构。

国际劳工大会是最高权力机构，每年6月在瑞士日内瓦召开一次会议，国际劳工大会的主要职责包括从事国际劳工立法、制定公约和建议书以及提供技术援助和技术合作、通过国际劳工组织的预算、选举理事会等。[1] 理事会是国际劳工组织的执行委员会，每3年经大会

---

[1] International Labour Organization, International Labour Conference, https://www.ilo.org/global/about-the-ilo/how-the-ilo-works/international-labour-conference/lang--en/index.htm.

选举产生，在大会休会期间指导该组织工作，每年3月、6月和11月各召开一次会议，理事会的主要职责包括确定国际劳工大会和其他会议的议程、为大会通过公约和建议书提供必要的技术准备、通过国际劳工组织的计划和预算草案以提交大会并选举总干事等。① 国际劳工局是国际劳工组织的常设秘书处，是国际劳工组织各项活动的协调中心，劳工局在日内瓦总部和世界各地约40个总部外办事处雇用了来自150多个国家的约2700名官员，主要负责在理事会的监督和总干事的领导下筹备各项活动。②

在三大主要组织机构之外，国际劳工组织还在更广泛的多边体系内开展合作，如七国集团、二十国集团、国际金融机构和区域集团等，以促进各国在劳动用工方面政策的一致性。③

二 国际劳工标准主要内容

(一) 公约

《国际劳工组织章程》中明确，国际劳工组织推行劳工标准的重要工具是公约（Conventions）和建议书（Recommendations）。公约需要得到成员国的批准，具有国际条约（International Treaties）的性质。成员国一旦批准某项公约，就承担了执行公约条款的法律义务，即该项公约对批准的成员国具有法律约束力。同时，成员国实施公约的情况会受到相应的国际监督。④ 历史上，国际劳工大会共通过191项公约，截

---

① International Labour Organization, Governing Body, https://www.ilo.org/gb/lang--en/index.htm.
② International Labour Organization, International Labour Office, https://www.ilo.org/global/about-the-ilo/who-we-are/international-labour-office/lang--en/index.htm.
③ International Labour Organization, The ILO and the Multilateral System, https://www.ilo.org/global/about-the-ilo/how-the-ilo-works/multilateral-system/lang--en/index.htm.
④ International Labour Organization, Conventions and Recommendations, https://www.ilo.org/global/standards/introduction-to-international-labour-standards/conventions-and-recommendations/lang--en/index.htm.

第七章　国际劳工组织对劳动用工的基本规定

至 2023 年 9 月仍生效的有 71 项。① 按照国际劳工组织的分类标准，国际劳工公约可分为核心公约（Fundamental Conventions）、优先公约（Governance Conventions）和技术公约（Technical Conventions）。核心公约涉及的议题包括结社自由、强迫劳动、就业歧视、童工问题、职业安全与健康；优先公约涉及的议题包括劳动监察、三方协商、就业政策；其余议题下的公约被归入技术公约。

（二）公约修正案

公约修正案（Protocols）是一种程序性工具，用于增加对公约的额外灵活性或扩展公约的义务。② 公约修正案具有国际条约的性质，在国际劳工组织的制度框架下，公约修正案不独立于公约而存在。公约修正案使公约适应不断变化的现实环境，应对和处理自公约落实执行以来出现的各类问题，旨在保持已经获得批准的公约的完整性，同时在特定问题上修改或补充个别条款。截至 2023 年 9 月，国际劳工大会共通过 6 项公约修正案，分别为第 29 号公约修正案《2014 年强迫劳动公约修正案》、第 81 号公约修正案《1947 年工商业劳动监察公约修正案》、第 89 号公约修正案《1948 年妇女夜间工作公约（修订）修正案》、第 110 号公约修正案《1958 年种植园公约修正案》、第 147 号公约修正案《1976 年商船最低标准公约修正案》、第 155 号公约修正案《1981 年职业安全和卫生公约修正案》。③

（三）建议书

建议书（Recommendations）是国际劳工组织推行劳工标准的另一

---

① International Labour Organization，Conventions，https：//www.ilo.org/dyn/normlex/en/f？p=1000：12000：P12000_INSTRUMENT_SORT：3.
② International Labour Organization，NORMLEX User Guide，https：//www.ilo.org/dyn/normlex/en/f？p=NORMLEXPUB：71：0.
③ International Labour Organization，Protocols，https：//www.ilo.org/dyn/normlex/en/f？p=1000：12005.

重要工具，其主要作用是为成员国提供政策指引，与公约不同，建议书对批准的成员国不具有法律约束力。① 建议书通常是对现有公约的补充，为公约的实施提供详细的指导原则，但建议书也可以不依附于公约而得到成员国的批准。历史上，国际劳工大会共通过208项建议书，截至2023年9月仍生效的有83项。②

三 "一带一路"国家核心公约的批准情况

（一）亚洲

亚洲的"一带一路"共建国家，除了巴勒斯坦，均为国际劳工组织成员国，遍布东亚、南亚、东南亚、中亚、西亚和北亚地区。相较于其他大洲，亚洲"一带一路"共建国家对国际劳工组织核心公约的批准率相对较低，仅高于大洋洲。具体而言，批准率较低的公约主要涉及结社自由、强迫劳动、职业安全与健康3个议题，其中，第29号公约修正案《2014年强迫劳动公约修正案》的批准率最低，仅有8个国家通过；职业安全与健康议题下的第155号公约《1981年职业安全和卫生公约》和第187号公约《2006年关于促进职业安全与卫生框架的公约》次之，分别有13个和11个国家通过；结社自由下议题的第87号公约《1948年结社自由与保障组织权利公约》和第98号公约《1949年组织权利与集体谈判权利公约》再次之，分别有24个和28个国家通过。考虑亚洲内部的区域异质性，西亚地区批准的核心公约相对较少，其中一个重要原因是当地伊斯兰宗教观念和国际社会的主流价值观存在一定差异。

---

① International Labour Organization, NORMLEX User Guide, https://www.ilo.org/dyn/normlex/en/f? p=NORMLEXPUB：71：0.
② International Labour Organization, Recommendations, https://www.ilo.org/dyn/normlex/en/f? p=1000：12010：P12010_INSTRUMENT_SORT：3.

第七章 国际劳工组织对劳动用工的基本规定

表 7-1　亚洲"一带一路"共建国家批准核心公约的情况

国家	结社自由		强迫劳动			就业歧视		童工问题		职业安全与健康	
	C087	C098	C029	P029	C105	C100	C111	C138	C182	C155	C187
总数	24	28	38	8	32	33	34	37	39	12	11
阿富汗	—	—	—	—	1963	1969	1969	2010	2010	—	—
阿联酋	—	—	1982	—	1997	1997	2001	1998	2001	—	—
阿曼	—	—	1998	—	2005	—	—	2005	2001	—	—
阿塞拜疆	1992	1992	1992	—	2000	1992	1992	1992	2004	2023	—
巴基斯坦	1951	1952	1957	—	1960	2001	1961	2006	2001	—	—
巴林	—	—	1981	—	1998	—	2000	2012	2001	2009	—
东帝汶	2009	2009	2009	—	—	2016	2016	—	2009	—	—
菲律宾	1953	1953	2005	—	1960	1953	1960	1998	2000	—	—
格鲁吉亚	1999	1993	1993	—	1996	1993	1993	1996	2002	—	—
哈萨克斯坦	2000	2001	2001	—	2001	2001	1999	2001	2003	1996	2015
韩国	2021	2021	2021	—	—	1997	1998	1999	2001	2008	2008
吉尔吉斯斯坦	1992	1992	1992	2020	1999	1992	1992	1992	2004	—	—
柬埔寨	1999	1999	1969	—	1999	1999	1999	1999	2006	—	—
卡塔尔	—	—	1998	—	2007	—	1976	2006	2000	—	—
科威特	1961	2007	1968	—	1961	—	1966	1999	2000	—	—
老挝	—	—	1964	—	—	2008	2008	2005	2005	2022	2022
黎巴嫩	—	1977	1977	—	1977	1977	1977	2003	2001	—	—
马尔代夫	2013	2013	2013	—	2013	2013	2013	2013	2013	—	—
马来西亚	—	1961	1957	2022	—	1997	—	1997	2000	—	2012
蒙古国	1969	1969	2005	—	2005	1969	1969	2002	2001	1998	—
孟加拉国	1972	1972	1972	2002	1972	1998	1972	2022	2001	—	—
缅甸	1955	—	1955	—	—	—	—	2020	2013	—	—
尼泊尔	—	1996	2002	—	2007	1976	1974	1997	2002	—	—

· 153 ·

续表

国家	结社自由		强迫劳动			就业歧视		童工问题		职业安全与健康	
	C087	C098	C029	P029	C105	C100	C111	C138	C182	C155	C187
沙特阿拉伯	—	—	1978	2021	1978	1978	1978	2014	2001	—	—
斯里兰卡	1995	1972	1950	2019	2003	1993	1998	2000	2001	—	—
塔吉克斯坦	1993	1993	1993	2020	1999	1993	1993	1993	2005	2009	—
泰国	—	—	1969	2018	1969	1999	2017	2004	2001	—	2016
土耳其	1993	1952	1998	—	1961	1967	1967	1998	2001	2005	2014
土库曼斯坦	1997	1997	1997	—	1997	1997	1997	2012	2010	—	—
文莱	—	—	2023	—	—	—	—	2011	2008	—	—
乌兹别克斯坦	2016	1992	1992	2019	1997	1992	1992	2009	2008	—	2021
新加坡	—	1965	1965	—	—	2002	—	2005	2001	2019	2012
叙利亚	1960	1957	1960	—	1958	1957	1960	2001	2003	2009	—
亚美尼亚	2006	2003	2004	—	2004	1994	1994	2006	2006	—	—
也门	1976	1969	1969	—	1969	1976	1969	2000	2000	—	—
伊拉克	2018	1962	1962	—	1959	1963	1959	1985	2001	—	2015
伊朗	—	—	1957	—	1959	1972	1964	—	2002	2023	—
印度尼西亚	1998	1957	1950	—	1999	1958	1999	1999	2000	—	2015
越南	—	2019	2007	—	2020	1997	1997	2003	2000	1994	2014
巴勒斯坦	非国际劳工组织成员国										

注：表格第二行 C 为 Convention 的简写，"C087"即为第 87 号公约；表格中数字为批准年份，"—"表示尚未批准。下同。

资料来源：International Labour Organization，NORMLEX Information System on International Labour Standards，https：//www.ilo.org/dyn/normlex/en/f? p = 1000：12030。

（二）非洲

非洲共有 52 个"一带一路"共建国家，全部为国际劳工组织成员国，在数量上居各大洲之首，遍布北非、东非、西非、中非和南非地区。相较于其他大洲，非洲"一带一路"共建国家对国际劳工组织核心公约的批准率相对较低，但高于亚洲和大洋洲。其中，第98号公约《1949年组织权利与集体谈判权利公约》、第29号公约《1930年强迫劳动公约》、第105号公约《1957年废除强迫劳动公约》、第111号公约《1958年（就业和职业）歧视公约》和第182号公约《1999年最恶劣形式的童工劳动公约》的批准率达到100%。从国家角度观察，科特迪瓦、莱索托、马达加斯加、马拉维、尼日尔批准了全部11项核心公约，其他国家未批准的公约主要集中在第29号公约修正案《2014年强迫劳动公约修正案》、第155号公约《1981年职业安全和卫生公约》和第187号公约《2006年关于促进职业安全与卫生框架的公约》3项。

表7-2　　非洲"一带一路"共建国家批准核心公约的情况

国家	结社自由		强迫劳动			就业歧视		童工问题		职业安全与健康	
	C087	C098	C029	P029	C105	C100	C111	C138	C182	C155	C187
总数	50	52	52	14	52	51	52	51	52	22	16
阿尔及利亚	1962	1962	1962	—	1969	1962	1969	1984	2001	2006	—
埃及	1957	1954	1955	—	1958	1960	1960	1999	2002	—	—
埃塞俄比亚	1963	1963	2003	—	1999	1999	1966	1999	2003	1991	—
安哥拉	2001	1976	1976	—	1976	1976	1976	2001	2001	—	—
贝宁	1960	1968	1960	—	1961	1968	1961	2001	2001	—	—
博茨瓦纳	1997	1997	1997	—	1997	1997	1997	1997	2000	—	—
布基纳法索	1960	1962	1960	—	1997	1969	1962	1999	2001	—	2016
布隆迪	1993	1997	1963	—	1963	1993	1993	2002	—	—	—
赤道几内亚	2001	2001	2001	—	2001	1985	2001	1985	2001	—	—
多哥	1960	1983	1960	—	1999	1983	1983	1984	2000	—	2012
厄立特里亚	2000	2000	2000	—	2000	2000	2000	2000	2019	—	—

续表

国家	结社自由		强迫劳动			就业歧视		童工问题		职业安全与健康	
	C087	C098	C029	P029	C105	C100	C111	C138	C182	C155	C187
佛得角	1999	1979	1979	—	1979	1979	1979	2011	2001	2000	—
冈比亚	2000	2000	2000	—	2000	2000	2000	2000	2001	—	—
刚果（布）	1960	1999	1960	—	1999	1999	1999	1999	2002	—	—
刚果（金）	2001	1969	1960	—	2001	1969	2001	2001	2001	—	—
吉布提	1978	1978	1978	2018	1978	1978	2005	2005	2005	—	—
几内亚	1959	1959	1959	—	1961	1967	1960	2003	2003	—	2017
几内亚比绍	2023	1977	1977	—	1977	1977	1977	2009	2008	—	—
加纳	1965	1959	1957	—	1958	1968	1961	2011	2000	—	—
加蓬	1960	1961	1960	—	1961	1961	1961	2010	2001	2015	—
津巴布韦	2003	1998	1998	2019	1998	1989	1999	2000	2000	2003	—
喀麦隆	1960	1962	1960	—	1962	1970	1988	2001	2002	2021	—
科摩罗	1978	1978	1978	2021	1978	1978	2004	2004	2004	—	—
科特迪瓦	1960	1961	1960	2019	1961	1961	1961	2003	2003	2016	2016
肯尼亚	—	1964	1964	—	1964	2001	2001	1979	2001	—	—
莱索托	1966	1966	1966	2019	2001	1998	1998	2001	2001	2001	2023
利比里亚	1962	1962	1931	—	1962	2022	1959	2022	2003	—	—
利比亚	2000	1962	1961	—	1961	1962	1961	1975	2000	—	—
卢旺达	1988	1988	2001	—	1962	1980	1981	1981	2000	2018	2018
马达加斯加	1960	1998	1960	2019	2007	1962	1961	2000	2001	2023	2023
马拉维	1999	1965	1999	2019	1999	1965	1965	1999	1999	2019	2019
马里	1960	1964	1960	2016	1962	1968	1964	2002	2000	2016	—
毛里塔尼亚	1961	2001	1961	2016	1997	2001	1963	2001	2001	—	—

第七章 国际劳工组织对劳动用工的基本规定

续表

国家	结社自由 C087	结社自由 C098	强迫劳动 C029	强迫劳动 P029	强迫劳动 C105	就业歧视 C100	就业歧视 C111	童工问题 C138	童工问题 C182	职业安全与健康 C155	职业安全与健康 C187
摩洛哥	—	1957	1857	—	1966	1979	1963	2000	2001	—	2019
莫桑比克	1996	1996	2003	2018	1977	1977	1977	2003	2003	—	—
纳米比亚	1995	1995	2000	2017	2000	2010	2001	2000	2000	—	—
南非	1996	1996	1997	—	1997	2000	1997	2000	2000	2003	—
南苏丹	1995	1995	2000	2017	2000	2010	2001	2000	2000	—	—
尼日尔	1961	1962	1961	2015	1962	1966	1962	1978	2000	2009	2009
尼日利亚	1960	1960	1960	—	1960	1974	2002	2002	2002	1994	2022
塞拉利昂	1961	1961	1961	—	1961	1968	1966	2011	2011	2021	2021
塞内加尔	1960	1961	1960	—	1961	1962	1967	1999	2000	2021	2021
塞舌尔	1978	1999	1978	—	1978	1999	1999	2000	1999	2005	—
圣多美和普林西比	1992	1992	2005	—	2005	1982	1982	2005	2005	2005	—
苏丹	2021	1957	1957	2021	1970	1970	1970	2003	2003	—	—
索马里	2014	2014	1960	—	1061	—	1961	—	2014	2021	2021
坦桑尼亚	2000	1962	1962	—	1962	2002	2002	1998	2001	—	—
突尼斯	1957	1957	1962	—	1959	1968	1959	1995	2000	—	2021
乌干达	2005	1963	1963	—	1963	2005	2005	2003	2001	—	—
赞比亚	1996	1996	1964	—	1965	1972	1979	1976	2001	2013	2013
乍得	1960	1961	1960	—	1961	1966	1966	2005	2000	—	—
中非	1960	1964	1960	—	1964	1964	1964	2000	2000	2006	—

注：表格第二行 C 为 Convention 的简写，"C087"即为第 87 号公约；表格中数字为批准年份，"—"表示尚未批准。下同。

资料来源：International Labour Organization，NORMLEX Information System on International Labour Standards，https：//www.ilo.org/dyn/normlex/en/f？p=1000：12030。

(三) 欧洲

欧洲共有 27 个"一带一路"共建国家，除摩尔多瓦以外的 26 个国家为国际劳工组织成员国，遍布西欧、北欧、中欧、东欧和南欧地区。相较于其他大洲，欧洲"一带一路"共建国家对国际劳工组织核心公约的批准率最高。其中 8 项核心公约通过率达 100%，分别为第 87 号公约《1948 年结社自由与保障组织权利公约》、第 98 号公约《1949 年组织权利与集体谈判权利公约》、第 29 号公约《1930 年强迫劳动公约》、第 105 号公约《1957 年废除强迫劳动公约》、第 100 号公约《1951 年对男女工人同等价值的工作付予同等报酬公约》、第 111 号公约《1958 年（就业和职业）歧视公约》、第 138 号公约《1973 年准许就业的最低年龄公约》、第 182 号公约《1999 年最恶劣形式的童工劳动公约》。其余 3 项核心公约批准率为 40%—60%，整体高于全球平均水平。

表 7-3　欧洲"一带一路"共建国家批准核心公约的情况

国家	结社自由		强迫劳动			就业歧视		童工问题		职业安全与健康	
	C087	C098	C029	P029	C105	C100	C111	C138	C182	C155	C187
总数	26	26	26	12	26	26	26	26	26	17	14
阿尔巴尼亚	1957	1957	1957	—	1957	1957	1997	1998	2001	2004	2004
爱沙尼亚	1994	1994	1996	2016	1996	1996	2005	2007	2001	—	—
奥地利	1950	1951	1960	2019	1958	1953	1973	2000	2001	—	2011
白俄罗斯	1956	1956	1956	—	1995	1956	1961	1979	2000	2000	—
保加利亚	1959	1959	1932	—	1999	1955	1960	1980	2000	—	—
北马其顿	1991	1991	1991	—	2003	1991	1991	1991	2002	1991	2012
波黑	1993	1993	1993	2018	2000	1993	1993	1993	2001	1993	2010
波兰	1957	1957	1958	2017	1958	1954	1961	1978	2002	—	—
俄罗斯	1956	1956	1956	2019	1998	1956	1961	1979	2003	1998	2011
黑山	2006	2006	2006	—	2006	2006	2006	2006	2006	2006	2015
捷克	1993	1993	1993	2016	1996	1993	1993	2007	2001	1993	2008

续表

国家	结社自由		强迫劳动			就业歧视		童工问题		职业安全与健康	
	C087	C098	C029	P029	C105	C100	C111	C138	C182	C155	C187
克罗地亚	1991	1991	1991	—	1997	1991	1991	1991	2001	1991	—
拉脱维亚	1992	1992	2006	2017	1992	1992	1992	2006	2006	1994	—
立陶宛	1994	1994	1994	2020	1994	1994	1994	1998	2003	—	—
卢森堡	1958	1958	1964	2021	1964	1967	2001	1977	2001	2001	2021
罗马尼亚	1957	1958	1957	—	1998	1957	1973	1975	2000	—	—
马耳他	1965	1965	1965	2019	1965	1988	1968	1988	2001	—	—
葡萄牙	1977	1964	1956	2020	1959	1967	1959	1998	2000	1985	2017
塞尔维亚	2000	2000	2000	—	2003	2000	2000	2000	2003	2000	2009
塞浦路斯	1966	1966	1960	2017	1960	1987	1968	1997	2000	1989	2009
斯洛伐克	1993	1993	1993	—	1997	1993	1993	1997	1999	1993	2010
斯洛文尼亚	1992	1992	1992	—	1997	1992	1992	1992	2001	1992	2014
乌克兰	1956	1956	1956	—	2000	1956	1961	1979	2000	2012	—
希腊	1962	1962	1952	—	1962	1975	1984	1986	2001	—	2021
匈牙利	1957	1957	1956	—	1994	1956	1961	1998	2000	1994	—
意大利	1958	1958	1934	—	1968	1956	1963	1981	2000	—	—
摩尔多瓦	非国际劳工组织成员国										

注：表格第二行 C 为 Convention 的简写，"C087"即为第 87 号公约；表格中数字为批准年份，"—"表示尚未批准。下同。

资料来源：International Labour Organization，NORMLEX Information System on International Labour Standards，https：//www.ilo.org/dyn/normlex/en/f? p＝1000：12030。

（四）北美洲

北美洲共有 13 个"一带一路"共建国家，全部为国际劳工组织成员国。相较于其他大洲，北美洲"一带一路"共建国家对国际劳工组织核心公约的批准率相对较高，仅次于欧洲和南美洲。与欧洲类似，北美洲"一带一路"共建国家在结社自由、强迫劳动（第 29 号公约和第 105 号公约）、就业歧视、童工问题议题下的共 8 项公约通过率达到100%。从国家角度观察，仅有安提瓜和巴布达两国批准了全部11项核心公约及公约修正案，其他国家在第29号公约修正案《2014年强迫劳动公约修正案》、第155号公约《1981年职业安全和卫生公约》、第187号公约《2006年关于促进职业安全与卫生框架的公约》3项中存在尚未批准的情况。

表7-4　北美洲"一带一路"共建国家批准核心公约的情况

国家	结社自由		强迫劳动			就业歧视		童工问题		职业安全与健康	
	C087	C098	C029	P029	C105	C100	C111	C138	C182	C155	C187
总数	13	13	13	4	13	13	13	13	13	4	3
安提瓜和巴布达	1983	1983	1983	2021	1983	2003	1983	1983	2002	2002	2021
巴巴多斯	1967	1967	1967	—	1967	2001	2001	2001	2001	—	—
巴拿马	1958	1966	1966	2016	1966	1958	1966	2000	2000	—	—
多米尼加	1956	1953	1956	—	1958	1953	1964	1999	2000	—	2015
多米尼克	1983	1983	1983	—	1983	1983	1983	1983	2001	—	—
格林纳达	1994	1979	1979	—	1979	1994	2003	2003	2003	2012	—
哥斯达黎加	1960	1960	1960	2020	1959	1960	1962	1976	2001	—	—
古巴	1952	1952	1953	—	1958	1954	1965	1975	2015	1982	2008
洪都拉斯	1956	1956	1957	—	1958	1956	1960	1980	2001	—	—
尼加拉瓜	1967	1967	1934	—	1967	1967	1967	1981	2000	—	—
萨尔瓦多	2006	2006	1995	—	1958	2000	1995	1996	2000	2000	—
特立尼达和多巴哥	1963	1963	1963	—	1963	1997	1970	2004	2003	—	—
牙买加	1962	1962	1962	2017	1962	1975	1975	2003	2003	—	—

注：表格第二行C为Convention的简写，"C087"即为第87号公约；表格中数字为批准年份，"—"表示尚未批准。下同。

资料来源：International Labour Organization，NORMLEX Information System on International Labour Standards，https：//www.ilo.org/dyn/normlex/en/f? p=1000：12030。

（五）南美洲

南美洲共有9个"一带一路"共建国家，全部为国际劳工组织成员国，在数量上与大洋洲持平，居各大洲之末。但相较于其他大洲，南美洲"一带一路"共建国家对国际劳工组织核心公约的批准率较高，仅次于欧洲。与欧洲和北美洲类似，南美洲"一带一路"共建国家在结社自由、强迫劳动（第29号公约和第105号公约）、就业歧视、童工问题议题下的共8项公约通过率达到100%。从国家角度观察，仅阿根廷批准了全部11项核心公约及公约修正案，智利批准了其中10项，秘鲁、圭亚那、苏里南、委内瑞拉、乌拉圭批准了其中9项，玻利维亚和厄瓜多尔仅批准了其中8项，未批准的公约主要为第29号公约修正案《2014年强迫劳动公约修正案》、第155号公约《1981年职业安全和卫生公约》和第187号公约《2006年关于促进职业安全与卫生框架的公约》3项。

表7-5　南美洲"一带一路"共建国家批准核心公约的情况

国家	结社自由		强迫劳动			就业歧视		童工问题		职业安全与健康	
	C087	C098	C029	P029	C105	C100	C111	C138	C182	C155	C187
总数	9	9	9	4	9	9	9	9	9	4	2
阿根廷	1960	1956	1950	2016	1960	1956	1968	1996	2001	2014	2014
秘鲁	1960	1964	1960	2021	1960	1960	1970	2002	2002	—	—
玻利维亚	1965	1973	2005	—	1990	1973	1977	1997	2003		
厄瓜多尔	1967	1959	1954	—	1962	1957	1962	2000	2000		
圭亚那	1967	1966	1966	—	1966	1975	1975	1998	2001	2012	
苏里南	1976	1996	1976	2019	1976	2017	2017	2018	2006	—	—
委内瑞拉	1982	1968	1944	—	1964	1982	1971	1987	2005	1984	
乌拉圭	1954	1954	1995	—	1968	1989	1989	1977	2001	1988	—

续表

国家	结社自由		强迫劳动			就业歧视		童工问题		职业安全与健康	
	C087	C098	C029	P029	C105	C100	C111	C138	C182	C155	C187
智利	1999	1999	1933	2021	1999	1971	1971	1999	2000	—	2011

注：表格第二行C为Convention的简写，"C087"即为第87号公约；表格中数字为批准年份，"—"表示尚未批准。下同。

资料来源：International Labour Organization，NORMLEX Information System on International Labour Standards，https：//www.ilo.org/dyn/normlex/en/f? p=1000：12030。

（六）大洋洲

大洋洲共有11个"一带一路"共建国家，其中9个国家为国际劳工组织成员国，在数量上与南美洲持平，居各大洲之末。相较于其他大洲，大洋洲"一带一路"共建国家对国际劳工组织核心公约的批准率最低，其中库克群岛和汤加批准的公约数量最少，分别为3项和1项。绝大多数国家都尚未批准强迫劳动议题下的第29号公约修正案以及职业安全与健康议题下的第155号公约和第187号公约，具体而言，仅有新西兰一国批准了第29号公约修正案《2014年强迫劳动公约修正案》，斐济和新西兰两国批准了第155号公约《1981年职业安全和卫生公约》，尚无国家批准第187号公约《2006年关于促进职业安全与卫生框架的公约》。

表7-6　大洋洲"一带一路"共建国家批准核心公约的情况

国家	结社自由		强迫劳动			就业歧视		童工问题		职业安全与健康	
	C087	C098	C029	P029	C105	C100	C111	C138	C182	C155	C187
总数	6	7	8	1	8	7	7	6	9	2	0
巴布亚新几内亚	2000	1976	1976	—	1976	2000	2000	2000	2000	—	—
斐济	2002	1974	1974	—	1974	2002	2002	2003	2002	2008	—

续表

国家	结社自由		强迫劳动			就业歧视		童工问题		职业安全与健康	
	C087	C098	C029	P029	C105	C100	C111	C138	C182	C155	C187
基里巴斯	2000	2000	2000	—	2000	2009	2009	2009	2009	—	—
库克群岛	—	—	2015	—	2015	—	—	—	2018	—	—
萨摩亚	2008	2008	2008	—	2008	2008	2008	2008	2008	—	—
所罗门群岛	2012	2012	1985	—	2012	2012	2012	2013	2012	—	—
汤加									2020		
瓦努阿图	2006	2006	2006	—	2006	2006	2006	2019	2006	—	—
新西兰	—	2003	1938	2019	1968	1983	1983	—	2001	2007	—
密克罗尼西亚联邦 纽埃	非国际劳工组织成员国										

注：表格第二行 C 为 Convention 的简写，"C087" 即为第 87 号公约；表格中数字为批准年份，"—"表示尚未批准。下同。

资料来源：International Labour Organization, NORMLEX Information System on International Labour Standards, https://www.ilo.org/dyn/normlex/en/f?p=1000:12030。

四 "一带一路" 国家国际劳工标准的适用性

（一）结社自由

1919 年，巴黎和会通过的《凡尔赛和约》第 13 篇《国际劳工组织章程草案》将"承认结社自由原则"列为改善劳动者生存条件的重要途径。[1] 1944 年《费城宣言》重申了国际劳工组织的基本原则，

---

[1] Paris Peace Conference, 1919, *Treaty of Versailles*.

主要包括"言论自由和结社自由是不断进步的必要条件"。① 随后，1948年和1949年的国际劳工大会上先后通过了两项与结社自由相关的公约，分别为第87号公约《1948年结社自由与保障组织权利公约》（Freedom of Association and Protection of the Right to Organise Convention）② 和第98号公约《1949年组织权利与集体谈判权利公约》（Right to Organise and Collective Bargaining Convention）。③ 其中，第87号公约第2条对"结社自由"的概念和含义进行了明确，即"凡工人和雇主，没有任何区别地均应有权建立他们自己选择的组织，以及仅依有关组织的章程加入他们自己选择的组织，而无须事前得到批准"。

（二）强迫劳动

早在1926年，国际劳工组织理事会首次委派专家委员会对全球范围内的强迫劳动问题展开研究。基于此，1930年的国际劳工大会通过了第29号公约，即《1930年强迫劳动公约》（Forced Labour Convention），④ 其初衷在于解决殖民地的强迫劳工问题。随后，国际社会的关注重心转向更大范围内存在着的、将强迫劳动作为促进经济或政治压制的手段。1957年的国际劳工大会通过了第105号公约，即《1957年废除强迫劳动公约》（Abolition of Forced Labour Convention）。⑤ 两项公约分别对"强迫劳动"的定义进行了明晰，第

---

① International Labour Organization, 1944, Declaration Concerning the Aims and Purposes of the International Labour Organisation (Philadelphia Declaration), In Conférence Internationale du Travail, 26th Session. Philadelphia, USA：International Labour Office.

② International Labour Organization, C087-Freedom of Association and Protection of the Right to Organise Convention, 1948 (No. 87), https：//www.ilo.org/dyn/normlex/en/f？p = NORMLEXPUB：12100：0：NO：P12100_INSTRUMENT_ID：312232.

③ International Labour Organization, C098 – Right to Organise and Collective Bargaining Convention, 1949 (No. 98), https：//www.ilo.org/dyn/normlex/en/f？p = NORMLEXPUB：12100：0：NO：12100：P12100_INSTRUMENT_ID：312243：NO.

④ International Labour Organization, C029 – Forced Labour Convention, 1930 (No. 29), https：//www.ilo.org/dyn/normlex/en/f？p = NORMLEXPUB：12100：0：NO：12100：P12100_INSTRUMENT_ID：312174：NO.

⑤ International Labour Organization, C105 – Abolition of Forced Labour Convention, 1957 (No. 105), https：//www.ilo.org/dyn/normlex/en/f？p = NORMLEXPUB：12100：0：NO：12100：P12100_INSTRUMENT_ID：312250：NO.

29号公约将强迫劳动定义为"以任何惩罚相威胁,强迫任何人从事的非本人自愿的一切劳动或服务";第105号公约规定"绝不能为了经济发展的目的或作为政治教育、歧视、劳动纪律或对参与罢工进行惩罚的手段使用强迫劳动"。

(三) 就业歧视

1944年,《费城宣言》明确指出,"全人类不分种族、信仰或性别都有权在自由和尊严、经济保障和机会均等的条件下谋求其物质福利和精神发展"。[①] 旨在消除就业歧视的核心公约为第100号公约《1951年对男女工人同等价值的工作付予同等报酬公约》(Equal Remuneration Convention)[②] 和第111号公约《1958年(就业和职业)歧视公约》(Discrimination Employment and Occupation Convention)。[③] 其中,第111号公约第1条对就业和职业歧视的含义进行了界定,"第一,歧视是基于种族、肤色、性别、宗教、政治观点、民族血统或社会出身所做出的任何区别、排斥、优惠,其结果是剥夺或损害在就业和职业上的机会和待遇上的平等;第二,有关会员国经与有代表性的雇主组织和工人组织(如存在此种组织)以及其他适当机构协商后可能确定的、具有取消或损害就业和职业机会均等和待遇平等作用的其他此种区别、排斥或优惠"。

(四) 童工问题

1919年国际劳工组织成立后,在《国际劳工组织章程》中明确将保护童工和未成年人作为一项迫切任务,并在第一届国际劳工大会

[①] International Labour Organization, 1944, Declaration Concerning the Aims and Purposes of the International Labour Organisation (Philadelphia Declaration), In Conférence Internationale du Travail, 26th Session, Philadelphia, USA: International Labour Office.

[②] International Labour Organization, C100 - Equal Remuneration Convention, 1951 (No. 100), https://www.ilo.org/dyn/normlex/en/f?p=NORMLEXPUB:12100:0:NO:12100:P12100_INSTRUMENT_ID:312245:NO.

[③] International Labour Organization, C111 - Discrimination (Employment and Occupation) Convention, 1958 (No. 111), https://www.ilo.org/dyn/normlex/en/f?p=NORMLEXPUB:12100:0:NO:12100:P12100_INSTRUMENT_ID:312256:NO.

中通过了第 5 号公约《1919 年工业最低年龄公约》，① 规定"凡儿童在 14 岁以下者不得受雇佣或工作于任何公营或私营工业企业，但所雇佣者工人仅仅为家属者，以及在技术专科学校工作并经政府机关核准受其监督者均不在此限"。其后，多届国际劳工大会陆陆续续通过了 10 项涉及不同职业和行业的最低就业年龄标准公约，如工业、非工业、农业、海员、扒炭工和司炉工人等。在制定了上述 10 项公约后，第二次世界大战后就业的最低年龄概念扩大到各个不同经济部门，最终于 1973 年通过了全面性的第 138 号公约《1973 年准许就业的最低年龄公约》（Minimum Age Convention）。② 鉴于全面消除使用童工是一项长期而艰巨的任务，1999 年的国际劳工大会通过了第 182 号公约《1999 年最恶劣形式的童工劳动公约》（Worst Forms of Child Labour Convention），③ 把禁止和消除最恶劣形式的童工使用问题作为优先目标。

（五）职业安全与健康

1950 年，国际劳工组织和世界卫生组织职业卫生联席协调委员会对"职业卫生"首次作出了明确定义："促进和保持每个工人最高水平的身体、心理和社会完美状态；预防工人因工作所致的健康问题；保护工人就业期间免受职业有害因素所致风险；安排并保持工人在适应其生理和心理能力的职业环境中工作；简言之，使工作适应工人，每个工人适应其工作。"④ 目前，关于职业安全与健康的核心公约包括第 155 号公约《1981 年职业安全和卫生公约》（Occupational

---

① International Labour Organization, C005 – Minimum Age (Industry) Convention, 1919 (No. 5), https://www.ilo.org/dyn/normlex/en/f? p = NORMLEXPUB：12100：0：NO：12100：P12100_INSTRUMENT_ID：312150：NO.

② International Labour Organization, C138 – Minimum Age Convention, 1973 (No. 138), https://www.ilo.org/dyn/normlex/en/f? p=NORMLEXPUB：12100：0：NO：12100：P12100_INSTRUMENT_ID：312283：NO.

③ International Labour Organization, C182 – Worst Forms of Child Labour Convention, 1999 (No. 182), https://www.ilo.org/dyn/normlex/en/f? p = NORMLEXPUB：12100：0：NO：12100：P12100_INSTRUMENT_ID：312327：NO.

④ 苑茜、周冰、沈士仓等：《现代劳动关系辞典》，中国劳动社会保障出版社 2000 年版。

Safety and Health Convention)[①] 和第 187 号公约《2006 年关于促进职业安全与卫生框架的公约》(Promotional Framework for Occupational Safety and Health Convention)。[②] 国际劳工公约中关于职业安全与健康标准内容的变化,反映了社会经济发展不同阶段的科学、技术和工业的发展和变革。最初的公约主要为了避免某些物质(尤其是危险物质)所致安全和健康危害问题,从 20 世纪 30 年代开始,国际劳工组织开始针对某些行业和部门如办公室和建筑业开始制定标准,进而演变到注重预防的综合政策框架的制定。

(六)劳动监察

劳动法的正确执行依赖于有效的劳动监察部门。劳动监察员负责检查各国劳动标准在工作场所的执行情况,并就如何在工资、工时、职业安全和健康以及童工等领域更好地实施国家法律向雇主和工人提供建议。此外,劳动监察员还负责提醒相关国家关注现行法律中的漏洞和缺陷,从而确保劳动法平等适用于所有雇主和劳动者。[③] 由于国际社会日益认识到劳动监察的重要性,国际劳工组织将两项劳动监察相关的公约列入优先公约,分别是第 81 号公约《1947 年工商业劳动监察公约》(Labour Inspection Convention)[④] 和第 129 号公约《1969 年农业劳动监察公约》[Labour Inspection (Agriculture) Convention],[⑤] 其

---

① International Labour Organization, C155-Occupational Safety and Health Convention, 1981 (No. 155), https://www.ilo.org/dyn/normlex/en/f? p = NORMLEXPUB:12100:0:NO:12100:P12100_INSTRUMENT_ID:312300:NO.

② International Labour Organization, C187-Promotional Framework for Occupational Safety and Health Convention, 2006 (No. 187), https://www. ilo.org/dyn/normlex/en/f? p = NORMLEXPUB:12100:0:NO:12100:P12100_INSTRUMENT_ID:312332:NO.

③ International Labour Organization, International Labour Standards on Labour inspection, https://www.ilo.org/global/standards/subjects-covered-by-international-labour-standards/labour-inspection/lang--en/index.htm.

④ International Labour Organization, C081-Labour Inspection Convention, 1947 (No. 81), https://www.ilo.org/dyn/normlex/en/f? p=NORMLEXPUB:12100:0:NO:12100:P12100_INSTRUMENT_ID:312226:NO.

⑤ International Labour Organization, C129 - Labour Inspection (Agriculture) Convention, 1969 (No. 129), https://www.ilo.org/dyn/normlex/en/f? p=NORMLEXPUB:12100:0:NO:12100:P12100_INSTRUMENT_ID:312274:NO.

中第 81 号公约规定了劳动监察的范围，劳动监察机构的设置，劳动监察员的资格、培训和权利义务，劳动监察的方式、程序，以及其对违法行为的处罚措施等。

（七）三方协商

三方协商是指由国家（以政府为代表）、雇主（以雇主组织为代表）和劳动者（以工会组织为代表）就以劳动关系为中心的社会经济政策的制定和实施所进行的有关交往的组织体制、法律制度及其制度运行的总称。[1] 国际劳工标准通过三方机制进行规则制定和监督实施，有利于推动国际劳工标准获得更广泛群体的支持，这也使国际劳工组织在联合国系统中独树一帜。有关三方协商的优先公约为第 144 号公约《1976 年三方协商促进履行国际劳工标准公约》（Tripartite Consultation International Labour Standards Convention），[2] 明确了"代表性组织"一词指"享有结社自由权利的最有代表性的雇主组织和工人组织"。批准该公约的国家应承担义务，在政府、雇主和劳动者三方代表之间按照确保进行有效协商的程序处理有关国际劳工组织活动的事项。

（八）就业政策

1949 年，《费城宣言》指出，"全人类不分种族、信仰或性别都有权在自由和尊严、经济保障和机会均等的条件下谋求其物质福利和精神发展"。[3] 为实现这一目标，国际劳工组织通过了第 122 号公约

---

[1] International Labour Organization, International Labour Standards on Tripartite Consultation, https：//www.ilo.org/global/standards/subjects - covered - by - international - labour - standards/tripartite-consultation/lang--en/index.htm.

[2] International Labour Organization, C144 - Tripartite Consultation (International Labour Standards) Convention, 1976 (No. 144), https：//www. ilo.org/dyn/normlex/en/f？p = NO RMLEXPUB：12100：0：NO：12100：P12100_INSTRUMENT_ID：312289：NO.

[3] International Labour Organization, 1944, Declaration Concerning the Aims and Purposes of the International Labour Organisation (Philadelphia Declaration), In Conférence Internationale du Travail, 26th Session, Philadelphia, USA：International Labour Office.

《1964年就业政策公约》(Employment Policy Convention),[①] 号召各会员国将充分就业作为一项主要目标,提出实行积极的政策,促进充分的、自由选择的生产性就业(生产性就业指有社会和生产效益的就业,而非无效就业)。第122号公约第1条规定就业政策应以保证下列各项就业为目的:(1)向一切有能力工作并寻找工作的人提供工作;(2)此种工作应尽可能是生产性的;(3)每个工人不论其种族、肤色、性别、宗教信仰、政治见解、民族血统或社会出身如何,都有选择职业的自由,并有获得必要技能和使用其技能与天赋的最大可能的机会,取得一项对其很合适的工作。

五 总结

高质量对外开放作为中国的基本国策,是推动中国高质量发展的重要内容,也是逆全球化冲击下的必然选择。习近平总书记在中共十八届中央政治局第三十一次集体学习时强调,在"一带一路"建设过程中,"我国企业走出走既要重视投资利益,更要赢得好名声、好口碑,遵守驻在国法律,承担更多社会责任"。[②] 随着中国企业对"一带一路"共建国家和地区的影响逐步深入,越来越多的中国企业和员工也随着国际经贸投资和全球价值链的延伸而走出国门,在实现生产经营目标的同时,出海企业也肩负着提升国家形象、传播中华文化的重要使命。

国际劳工标准作为国际劳工组织通过国际劳动立法所确定的关于劳工权益保护及劳动关系处理原则、规则的规定,在国际社会享有高度的权威,并成为各国劳动立法的推动力量和重要依据。国际劳工组织前总干事盖·莱德在第二届"一带一路"峰会中指出,"'一带一路'倡议坚持的共商共建共享原则与国际劳工组织的精神高度契合,

---

[①] International Labour Organization, C122-Employment Policy Convention, 1964 (No. 122), https://www.ilo.org/dyn/normlex/en/f?p=NORMLEXPUB:12100:0:NO:12100:P12100_INSTRUMENT_ID:312267:NO.

[②] 习近平:《习近平谈治国理政》第二卷,外文出版社2017年版,第501页。

公约也对'一带一路'框架下各国开展更多合作意义愈加重要"。[①] 因此，呼吁相关企业进一步加强对项目所在国的社会环境与风险识别和分析研判能力，有利于提升面对不同国家与不同劳动标准体系下的快速合规应对能力与风险防范能力，使企业更好秉持依法合规、诚信相待的理念，构建完备的境外用工制度体系，在开放包容和相互尊重的氛围中共享发展机会和成果，为全球化的劳动治理体系建设和人才管理贡献中国智慧和中国方案。

[①] 中国交通新闻网：《李小鹏会见国际劳工组织总干事》，https://www.zgjtb.com/2019-04/27/content_221083.html。

第八章 "一带一路"劳动法律与政策分析[*]

一 "一带一路"共建国家劳动法律制度分析

"一带一路"共建国家主要分为四个部分,即中亚地区国家、东南亚地区国家、阿拉伯地区国家和中东欧地区国家。由于历史、文化、风俗文化、政治体制和经济基础各不相同,各地区国家存在差异。

(一)中亚地区国家的劳动法律制度分析

1. 中亚五国政治经济情况概述

中亚五国包括哈萨克斯坦、乌兹别克斯坦、吉尔吉斯斯坦、塔吉克斯坦和土库曼斯坦,它们共同的国情特点主要体现在以下三个方面。

第一,自然资源丰富。中亚五国蕴含着石油、天然气和有色金属等多种资源,丰富的自然资源使其渡过了独立初期的国家经济危机,且近年来财政状况不断好转。

---

[*] 作者简介:王微微,中国社会科学院大学经济学院副教授,硕士生导师;主要研究方向为"一带一路"背景下国际贸易和经济发展。

第二，资源出口型经济。中亚五国经济特征为资源出口型经济，受国际能源市场影响较大。一方面，由于苏联时期中亚五国以农牧业和自然资源出口为主，工业起步晚，尽管经过 20 余年的转型和改革，其工业制造业和服务业等领域的实力仍然羸弱；另一方面，中亚五国经济总量较小，属于小国经济，只能被动接受世界市场的波动，无法影响国际经济。

第三，政治局势不稳定。中亚五国自独立以来均实行总统制，在政治制度改革过程中却存在差异。例如，吉尔吉斯斯坦和哈萨克斯坦赋予了议会更多的权力，土库曼斯坦、塔吉克斯坦和乌兹别克斯坦则将权力集中给总统，议会只是形式上的立法机构。另外，由于历史原因，中亚五国均是多民族国家，哈萨克斯坦拥有的民族多达 130 个。教派林立使中亚五国局势存在潜在的不稳定因素，极大地影响了政治生活和社会生活。

2. 中亚五国劳动法律制度分析

由于中亚五国的国民经济主要以能源生产型经济为主，因此，存在大量高强度和高风险工作，中亚五国在劳动者年龄、企业试用期、女性劳动者保护等方面均有规定。其劳动法律主要特征如下。

一是年龄规定较为一致，即 14—16 周岁的劳动者在一定条件的约束下可订立劳动合同，其中，吉尔吉斯斯坦对未成年人订立劳动合同的前置条件最为严格。二是试用期均为 3 个月，但各国的例外情况有所不同。其中，土库曼斯坦和吉尔吉斯斯坦规定了"企业领导的试用期可延长至 6 个月"，塔吉克斯坦不规定试用期的例外情况最多。三是加班规定并不普遍，仅土库曼斯坦和塔吉克斯坦对加班时长和加班群体做出了限制。四是均为女性劳动者制定了保护规定，即"不得解除怀孕和育儿期间的劳动合同"，塔吉克斯坦还额外规定了"禁止安排哺乳期女性劳动者轮值夜班"。

表 8-1　　　　中亚五国劳动法律制度的比较

规定	国家	法规
年龄规定	哈萨克斯坦	年满 16 岁的劳动者可订立劳动合同
	乌兹别克斯坦	年满 16 岁的劳动者可订立劳动合同
	土库曼斯坦	年满 16 岁的劳动者可订立劳动合同
	塔吉克斯坦	年满 14 岁的学生/15 岁的非学生劳动者可订立劳动合同
	吉尔吉斯坦	年满 16 岁的劳动者/年满 14 岁的劳动者在监护人同意下/年满 15 岁的劳动者经工会或国家劳动领域机关授权后可订立劳动合同
试用期规定	哈萨克斯坦	一般试用期为 3 个月，竞聘上岗等 3 种情况不规定试用期
	乌兹别克斯坦	一般试用期为 3 个月，孕产妇等 4 种情况不规定试用期
	土库曼斯坦	一般试用期为 3 个月，企业领导的试用期可延长至 6 个月
	塔吉克斯坦	一般试用期为 3 个月，未满 18 岁等 10 种情况不规定试用期
	吉尔吉斯坦	一般试用期为 3 个月，企业领导的试用期可延长至 6 个月
加班规定	土库曼斯坦	禁止连续两天加班超过 4 小时；严禁未满 18 岁劳动者、孕妇加班
	塔吉克斯坦	条件较差或有害环境下加班不超过 2 小时
女性劳动者保护	哈萨克斯坦	不得解除怀孕和育儿期间的劳动合同
	乌兹别克斯坦	不得解除怀孕和育儿期间的劳动合同
	土库曼斯坦	不得解除怀孕和育儿期间的劳动合同
	塔吉克斯坦	不得解除怀孕和育儿期间的劳动合同，禁止安排哺乳期女性劳动者轮值夜班
	吉尔吉斯坦	不得解除怀孕和育儿期间的劳动合同

资料来源：李磊：《"一带一路"倡议下企业"走出去"劳动法律问题研究》，上海人民出版社 2020 年版。

中亚五国的劳动法律与中国相比，最显著的区别是，中国更倾向于保护劳动者。中国劳动立法一贯秉持倾斜保护劳动者的理念，致力于改善劳动者的弱势地位；而《哈萨克斯坦共和国劳动法典》则在某些制度上对劳动者的保护程度有趋弱的态势。例如，在特殊群体的保护上，其旧法典严格禁止企业安排特殊群体（未成年人、孕妇、残疾人）出差，新法典则有条件地允许该类群体出差等。[①] 这种变革不仅仅发生在哈萨克斯坦，乌兹别克斯坦在2018年后，也更注重外国公民登记问题的解决，其《劳动法》更是废除了关于拒绝雇用无临时或长期居留登记公民的规定。

（二）东南亚地区国家的劳动法律制度分析

1. 东南亚国家政治经济情况概述

"一带一路"共建的东南亚国家中除了新加坡是发达国家，其他都是发展中国家，工业基础薄弱，水、电、公路、铁路、港口等基础设施建设不足，这导致东南亚国家的经济以采矿业和农林业为主，发展较为滞后。

东南亚各国的政治体制不尽相同。第一类是以越南、老挝为代表的社会主义人民代表制国家，且分别在1986年和2001年实行了市场经济体制改革。第二类是以新加坡、东帝汶为代表的议会共和制国家，议会拥有立法、组织和监督政府等权力。第三类是以缅甸为代表的总统制联邦制国家，基本特征为议会选举制度，议会实行两院制，由人民院和民族院组成。第四类是以印度尼西亚、菲律宾为代表的总统共和制国家，总统统帅军队且总揽行政权力，是绝对的政府首脑。第五类是以泰国、柬埔寨、马来西亚为代表的君主立宪制国家，泰国国王是国家元首和军队的最高统帅，代表着国家主权；柬埔寨国王是国家元首，通过国会选举出政府首相。

2. 东南亚国家劳动法律制度分析

东南亚国家的劳工法律制度从总体上来说都是偏向本地发展的，对于外国的企业投资要求都比较严格，其劳动法规主要特征如下。

一是年龄规定。东南亚国家因为经济正处于发展的基础阶段，所以需要大量的劳动力，故此东南亚国家还存在童工制度。虽然儿童可

---

① 范南强：《上合组织国家劳动法律制度研究》，《秦智》2024年第4期。

第八章 "一带一路"劳动法律与政策分析

以参与工作,但儿童毕竟是弱势群体,所以在东南亚国家对童工的聘用上有很多限制,并且童工在工作内容和工作时间上也有很多规定。东南亚国家均对童工做出保护性措施,在时间、工作地点等方面均有规定。

表 8-2　　　　　东南亚国家劳动法律中的年龄规定

国家	年龄（岁）	法规
柬埔寨	15	夜间休息时长不少于 11 个小时
缅甸	15	14—16 岁童工工作时长在 4 小时内；16—18 岁童工依照医生建议在安全场所工作；童工不得参与危险性工作
泰国	15	18 岁以下童工不得从事危险性工作,且工作期间需安排超过 1 小时的连续休息时间

资料来源：笔者整理。

二是工作时间规定。东南亚国家都对工作时限做了规定,规定最长的一周工作时限为 48 个小时,最短的是 40 个小时。

表 8-3　　　　　东南亚国家劳动法律中的工作时间规定

国家	周工作时间（小时）	加班规定
柬埔寨	48	每天加班不得超过 1 小时
缅甸	44	每天工作时间和加班时间总和不超过 11 小时
泰国	48	严禁加班,紧急情况才可安排适当加班
印度尼西亚	40	每天加班不超过 4 小时,每周不超过 18 小时
越南	48	每天加班不超过 12 小时,每月不超过 40 小时
新加坡	48	每天加班不超过 4 小时,每月不超过 72 小时

资料来源：笔者整理。

三是休息时间规定。虽然东南亚地区急需要发展,但是劳动者休息的权利仍然得到劳动法的保护,不仅每周有至少一天的休息时间,在每天的工作时间中，也要求雇主给予劳动者足够的休息时间，对于儿童、妇女、重体力及危险的行业，每天的休息时间更是比其他劳动者多，除了休息时间，劳动法还规定了带薪休假、公共假期等其他休息时间。

表 8-4　　东南亚国家劳动法律中的休息时间规定

国家	休息时间规定
柬埔寨	每连续工作 1 个月可带薪休假 1.5 天，资历每增加 3 年，带薪休假时间增加 1 天
缅甸	工作每 5 个小时应有不少于半小时的休息时间，员工每年可休 6 天临时假、10 天病假、10 天带薪假、21 天公共假
泰国	公共假期不少于 13 天，一年以上的员工享有 6 天的年假
越南	每年 12 天年假，从事危险工作的员工每年享有 14—16 天年假

资料来源：笔者整理。

四是试用期规定。东南亚国家没有固定的试用期规定。缅甸和泰国劳动法都没有试用期的具体规定，老挝和越南虽然规定了试用期，但与中国的劳动法相比，他们的试用期不是根据签约时长来确定的，而是根据不同的工种来确定不同的试用期时间。

五是工资规定。东南亚国家的劳动法律都有最低工资标准的规定，并且对于加班工资也有明确的标准，且不同行业、不同地区有不同的要求。如泰国 2019 年全国最低日工资标准为 313 泰铢（约合人民币 65 元），月最低工资标准即为 1950 元；再如柬埔寨比较特殊，允许用大米支付工资。此外，各国对加班工资也有相应地规定，除了缅甸，各国要求平时加班工资为 1.5 倍工资，夜间、节假日为 2 倍工资。

六是工作许可及劳务配额规定。在工作许可方面，东南亚国家法律都要求外国务工人员获得相关工作许可证，如柬埔寨规定，企业任用外籍雇员必须提前取得在柬埔寨工作的合法许可就业证。在劳务配额制度方面，东南亚大部分国家为了保护本土的务工人员都作了一定程度的限制。例如，柬埔寨规定，企业聘请本地劳工的数量不得少于该企业员工总数的90%，如果企业没有向相关部门申请年度雇佣劳工指标，则不允许其雇用外籍雇员；老挝规定，外国投资者使用长期外籍雇员，从事体力劳动的外籍雇员不能超过该企业所有劳工的10%，从事脑力劳动的外籍雇员不能超过20%；新加坡规定，将外国人的工作准证分为就业准证（Employment Pass，EP）、S准证（SPass，SP）、劳务准证（Work Permit，WP）三类，对SP和WP实行配额制度，不同行业设置了不同的配额，并且，新加坡给外籍雇员的配额比例较少，目前呈现出日益严格的态势。

综上来看，柬埔寨、老挝、新加坡是从行业角度直接限制了外籍雇员的人数，然而有些国家规定外籍雇员职位的获得必须缴足相应的资金。例如，马来西亚的劳动法律将外国公司需要交的金额分为三个等级：200万美元以上、20万美元以上不足200万美元和不足20万美元，这三个等级对外国劳动者的人数规定都不相同。

七是工会规定。东南亚国家的工会组织较多，力量都偏大。例如，菲律宾工会大会会员约有125万人，罢工频率很高，仅2013年和2014年就在餐饮业、航空业、公交系统等多个领域发生过大规模罢工事件。罢工的行业与民众的生活息息相关，严重影响了民众的正常生活。再例如，越南企业一般都设有工会，其相关法律对工会的管理较松，罢工现象时有发生，且主要针对的是外国企业，2019年越南发生的罢工就有200余起，其中82%的罢工事件发生在外资企业。

工会对于劳工的权益保护具有非常重要的地位，但是过于自由且干预力度过大的工会是不利于企业发展的。由于"一带一路"共建东南亚国家的工会干预，中国企业在这些国家投资时就需要了解这些国家的法律对劳工的规定，在发生罢工时积极配合当地相关部门解决问题；对员工不满符合法律法规的规定从而举行的罢工，中国企业应积极寻求相关部门的帮助解决。

八是社会保险规定。东南亚国家对社会保险有强制性规定。第一，缅甸出台的《社会保险法（2012年）》规定，自2014年4月1日起，聘用2名员工以上的缅甸制造、娱乐、交通、港口、开采、金融等企业以及外国公司，须按照员工工资比例向社保理事会缴纳社会保险。① 第二，老挝规定，任何劳动单位必须参加强制性社会保险。第三，柬埔寨出台的《2016—2025年社会保障国家政策战略》，旨在进一步发展柬埔寨全国性的社会保障系统，以造福全体百姓，尤其是贫困及弱势群体。第四，越南自2017年6月1日起执行最新的社会保险缴纳标准，其中社会保险项目要求用工单位和雇员缴纳标准分别相当于雇员月基本工资的17.5%和8.0%，医疗保险项目分别是3.0%和1.5%，失业保险项目分别是1.0%和1.0%。因此，雇员月保险费是月基本工资的32%。第五，泰国社会保险要求所有雇主必须依法在雇员每月工资中代扣社保基金，雇主也必须为雇员缴纳同样金额的社保基金，雇主和雇员必须于次月的15日前将社保基金汇给社会保险办公室。在社保基金注册的雇员非因公受伤、患病、残疾或死亡可以申请补偿，还可以享受儿童福利、养老金和失业金。

九是外籍雇员规定。东南亚国家劳动法在劳动者雇用上对外国人有限制。东南亚国家人口密集，经济发展落后，劳动作为社会稳定的一个重要因素，首要的就是保证国内劳动者的雇用情况，因此，该地区国家的劳动法对外国人的雇用存在诸多限制。例如，老挝在劳动雇用中首要任务是雇用老挝公民并且做好劳动合同订立工作，如果需要与外国人建立劳动关系，则需政府审批，通过方可雇用外国人。

（三）阿拉伯地区国家的劳动法律制度分析

1. 阿拉伯地区国家政治经济情况概述

"一带一路"连接的阿拉伯国家包括伊拉克、沙特阿拉伯、也门、叙利亚、约旦、阿拉伯联合酋长国、黎巴嫩、巴勒斯坦、阿曼、科威特、卡塔尔、摩洛哥和巴林。阿拉伯地区国家主要是以阿拉伯民族为主体构成的，以阿拉伯语作为主要语言，以伊斯兰教作为主要宗教，并且由于历史及地理原因享有共同的文化及风俗习惯。部分国家的主要民族并非阿拉伯民族，但由于长期与阿拉伯民族保持着紧密联系且

---

① 王铀镱：《"一带一路"投资中劳工保护条款的应用》，《重庆理工大学学报》（社会科学）2019年第9期。

加入了阿拉伯国家联盟，因此也被称为阿拉伯国家。

阿拉伯国家地处西亚，在经济上，西亚拥有丰富的石油资源。西亚号称"世界石油宝库"，是世界上石油储量最为丰富、石油产量和输出量最多的地区，石油矿藏主要分布在波斯湾及其沿岸地区。西亚地区产出的石油资源有极大部分用于出口，主要出口国有美国、日本和西欧国家等。大部分西亚国家的工业化水平较低，科技发展水平一般，机械设备的加工制造、纺织、日常用品制造等产业不发达。目前，西亚地区内的国家还没有形成良好的水电输送网络，导致水电匮乏的国家经常面临缺水、缺电等问题。交通运输方式存在布局不平衡、建设不完善的问题，通信设施覆盖率低、港口运转能力有限、航空线辐射世界不足等也是西亚国家基础设施存在的问题，严重制约了国内经济的发展。

2. 阿拉伯地区国家劳动法律制度分析

阿拉伯地区国家劳动法律倾向于保护本地劳动力，对外籍雇员要求较为苛刻。阿拉伯国家外籍雇员主要来自印度、埃及、孟加拉、菲律宾、巴基斯坦和斯里兰卡等国家，为保护本国劳动力，阿拉伯国家倾向于设置严苛的劳动贸易壁垒。例如，科威特在2010年颁布的《私营部门劳动法》中将劳动力市场分为两个档次，在保障本国工人高收入的同时限制外籍雇员的工资，尤其是低技能的工人，导致科威特籍工人和外籍工人最低工资悬殊（见表8-5）。

表8-5　　　　　　**科威特籍工人和外籍工人最低工资**　　　　　单位：美元

工人类型	月最低工资
科威特籍单身雇员	741
科威特籍已婚雇员	987
非科威特籍雇员	295
私营部门非科威特籍雇员	208

资料来源：李磊：《"一带一路"倡议下企业"走出去"劳动法律问题研究》，上海人民出版社2020年版。

此外，沙特阿拉伯也对企业对本国劳工的雇佣作出了规定。由于沙特阿拉伯总劳动人口中本国劳动人口仅占1/3，所以，沙特阿拉伯为保障本地劳工权益规定了某些岗位雇佣本国劳动工人的比例。如工程承包、维修、清洁、操作等行业本国劳工占比达10%，国家投资项目和私营投资项目中本国劳工占比分别为5%和10%，不符合劳工雇佣规定的公司将不能获得政府合同。此外，还要求外资企业雇佣沙特籍员工比例不少于75%，收入不少于工资总量的50%，并且企业内的人事管理人员、招聘官、接待员、收银员、保安等岗位需聘用沙特籍人，且外籍雇员在沙特工作需要持工作许可证并需担保，在更换雇主时需要解聘信。值得注意的是，在实际执行过程中，沙特政府通常要求外国企业雇用沙特籍员工的比例为25%、30%甚至更高，低于该比例则不给外籍雇员签发工作签证。这种所谓的"沙特化"进程加速了外籍雇员的逃离，不仅对劳务输出国造成了贸易壁垒，更对本国经济造成了不利影响，如国内房地产市场不景气、国内消费市场不容乐观等。

（四）中东欧地区国家的劳动法律制度分析

1. 中东欧地区国家政治经济情况概述

"一带一路"所覆盖的中东欧国家共有16个，分别是波兰、捷克、斯洛伐克、匈牙利、斯洛文尼亚、克罗地亚、罗马尼亚、保加利亚、塞尔维亚、黑山、马其顿共和国、波斯尼亚—黑塞哥维那、阿尔巴尼亚、爱沙尼亚、立陶宛和拉脱维亚。

在经济方面，自摒弃中央计划经济模式以来，中东欧国家就转而采用了市场经济体制，目前此种体制仍在不断完善之中，与发达国家相比尚有一定距离。近年来，中东欧国家经济快速发展，根据欧盟委员会公布的数据显示，2017年，罗马尼亚的国内生产总值增速约为6.4%，是所有成员国中增长最快的，波兰、捷克和匈牙利等国家的国内生产总值增速也超过了西欧主要国家。[1] 此外，这些国家的经济

---

[1] 王明进：《美欧贫富差距的对比分析》，《人民论坛》2019年第7期。

发展与欧盟吸引资金大量流入密切相关，其基础设施建设和发展项目严重依赖欧盟。例如，波兰几乎半数的国家公共投资都来源于欧盟，罗马尼亚超过60%的公共投资来源于欧盟。

在政治方面，中东欧国家多采取议会民主制，实行立法、行政和司法三权分立的制度。此种政治制度形成的根源在于中东欧国家多数具有悠久的民主政治制度传统，如波兰等国早在19世纪就已经诞生了社会民主党等多个党派。此外，加入欧盟也极大地影响了中东欧国家的政治民主化转型。

2. 中东欧地区国家劳动法律制度分析

中东欧国家的劳动法律深受欧盟及苏联的影响。中东欧地区因为地理位置和政治等因素，在历史上与苏联关系密切，不少国家的前身就是苏联国家的一员，所以，在劳动法律制度上不免存在诸多苏联劳动法律的影子。加入欧盟后，中东欧地区的劳动法律受欧盟影响较大，如延长法定退休年龄、增加社会保障支出以及着重降低失业率等。例如，塞尔维亚规定，雇员和企业对于养老保险、伤残保险、医疗保险以及失业保险各自承担一半，对于事故保险以及劳动基金则由企业全部承担；波兰规定，事故保险、劳动基金以及职工福利保障基金均由企业缴纳。中东欧地区国家劳动法律特点如下。

第一，规范企业提前解除劳动合同行为。波兰劳动法严格规定了无须提前通知即可解除劳动合同的情形。如果雇员严重违背其基本职责、在受雇期间违反法律、失去工作所需相关资质或由于疾病而无法胜任工作，雇主均可在不提前通知的情况下提出解除劳动合同，但根据法律规定，雇主应说明具体理由。同样，法律也就雇员在无须提前通知情况下提出解除劳动合同的情形作出了具体而严格的规定。

第二，延长法定退休年龄。近年来，由于养老金赤字不断恶化，加上2008年国际金融危机的爆发，以延长法定退休年龄为主的养老制度改革受到各国空前关注。这主要是由于中东欧国家存在较为严重的人口老龄化问题，65岁以上老年人占总人口的1/3。以波兰为例，据波兰国家统计局公布的数据，2021年，波兰的人口总数约3775万人，每100个劳动力需要供养71.1个不具备生产劳动能力的人口，已经进入老龄化国家阶段。因此,多数中东欧国家正逐步提高退休年龄,如波兰规定男性退休年龄提高到65周岁,女性退休年龄提高到60周岁,同时还要求男性雇员工龄必须达到25年,女性雇员工龄必须达到20年。

第三,注重解决失业问题。在中东欧国家,如何解决失业问题是各国各党派施政纲领的重要组成部分,也是国家政府经济政策的重点。中东欧国家失业率长期居高不下会影响人民生活水平和社会实际购买力水平,在微观层面,长期如此将进一步导致雇员专业技能的下滑甚至丧失,即使间隔一段时间后重新回到工作岗位仍需要额外支付培训费用和花费培训时间;在宏观层面,高失业率将影响民众对国家的信心,影响生产率提高,造成福利水平的下降。因此,在出台多种政策促进就业的同时减轻失业者的生存压力,中东欧部分国家规定,企业在解雇雇员时必须支付一定数额的赔偿金。如立陶宛劳动法规定,企业在单方面解除劳动合同时,应向雇员支付中断劳动关系赔偿金,按照雇员的工作年限一次性支付1—36个月的平均月工资不等。又如斯洛文尼亚规定,企业单方面解除劳动合同的,需向失业者支付至少6个月的最低工资或一次性支付一笔补偿金,连续工龄满9个月或以上的失业者有权获得相当于原工资70%的失业赔偿。总体来说,已加入欧盟的中东欧国家均在努力向盟内其他成员国靠拢,这种努力当然也体现在劳动法律制度的变迁中;没有加入欧盟的中东欧国家则普遍以入盟为目标,进行劳动法律制度的更替。因此,中东欧国家普遍重视雇员福利,致力于解决国民失业问题。

二 "一带一路"共建国家劳动法律潜在风险分析

劳动法律风险是指,企业在投资过程中,因不了解或忽视劳动法律而遭到法律制裁或经济损失的风险。[①] 参与"一带一路"建设的国

---

① 王铀镱:《"一带一路"沿线国家的劳动法律风险评估机制》,《重庆理工大学学报》(社会科学)2019年第1期。

家和地区众多，各个国家和地区关于劳务的法律条款各不相同，没有统一的标准，而"一带一路"倡议下的项目劳务合作周期较长，雇佣当地员工多、比例高，对周围法治环境依赖性高，合作模式也更为复杂，在投资运营中易产生劳动法律风险。如果劳工权益没有得到有效保护，会引起整个劳务合作市场秩序混乱。

（一）劳工权益法律风险

1. 反就业歧视法律风险

"一带一路"共建国家和地区的文化具有较大差异性，由于不同的文化背景以及不同的法律约束，以及中国对这些国家和地区的法律了解不到位、认知不充分，很容易触犯相关劳动法律法规，造成不良影响。"一带一路"共建各国法律都规定了公民享有平等接受劳动的权利。例如，越南《劳动法》第三条规定了禁止劳动歧视的具体内容，劳动歧视包括针对种族、肤色、国家或社会、民族、性别、年龄、生育状况、婚姻状况、宗教、信仰、政见、残疾、家庭责任或艾滋病毒状况，以及成立或参加工会等可能影响就业机会平等的情况。[1] "一带一路"部分共建国家和地区颁布了反艾滋病歧视法，如坦桑尼亚、津巴布韦等国家，规定雇主不得拒绝和解雇艾滋病患者，在中国企业要求员工入职体检是正常程序，但在部分非洲国家，法律规定除某些特殊行业以外，其他一般行业不能强制员工进行入职体检，若中方企业不遵守这些规定，会遭到投诉甚至被起诉。[2] 此外，企业通常会对女性设置隐形门槛，在招聘时更倾向于年轻力壮的男青年，没有维护女性劳动力享有平等就业的权利。企业对残疾人的歧视以及企业在女性员工怀孕期间不按时按量发放工资和津贴等情况，也属于平等就业问题。

2. 劳动用时法律风险

"一带一路"共建国家和地区对劳动工时的规定不尽相同。在一

---

[1] 中华人民共和国驻胡志明市总领事馆经济商务处，http://hochiminh.mofcom.gov.cn/article/ddfg/laogong/202208/20220803337824.shtml。

[2] 洪永红、黄星永：《"一带一路"倡议下中企对非投资劳动法律风险及应对》，《湘潭大学学报》（哲学社会科学版）2019年第3期。

周最长工作时间的规定上，有些国家的规定为 40 小时，有些国家的规定为 48 小时。中东欧大多是发达国家，规定较为严格。"一带一路"共建国家和地区具有不同的宗教信仰，在工作时长、休息休假方面会有不同的法律规定。例如，信仰伊斯兰教的国家都有在斋月期间工作时间要减少的规定。穆斯林有很多独特的节日，古尔邦节期间大家都要相互串门贺节，大聚礼之后，各家各户要到墓地去祈祷，怀念并祝福死去的亲人。"肉孜节"也叫开斋节，即每日从拂晓前至日落，禁止饮食。基督教的圣餐是教徒经常领受的重要圣事，一般教会每月举行一次。礼拜也是基督教常见的礼仪，于每个礼拜日举行一次，有的特殊的礼拜会在某些特定节日举行。

各国家和地区的工人在参加同一项目的劳动时，可能会因为不同的宗教信仰和生活习惯所形成的法律规定不同而产生纠纷和冲突。如果中国将这些特殊节日定为工作日，会与节日产生冲突，触犯尊重劳动者宗教信仰的相关法律条款。因此中国要充分了解当地的风俗习惯和宗教信仰以及劳工法相关条款，避免触犯当地的法律条款。

3. 薪酬福利法律风险

作为劳动法律风险中不可忽视的一部分，薪酬福利待遇是企业面对劳动力个体时首先需要考虑的问题。

"一带一路"项目涉及较多的技术和技术转让，需要中国企业派遣大量技术人员，且项目周期一般较长。因此在项目过程中的薪酬福利待遇相关的合规建设十分重要。中国工人和当地雇员薪酬福利待遇不平衡的话会引起当地员工的不满和诟病。以马来西亚为例，马来西亚和中国的法律允许当地雇员和中国派遣的工人实行双轨制，这种对中国派遣的技术人员给予自由协商福利待遇的权利可能会导致中国派遣工人和当地招聘的工人待遇不平衡的情况，引起当地员工对待遇水平降低的担忧以及违背同工同酬标准等问题的诟病。为避免这种情况发生，有些国家法律规定外派员工与本地员工必须同工同酬。例如，越南的法律规定中国企业派遣的劳动用工要求应当和当地对劳动者的要求相一致。

中国企业海外并购过程中也会出现劳动法律风险。当被并购方所在国的薪酬福利待遇高于中国雇员标准时，被并购方雇员会因为担心并购后薪酬福利降低而抵制并购产生劳动法律风险。这种情况通常发生在"一带一路"共建中的发达国家。

4. 强势工会相关法律风险

一些国家和地区具有强盛的工会文化，工人维护自身合法权益的意识较为强烈，工会组织势力强大、态度强硬。当工会成员对收购政策条款产生不满时，可能会出现罢工抵制等现象，最终导致中国企业收购的法律风险增发。中国企业若对国外的工会法律制度缺乏了解，对目标公司工会重视程度不够，会导致处理工会纠纷时准备不足，加剧强势工会法律风险。[①]

（二）劳务输出法律风险

中国是劳动力大国，也是"一带一路"共建国家的主要劳动力输出国。"一带一路"共建国家为保障本国的就业率稳定，对外籍雇员的准入规定比较详细，且都有一定的限制。因此，我们要关注其他国家和地区的外籍雇员法律中的相关规定，维护本国劳动力的合法权益，以及避免触犯当地的相关法律法规。

1. 工作许可证风险

"一带一路"共建国家和地区大多数都要求外籍雇员持有工作许可证，方能到当地从事劳务工作，若没有工作许可证而在外国务工，很有可能会受到当地政府处罚。例如，以色列1996年颁布的《人力公司雇佣工人法》对人力公司对外籍雇员的雇佣做出明确要求，要求其必须拥有政府颁发的特别许可证。在招募过程中，以色列基本都要求外籍雇员符合或遵守以下要求：在以色列连续工作的时间不超过63个月；不能把直系亲属或配偶带到以色列；年龄不能超过60岁；没有健康问题；没有犯罪记录。值得一提的是，以色列的人力中介公司在雇佣外籍雇员的过程中扮演着重要的角色。这些中介公司拥有政

---

① 王蓓、蒋琳瑶：《"一带一路"背景下中国企业海外并购的劳动法律风险及防范》，《山东财经大学学报》2018年第6期。

府的授权，拥有招聘外籍雇员的权力，并且可以向外籍雇员收取高额的佣金手续费，4000—20000 美元不等。为约束中介公司收取高额佣金的行为，以色列政府要求其收取的佣金不得高于 730 美元。此外，外籍雇员的工作许可证并不在自己手中，而是在这些人力中介公司手中，这意味着将雇主与被雇佣者捆绑起来，外籍雇员的命运由雇主掌握，劳工关系的微妙变化都会影响外籍雇员的权益，一旦被解雇就很容易触犯以色列国家的相关法律，进而成为非法劳工。对怀孕妇女的规定更加严格，她们的工作许可证将在其生育完毕后的 3 个月里被撤回，这时她们将沦为非法劳工。①

2. 劳务配额法律风险

为管理庞大的外籍雇员向当地涌入，协调各领域的发展，促进各行业平衡有序发展，一些"一带一路"共建国家和地区对外籍雇员实施配额许可制度，可以控制外籍雇员在各行业的分布和构成。例如，卡塔尔外籍雇员主要集中在建筑部门，并且大部分公共部门的岗位都是由卡塔尔本地居民来担任，绝大多数外籍雇员只能从事私营部门的岗位。私营部门相对于公共部门福利薪酬较低，保险制度不够完善。② 以色列同样拥有配额许可制度，外籍雇员从事劳务受到所从事行业的限制，限制行业包括建筑行业和农业。以色列人口老龄化程度较深，对护工、保姆等职业的需求量较大，因此以色列政府对家政服务行业没有实施配额制度。莫桑比克与中国在"一带一路"项目中建立了密切的合作关系，对外籍雇员同样实施配额制度。与卡塔尔和以色列所不同的是，它不是对行业实施配额，而是对公司进行配额。政府根据企业类型对其能够雇佣外籍雇员的数量进行配额。莫桑比克规定雇佣劳动力达到 100 人以上的大型公司，其外籍雇员的数量占公司员工总数的 5%。雇用 10—100 名员工的公司为中型公司，其外籍雇员的数量占公司劳动力总数的 8%。雇用 10 名以下员工的公司为小

---

① 艾仁贵:《以色列的外籍劳工政策初探》,《世界民族》2022 年第 3 期。
② 朱耿华:《卡塔尔的外籍劳工：概况、困境与前景》,《工会理论研究》（上海工会管理职业学院学报）2023 年第 3 期。

型公司，只允许其雇用 1 名外籍雇员。① 如果某个公司解雇或辞退莫桑比克本国的员工，那么要按同样的比例辞退外籍雇员。本地劳工减少的同时意味着外籍雇员将按比例减少，这使莫桑比克的外籍雇员将承担更大的解雇风险。②

三 防范"一带一路"共建国家劳动法律风险的措施

（一）关于防范劳工权益法律风险的举措

为维护劳工享有平等就业的权利，应在协议中规定不对残疾人、女性等弱势群体产生就业歧视，在雇佣劳动力时不能设置隐性门槛，严禁雇用童工，保障孕妇劳工的合法权益。

由于宗教信仰、生活习俗等方面的较大差异，"一带一路"共建国家和地区在工作日期、工作时长、薪资福利等方面的规定存在不可忽视的差异。为避免触犯当地相关法律条款，中国政府以及企业要提前了解仔细分析"一带一路"共建国家和地区的劳动法律中的条款及规定。在确定合作协议时，多加商讨，反复推敲，确保双方就劳资协议达成一致。并且，合作企业要熟知当地居民的宗教信仰和风俗习惯，确保协议中的工作时间与其特殊节日和宗教礼拜不会发生冲突。重点关注薪酬福利制度规定严格和劳工标准高于中国的国家，中国在与其签订劳工合约时要密切注意其法律中关于薪酬福利等的强制性要求。

一些"一带一路"共建国家和地区有强大的工会文化，员工有强烈的维权意识。中国与"一带一路"共建的众多国家和地区都建立了密切的合作关系，投资项目繁多，有并购、收购现象。在投资过程中，如果在劳工工作时长、薪资福利等方面与当地员工发生冲突，集

---

① 洪永红、肖嘉英：《注重莫桑比克雇佣外国劳工的限制》，《中国投资》（中英文）2021 年第 ZB 期。
② 洪永红、肖嘉英：《注重莫桑比克雇佣外国劳工的限制》，《中国投资》（中英文）2021 年第 ZB 期。

团为了维护本地员工的权利，很可能激发双方矛盾，如果没有引起重视并妥善解决，导致工人罢工、停产的局面，会严重影响项目进程。因此，中国政府和企业要提前与当地工会方面沟通，了解其关于劳工标准的相关规定，熟悉具体条款，双方要协商出统一的标准，在合作协议中明文规定，以避免在投资过程中出现集体罢工的状况。在企业的生产经营过程中，企业管理人员要及时注意到劳工的诉求和建议，及时沟通，结合仲裁、诉讼等法律手段和行政手段合理处理和解决一些问题，以减少双方冲突的发生，也有助于企业的良好运营和发展。同时，中国可探索组建境外工会组织，境外工会组织可以向境外中资企业介绍当地工会和劳动法情况，帮助境外投资者了解当地劳动法律文化，解决劳资纠纷。

（二）关于防范劳务输出法律风险的举措

"一带一路"共建国家和地区大多数都实施工作许可证制度和劳务配额制度，以管理庞大的外籍雇员群体。中国可能面临着工作许可证风险和劳务配额风险。例如，一些国家和地区的工作许可证手续办理的周期较长、申请程序较为复杂，从而影响中国企业在当地的投资和收购进程。企业要提前了解工作许可证办理的具体情况，熟悉其办理流程和时间长短，确保按时合法地办理外籍雇员的工作许可证。如以色列、莫桑比克等国家都对外籍雇员实行劳工配额制度，对行业、公司规模所对应的劳工雇佣有着严格且详细的规定，中国要熟悉其具体要求，并遵守其规定。有些国家对建筑行业的外籍雇员需求较大、对家政服务领域的需求比较旺盛就会配额较多。有些国家则要求公司的本地员工和外籍雇员的雇佣保持动态平衡的比例，可能有裁员的风险，需要提前商讨，在合作协议中明文规定，维护中国劳工的合法权益。

（三）建立"一带一路"企业劳工冲突解决机制

2018年，中共中央全面深化改革领导小组第二次会议审议通过的《关于建立"一带一路"争端解决机制和机构的意见》表明，中国将在北京、西安、深圳设立国际商事法庭。此项举措为建立和完善"一带一路"劳工冲突解决机制指引了方向。

1. 补充完善"一带一路"双边投资协议

响应"一带一路"倡议的国家和地区越来越多，其中的投资和合作模式也越来越多样化，同时也面临着更多关于劳工标准的冲突。因此，中国政府与企业需要及时完善"一带一路"双边投资协议，在遵守双方劳动法律的情况下，扩充原有协议覆盖的内容和范围，提供多样化的争议解决方案，增加投资双方可选择的解决方案种类。在合作协议中形成较为统一的纠纷解决机制，为将来更大领域范围的合作提供可借鉴的方案。

2. 协商建立"一带一路"区域性国际仲裁机构

"一带一路"倡议大大推进了共建国家的经济合作交流，促进了经济协同发展，同时，一个统一、高效、透明的劳工矛盾解决机制的存在是迫在眉睫的。因此，各国应共同携手打造一个独立、稳定、区域性的、专业的、与投资环境相匹配的国际仲裁机构。区域性的国际仲裁机构将负责解决"一带一路"共建国家和地区的经济合作中的冲突和纠纷，保护当事人的合法权益，对侵害他人权益的一方做出处罚。区域性国际仲裁机构的建立可效仿其他领域的国际性组织，如世界银行、世界贸易组织等，学习其成功的经验案例，共同维护当事人的合法权益，构建有序、和谐、包容的投资环境，促进"一带一路"项目的良好发展。

3. 充分发挥调解在争端解决中的功能价值

解决"一带一路"合作中的劳动法律争议时，在采用相对强硬的诉讼和仲裁手段之前，我们应该最大化地发挥调解机制的价值。调解机制能够更多地考虑双方的需求，所需成本也相对较小，是一种经济性、便利性、自愿性的解决方案。解决办法是在双方商讨下所得出的，也更容易让当事人接受。因此，我们要充分利用这一机制。在调解过程中，调解人员要充分了解当地的法律文化习俗等背景，寻求当地工会的帮助，并将当地文化习俗等融入调解，减小双方观念上的差异，做到求同存异。在政府、企业、工会、个人等多个层面实现调解机制的互融互通。加强政府间交流，携手推进"一带一路"劳工冲突调解机制的统一化、规范化和制度化进程。通过国际协调与合作，最大化发挥调解机制在"一带一路"劳工冲突解决中的作用。

管理篇

第九章 "一带一路"共建国家劳动力市场规制及其对中资企业雇佣效率的影响研究[*]

"一带一路"倡议提出十周年以来，中国已与152个国家和32个国际组织累计签署200多份共建"一带一路"合作文件，内容逐渐涵盖经贸、金融、民生和科技等各个领域，倡议所带来的经济和地缘政治影响也不断增强。世界银行发布的报告称，自"一带一路"倡议提出以来，加入"一带一路"倡议的国家对外贸易额平均增长了4.1%，外国投资平均增长了5%。[①] 预计到2030年，"一带一路"倡议每年将产生约1.6万亿美元的全球收益，帮助近4000万人摆脱贫困，共建"一带一路"的辐射带动作用不断凸显。

《中国"一带一路"贸易投资发展报告2013—2023》数据显示，中国对外直接投资流量从2002年的27亿美元增长到2022年的1631.2亿美元，年末投资存量从2002年的299亿美元增加到2022年

---

[*] 作者简介：陈瑛，云南大学研究员、博士生导师，云南省数字经济研究院研究员，美国俄克拉荷马大学访问学者，中国社会科学院博士后，云南省"兴滇人才"文化名家；主要研究领域为发展经济学、人口与劳动经济学、社会保障政策、对外直接投资等问题。李龙华，云南大学经济学院硕士研究生；主要研究领域为跨境劳工与对外直接投资。郭至诚，云南大学经济学院硕士研究生；主要研究领域为劳动经济学。

[①] The World Bank, Belt and Road Economics: Opportunities and Risks of Transport Corridors, 2019-08-16.

的 2700 亿美元。其中 2022 年中国企业在"一带一路"共建国家非金融类直接投资金额达 209.7 亿美元，占同期总额的 17.9%，共设立境外企业 1.6 万家。投资行业发生较大变化，2022 年中国对"一带一路"共建国家的直接投资主要流向制造业、批零、建筑业等劳动密集型产业，比例分别为 39.0%、13.8%、10.0%，这些行业具有明显的劳动密集型特点，这表明劳动力在内外环境日趋复杂的背景之下，海外中资企业在投资目的国因劳动力市场规制而带来的雇佣效率问题也日益突出，各国劳动力市场规制严格程度的差异既需要中资企业充分认识并适应各国的用工条件与制度要求，也需要在既定制度背景下探索构建良好的劳动关系。从现有的一些案例来看，中资企业需要加强东道国劳动力市场的合规管理以规避相应的风险。随着西亚、南亚等"一带一路"共建区域地缘政治风险不断加剧，作为"一带一路"倡议的践行者和中国国家形象国际传播的行为主体，研究东道国既定劳动力市场规制下中国企业海外投资的雇佣效率，在海外背景下实现有效的劳动力方面合规管理提升企业效率具有较强的现实意义。

一 "一带一路"共建国家劳动力市场规制趋势分析

从狭义来看，劳动力市场制度往往仅指与劳动相关的法律，而从广义来看，凡是影响劳动力市场运行结果（就业水平和工资水平）的法律、制度和政策工具都可以视为对劳动力市场进行规制的措施。本部分主要通过弗雷泽研究所（the Frazer Institute）公布的年度全球经济自由度调查报告（Economic Freedom of the World，EFW）中的第五部分——劳动力市场规制指标（Labor Market Regulations，LMR）及其分项指标数据重点分析"一带一路"共建国家劳动力市场规制的整体变化情况。本部分将"一带一路"共建国家分为东亚、东南亚、西亚北非、南亚、中亚及中东欧六个区域。①

LMR 指标记录了从 1980 年至今全球 165 个国家和地区的劳动力市场规制相关的特征数据。1980—2022 年，该网站数据库主要从最低工资、雇佣和解雇条例、集体谈判程度、工时规定、法定解雇工人费用、征兵服役制度及外国劳工管制 7 个维度综合衡量一个国家劳动力市场规制的严格程度，自 2023 年该数据库将东道国外籍雇员相关规制作为劳动力市场规制新增评分标准。劳动力市场规制的各个指标得分位于 0—10 分，分值越高代表该国在该维度的规制严格度越高。

（一）"一带一路"共建国家劳动力市场规制趋势：总体分析

根据 2010 年和 2023 年 LMR 指标的劳动力市场规制总得分绘制对 2010—2023 年的"一带一路"共建国家劳动力市场规制变化的整体情况进行分析。同时，根据弗雷泽研究所官网对世界经济自由度等级的划分，将 0—10 分划分为 0—6（MOSTFREE）、6—7（2NDQUARTILE）、7—8（3rdQUARTILE）、8—9.14（LEASTFREE）4 个等级，分值越高意味着规制程度越低，对企业雇佣管理的规制越宽松。

2010—2023 年，世界各国劳动力市场规制变得越来越严格，但区域间差异较为明显，发达国家规制程度相对宽松。其中中东欧国家劳动力市场管制程度一直都较为严格，部分国家（如匈牙利）的规制程度变得更为严格；而东亚、南亚与西亚国家劳动力市场规制程度变得更为严格，从分值上看是在下降，其中西亚的劳动力规制得分下

---

① 本部分根据北京大学"一带一路"网站分类，将"一带一路"共建国家分为五部分，其中东亚包括中国、蒙古国、韩国；东南亚包括新加坡、马来西亚、印度尼西亚、缅甸、泰国、老挝、柬埔寨、越南、文莱、菲律宾、东帝汶；西亚北非包括伊朗、伊拉克、土耳其、叙利亚、约旦、黎巴嫩、以色列、巴勒斯坦、沙特阿拉伯、也门、阿曼、阿联酋、卡塔尔、科威特、巴林、埃及、格鲁吉亚、阿塞拜疆；南亚包括印度、巴基斯坦、孟加拉国、阿富汗、斯里兰卡、马尔代夫、尼泊尔、不丹；中亚包括哈萨克斯坦、乌兹别克斯坦、土库曼斯坦、塔吉克斯坦、吉尔吉斯斯坦；中东欧包括波兰、立陶宛、爱沙尼亚、拉脱维亚、捷克、斯洛伐克、匈牙利、斯洛文尼亚、克罗地亚、黑山、塞尔维亚、阿尔巴尼亚、罗马尼亚、保加利亚、北马其顿、俄罗斯、摩尔多瓦、乌克兰、白俄罗斯、亚美尼亚，共计 65 个国家。

降最厉害，最为明显的是沙特阿拉伯（7.88 下降到 5.96）与阿曼（7.96 下降到 6.13）；东盟国家劳动力规制得分下降幅度较大，中国（5.18 下降到 5.04）的劳动力市场规制得分略有下降。中东欧的俄罗斯（6.45 下降到 5.92）的劳动力市场规制得分下降，对劳动力的规制变得更为严格，而哈萨克斯坦（6.52 上升到 7.16）的整体评分则有所上升，说明劳动力市场规制得分上升，对劳动力雇佣的规制变得更为宽松。

（二）"一带一路"共建国家劳动力市场规制趋势：雇佣过程分析

为便于描述，从本部分开始，本章根据东道国劳动力市场规制得分重新计算，使分值大小与东道国劳动力市场规制严格程度呈正相关关系，即得分越高表明东道国劳动力市场规制更为严格；反之，则更为宽松。

1. 雇佣条例和最低工资（Hiring Regulations and Minimum Wage）[①]

雇佣条例和最低工资反映一国对固定期限合同使用的限制情况和最低工资标准的管制情况。一般而言，严格的劳动力市场规制环境会限制企业用工结构调整，[②] 对企业用工成本及需求产生负

---

① 雇佣条例和最低工资（Hiring Regulations and Minimum Wage）的组成部分基于两个来源：①世界银行《营商环境报告》的"雇用工人"部分；②经济学人智库的"工资管制"指标；资料来源：世界银行《营商环境报告》、经济学人智库、商业环境评级。雇佣和解雇条例（Hiring and Firing Regulations）基于两个来源：①《全球竞争力报告》中的问题："雇用和解雇工人受到规章（=1）或雇主灵活决定（=7）的阻碍"；②经济学人智库的"劳动法限制性"指标；资料来源与最低工资相同。工时规定（Hours Regulations）基于世界银行《营商环境报告》中的雇佣劳工部分，使用以下五个组成部分：①是否对夜班有限制；②节假日工作是否有限制；③每周工作时间是否可以达到 5.5 天以上；④加班是否有限制；⑤平均带薪年假是否为 21 个工作日及以上。法定解雇工人费用（Mandated cost of worker dismissal）基于世界银行的《营商环境报告》数据，该数据涉及解雇 10 年任期的冗余员工时，提前通知要求、遣散费和罚款的成本。0—10 级的计算公式为：（Vmax-Vi）/（Vmax -Vmin）×10。征兵服役制度（Conscription）通过对东道国兵役制的使用和持续时间的数据来构建评级区间；服役期较长的国家获得的评级较低。没有兵役制的国家得分为 10 分。外国劳工管制（Foreign Labor）基于两个来源：①《全球竞争力报告》的问题："贵国的劳工条例在多大程度上限制了雇用外国劳工的能力？"②经济学人智库的"雇用外国国民"指标。关于 LMR 指标更加具体的信息参见弗雷泽研究所官网，https://www.fraserinstitute.org/sites/default/files/uploaded/2022/economic-freedom-of-the-world-2022-appendix.pdf。

② 胡琼、朱敏：《工资上涨、劳动力市场规制与制造业企业雇佣结构调整研究》，《统计科学与实践》2019 年第 11 期。

第九章 "一带一路"共建国家劳动力市场规制及其对中资企业雇佣效率的影响研究

面影响。[①] 较高的最低工资水平在减少不同类别员工间工资差距的同时，也会增加企业的雇佣成本。

如图9-1所示，2010—2021年各区域最低工资的管制变化总体平缓。其中西亚北非、中东欧、中亚与东南亚国家的雇佣条例和最低工资规制程度趋向于更高，东亚国家雇佣条例与最低工资的规制水平无明显变化。从排名来看，西亚北非于2013年超过南亚成为"一带一路"共建雇佣条例和最低工资管制最为严格的区域；尽管中东欧国家规制程度有所严格，但仍是"一带一路"共建规制程度最低的区域。

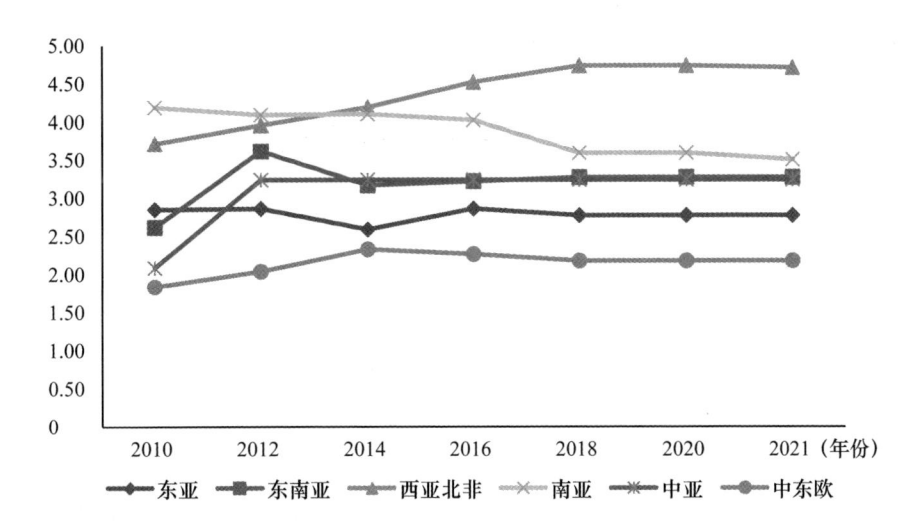

图9-1 2010—2021年"一带一路"共建区域雇佣条例和最低工资规制得分变化情况分布

注：图中数据是通过将"一带一路"共建国家每年的得分情况进行加总并求均值得到，后文计算方式与此相同。

资料来源：根据弗雷泽研究所（the Frazer Institute）数据库数据整理所得。

[①] 都阳：《劳动力市场制度的国际比较及其对中国的启示》，《劳动经济研究》2014年第4期。

2. 雇佣和解雇条例（Hiring and Firing Regulations）

雇佣和管理条例主要反映了各国企业雇佣和解雇工人时的法律规定约束程度。较为严格的雇佣与解雇行为约束往往意味着企业与员工签订劳动合同时限制条件，企业雇佣一位正式员工所需付出的综合成本也更高。在不确定的经济环境中，强有力的就业保护意味着企业要承担的雇佣风险会降低。[①] 同时也有可能导致企业通过降低员工福利保障等途径来规避较高的人力成本。

从变化趋势来看（见图9-2），2014年以来各区域雇佣和解雇条例管制程度整体趋于宽松，并保持稳定不变。中东欧与中亚地区各国一直保持较为宽松的雇佣和解雇规制条件，其他区域的规制水平相差不大，其中南亚国家在雇佣和管理条例规制方面的规制放松趋势最为明显，其次为东亚，东南亚国家规制程度保持不变，西亚北非地区除了2016年略有上升，其余年份均保持稳定的规制状态。

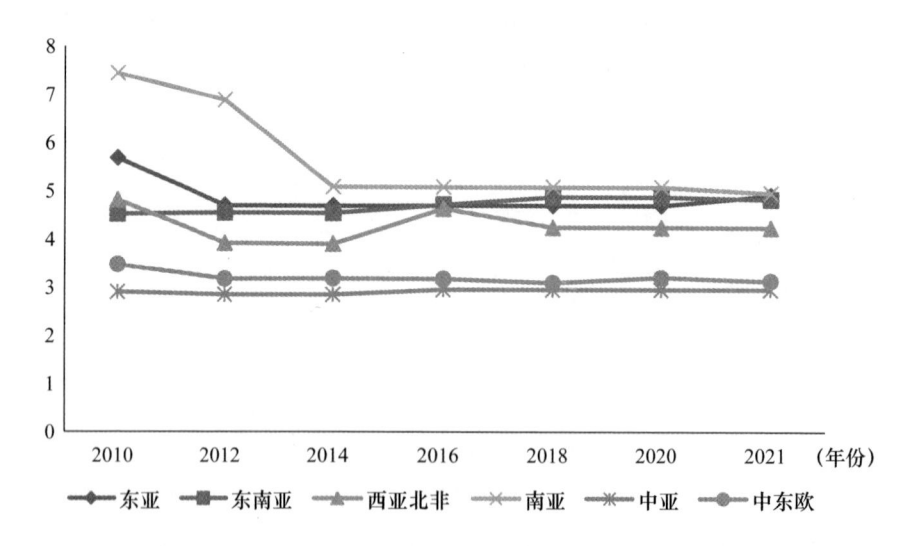

图9-2 2010—2021年"一带一路"共建区域雇佣和解雇条例规制得分变化趋势

资料来源：根据弗雷泽研究所（the Frazer Institute）数据库数据整理所得。

---

① Dewit G., Leahy D., "Montagna C. Employment Protection and Global is at Dynamic Oligopoly", Royal Economic Society Annual Conference 2003.

从静态的角度来看（见表9-1），南亚与东亚标准差均较大，区域内部规制程度的异质性也较大。相比之下，中亚与中东欧的标准差较小，且其最大值与最小值的差异较小，说明地区内部差异较小，各国在雇佣和解雇条例严格水平也较为相似。整体来看，"一带一路"共建区域关于雇佣和解雇条例的规制程度较其他指标相对较高。

表9-1　　2010—2021年"一带一路"共建区域雇佣和解雇条例规制得分情况对比

区域	均值	标准差	最大值	最小值
东亚	4.87	0.51	7.67	1.62
东南亚	4.70	0.22	7.50	1.25
西亚北非	4.29	0.21	10.00	0.00
南亚	5.66	0.37	9.45	1.25
中亚	2.92	0.13	4.06	1.71
中东欧	3.21	0.08	5.7	1.04

资料来源：根据弗雷泽研究所（the Frazer Institute）数据库数据整理所得。

3. 集体谈判（Centralized Collective Bargaining）

集体谈判是一个或多个雇主（或雇主组织）与一个或多个工人组织（工会）之间的自愿谈判过程。① 在理想情况下，谈判以签署规定了工作条件和就业条款的集体协议告终。其得分情况的变化也表明了企业与员工和行业工会议价空间的变化。

从动态角度看（见图9-3），各区域对集体谈判的规制程度波动均较大。其中中亚、南亚与东南亚在该方面规制程度波动最大。从排名来看，中亚于2018年成为"一带一路"共建集体谈判规制程度最

---

① International Labor Organization, "Right to Organize and Collective Bargaining Convention", No. 98, 1949, Geneva, 32nd ILC Session, pp. 1-3.

为宽松的区域（2021年均值为2.46）；南亚经历短暂排名波动后仍位于规制严格程度首列（2021年数据为5.01）。

从静态角度来看（见表9-2），中东欧集中集体谈判规制的标准差最小，说明其区域内部差异较小，各国集中集体谈判规制相似。其次，南亚与中亚的标准差最大，表示其区域内部各国关于集中集体谈判规制的规定或管制程度具有较大的差异性。

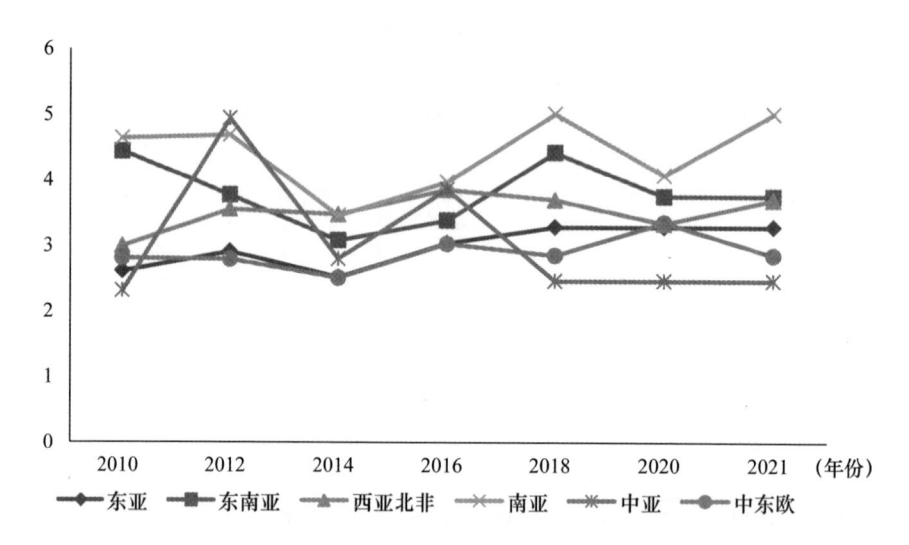

图9-3 2010—2021年"一带一路"共建区域集中集体谈判规制得分变化趋势

资料来源：根据弗雷泽研究所（the Frazer Institute）数据库数据整理所得。

表9-2 "一带一路"共建区域集中集体谈判规制得分情况对比

区域	均值	标准差	最大值	最小值
东亚	2.99	0.17	3.95	1.82
东南亚	3.80	0.25	10.00	1.34
西亚北非	3.51	0.21	10.00	1.34
南亚	4.41	0.30	10.00	2.78

续表

区域	均值	标准差	最大值	最小值
中亚	3.04	0.38	10.00	1.57
中东欧	2.88	0.10	10.00	1.33

资料来源：根据弗雷泽研究所（the Frazer Institute）数据库数据整理所得。

4. 工时规定（Hours Regulations）

东道国较为灵活的工时规定政策意味着外资企业在该国的生产经营中能更加灵活地安排员工的工作时间。[①]

从动态角度来看（见图9-4），"一带一路"共建区域对于工时规定的管制程度整体趋于严格。其中西亚北非、南亚、东南亚与中东欧规制程度呈上升趋势。东亚国家工时规制程度较为稳定，仅中亚呈下降趋势。从排名来看，西亚北非成为工时规定规制程度最为严格的区域（2021年数据为3.53）；东南亚区域尽管规制程度稍有上升，但仍处于最低位（2021年数据为0.36）。

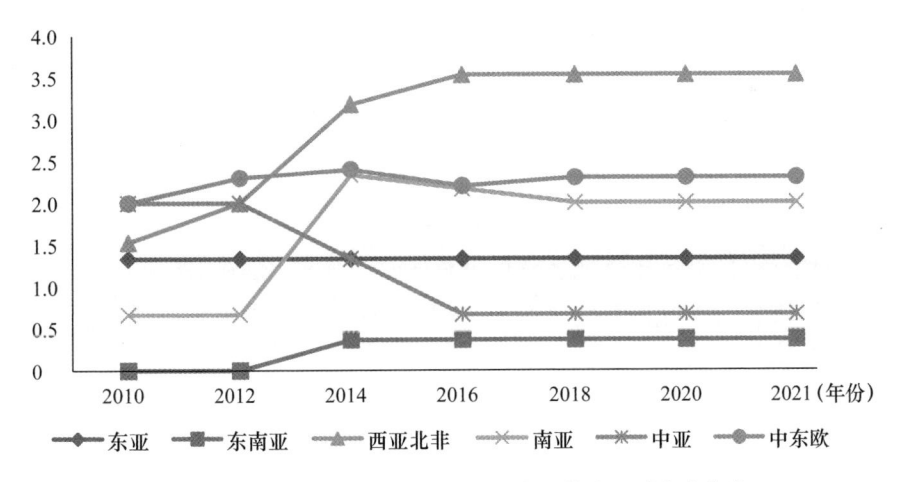

图9-4　2010—2021年"一带一路"共建区域集中集体谈判规制得分变化趋势

资料来源：根据弗雷泽研究所（the Frazer Institute）数据库数据整理所得。

[①] Institute F., Economic Freedom of the World, Annual Report, 2024-01-18.

从区域差异角度看（见表9-3），东南亚区域内部关于工时的规定均呈现出较小的差异性，其次为西亚北非，中亚区域差异最大。此外，六大区域的均值均较低，说明"一带一路"共建国家关于工时规定的规制程度整体较低，这也意味着外资企业在该国的生产经营中能有更多的时间弹性安排。

表9-3　"一带一路"共建区域工时规定规制得分情况对比

区域	均值	标准差	最大值	最小值
东亚	1.33	0.37	4.00	0.00
东南亚	0.26	0.08	2.00	0.00
西亚北非	2.97	0.17	8.00	0.00
南亚	1.69	0.37	8.00	0.00
中亚	1.14	0.43	6.00	0.00
中东欧	2.26	0.16	8.00	0.00

资料来源：根据弗雷泽研究所（the Frazer Institute）数据库数据整理所得。

5. 法定解雇工人费用（Mandated Cost of Worker Dismissal）

当企业面临更为严格的雇佣解雇规制时，往往倾向于与员工建立非体面的雇佣关系，以试图规避较高的解雇成本，因此法定解雇工人费用也会影响企业在该区域的策略选择。

从区域变化角度来看（见图9-5），各区域有关法定解雇工人费用规制的严格程度整体变化较小。仅南亚规制程度大幅降低，西亚北非与东南亚国家有关法定解雇工人费用的规制程度经历小幅波动后又回归原有规制水平。

从均值与标准差角度看（见表9-4），"一带一路"共建区域之间与区域内部有关法定解雇工人费用的规制程度差异均较大。其中，中东欧区域内部规制程度差异最小，东亚地区内部差异最大。

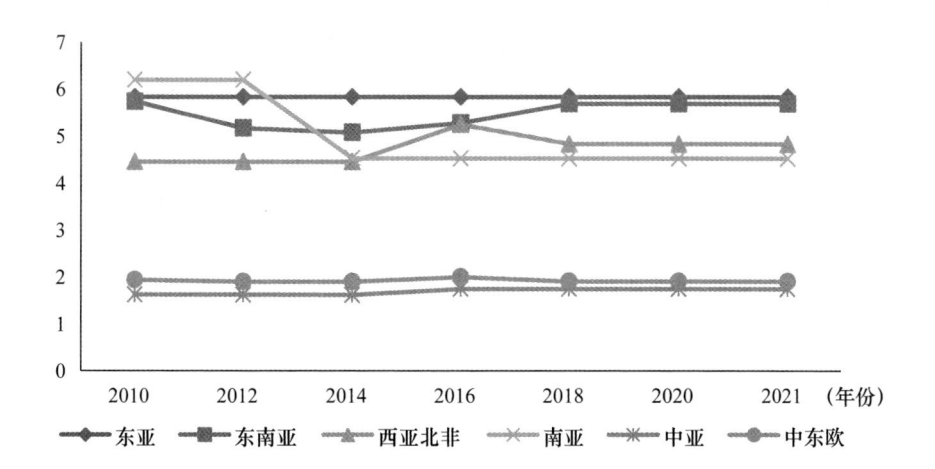

图 9-5　2010—2021 年"一带一路"共建区域法定
解雇工人费用规制得分变化趋势

资料来源：根据弗雷泽研究所（the Frazer Institute）数据库数据整理所得。

表 9-4　"一带一路"共建区域法定解雇工人费用得分情况对比

区域	均值	标准差	最大值	最小值
东亚	5.83	0.82	9.26	0.74
东南亚	5.47	0.41	10.00	0.00
西亚北非	4.73	0.34	10.00	0.00
南亚	5.00	0.56	10.00	0.00
中亚	1.69	0.15	2.24	0.74
中东欧	1.92	0.09	4.49	0.00

资料来源：根据弗雷泽研究所（the Frazer Institute）数据库数据整理所得。

6. 征募（Conscription）

征募指标代表着一国服役期时限长短，时限越长表征该国征募规制越严格，在该指标的得分越高。[①] 一国征募政策也一定程度影响着

---

① Institute F., Economic Freedom of the World, Annual Report, 2024-01-18.

本国的劳动力供给，进而会对一国劳动力市场产生重要影响。

从区域变化趋势来看（见图9-6），各区域有关征募规制的严格程度波动均较小，只有中亚地区规制程度有所加强，南亚地区规制程度则有大幅下降。由表9-5数据可知，东南亚、西亚北非与南亚征募制度管制程度存在较大的区域异质性，其中东南亚区域内部差异最大；中亚区域内部规制程度异质性最小。从均值来看，各区域之间有关征募规制的严格程度差异也较大。

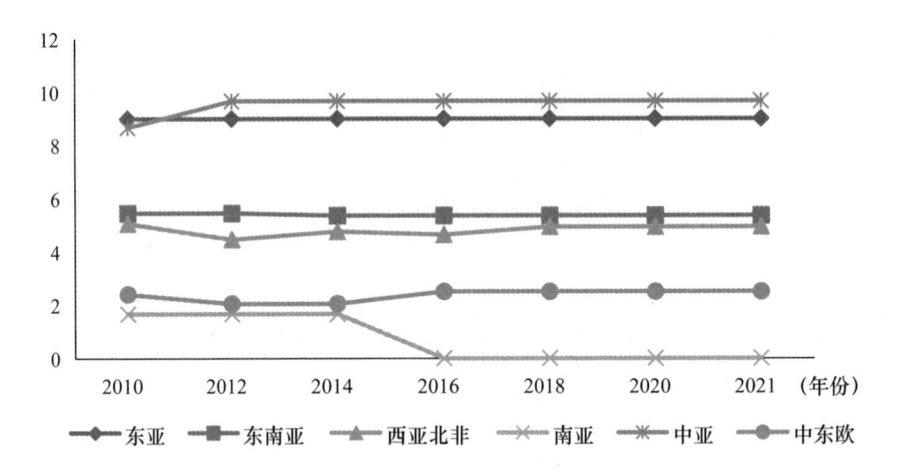

图9-6 2010—2021年"一带一路"共建区域集中集体谈判规制得分变化趋势

资料来源：根据弗雷泽研究所（the Frazer Institute）数据库数据整理所得。

表9-5 "一带一路"共建区域征募相关规制得分情况对比

区域	均值	标准差	最大值	最小值
东亚	9.00	0.32	10.00	7.00
东南亚	5.39	0.51	10.00	0.00
西亚北非	4.82	0.42	10.00	0.00
南亚	0.71	0.40	10.00	0.00
中亚	9.52	0.16	10.00	7.00

续表

区域	均值	标准差	最大值	最小值
中东欧	2.36	0.31	10.00	0.00

资料来源：根据弗雷泽研究所（the Frazer Institute）数据库数据整理所得。

7. 外籍雇员限制（Foreign Labor）

受本国国情的影响，外籍雇员限制对于企业发展与本国劳动力均有较为重要的影响。

从图9-7的数据分析可知，各区域对于外籍雇员的管制程度趋于相同。其中南亚关于外籍雇员限制的管制程度明显趋于放松，中东欧关于外籍雇员的限制则有所上升。

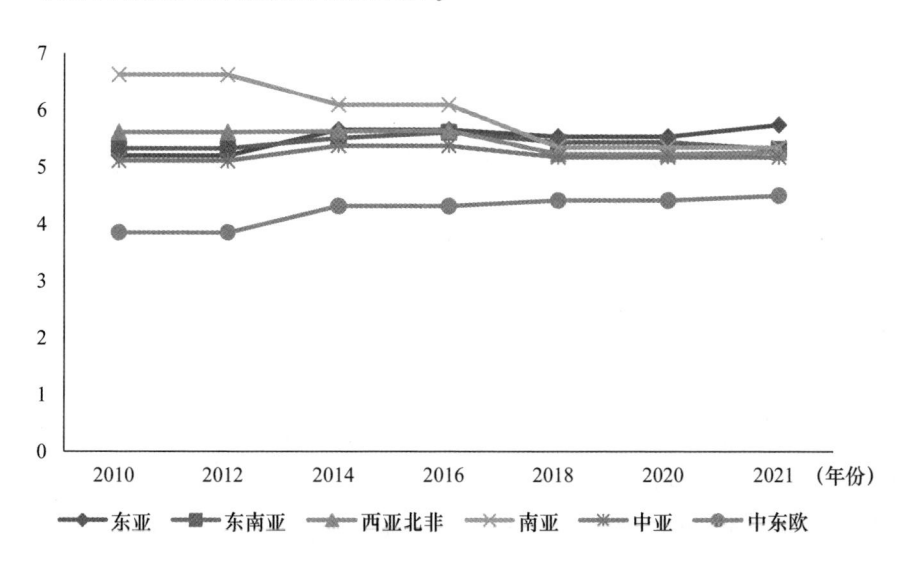

图9-7 2010—2021年"一带一路"共建区域外国劳工限制规制得分变化趋势

资料来源：根据弗雷泽研究所（the Frazer Institute）数据库数据整理所得。

从区域内部差异的角度看（见表9-6），中东欧、西亚北非与中亚标准差最小，说明区域内部对于企业雇佣外籍雇员的限制程度差异较小；其他区域的均值较为相近，说明"一带一路"共建各区域对外国劳工的管制方面具有较高的区域一致性。

表 9-6　"一带一路"共建区域外国劳工限制相关规制得分情况对比

区域	均值	标准差	最大值	最小值
东亚	5.50	0.20	6.73	3.86
东南亚	5.42	0.20	10.00	1.60
西亚北非	5.46	0.17	10.00	2.50
南亚	5.92	0.23	10.00	3.93
中亚	5.21	0.14	6.05	3.96
中东欧	4.23	0.10	6.33	1.53

资料来源：根据弗雷泽研究所（the Frazer Institute）数据库数据整理所得。

整体来看，"一带一路"共建区域劳动力市场规制严格程度较低。各区域之间有关征募及法定解雇工人费用规制程度的均值差异较大，其余指标区域差异较小；南亚与东南亚各指标标准误差均较大，区内部规制程度差异大，中东欧地区整体劳动力市场环境较为宽松，各指标的标准误差均较小，其劳动力市场规制区域内部差异较小。

总体而言，不同国家的劳动力市场规制严格程度存在差异，这也往往体现其特定的政策偏好。这意味着中国海外企业在东道国投资时需要格外注意不同区域与区域内部各国劳动力市场规制的差异性与趋同性，从而更好地规避自身生产经营风险。

二　"一带一路"共建国家劳动力市场规制对中资企业的影响

上述分析表明，一国劳动力市场规制会对企业的雇佣行为产生影响进而影响企业效率。本部分将弗雷泽劳动力市场规制指标（LMR）与云南大学海外中国企业与员工调查（OCEES）数据相匹配进行分析。本部分所使用微观数据来自云南大学海外中国企业与员工调查（OCEES）（2018—2019），该数据以2018年7月4日商务部公布的境外中国企业投资备案数为样本框，采取配额抽样的方式进行调查抽样，并在泰国、中老边境、中缅边境地区开展两轮预调查。历时两年获得覆盖东南亚、南亚、中东、非洲等"一带一路"共建地区的18个国家（泰国、老挝、柬埔寨、越南、缅甸、菲律宾、新加坡、马来西亚、印度尼西亚、孟加拉国、尼泊尔、斯里兰卡、沙特阿拉伯、土耳其、肯尼亚、南非、坦桑尼亚、吉布提）的中国企业及其东道国员工调查数据。数据样本规模为受访中国企业864家，东道国员工样本13205人，剔除无效样本后最终获得839家海外中国企业，1.28万名东道国员工的海外中国企业与员工匹配数据。而针对LMR指标中，征兵服役制度指标与劳动力市场的直接作用不大，本部分将剔除该指标后重新计算。

（一）OCEES调查国家的劳动力市场规制程度概述

匹配OCEES数据调查时间，选取LMR指标中2018年度的数据，重点考察18个国家的各项指标和总体劳动力市场规制严格程度，其具体情况如表9-7所示。除了新加坡，大部分国家总体劳动力市场规制的严格程度都集中于4分左右，各国间总体的劳动力市场规制程度比较趋同。其中雇佣程序和解雇成本两项指标的平均值高于总体劳动力市场规制，而工作时间规定指标最低，表明这18个国家总体上在企业雇佣和解雇行为上要求较为严格，而在工作时间规定上较为宽松。

表9-7　　　　　　　　18个国家劳动力市场规制情况

国家	最低工资法规	雇佣解雇流程	集体谈判集中程度	工作时间规制	解雇法定成本	劳动力市场规制
缅甸	2.1	4.7	2.5	1.3	5.1	3.2
孟加拉国	2.5	4.4	3.3	0.0	9.0	3.9

续表

国家	最低工资法规	雇佣解雇流程	集体谈判集中程度	工作时间规制	解雇法定成本	劳动力市场规制
斯里兰卡	0.1	6.2	3.5	1.3	10.0	4.2
吉布提	8.9	4.99*	3.53*	4.0	0.0	4.3
坦桑尼亚	6.8	5.4	4.1	0.5	1.7	3.7
土耳其	4.7	5.2	3.1	2.7	8.0	4.7
泰国	3.8	4.5	4.0	0.0	7.1	3.9
老挝	4.6	5.2	3.1	0.0	9.0	4.4
南非	5.2	7.6	6.2	2.0	1.9	4.6
菲律宾	4.2	6.0	4.0	0.0	7.9	4.4
越南	1.9	4.7	3.3	0.5	7.7	3.6
尼泊尔	5.7	6.3	4.4	0.0	7.8	4.8
沙特阿拉伯	0.7	4.2	2.3	2.6	5.6	3.1
柬埔寨	3.7	4.5	3.8	0.0	3.7	3.1
肯尼亚	2.9	4.1	3.3	1.2	3.0	2.9
新加坡	0.0	2.1	1.6	0.0	0.1	0.8
马来西亚	0.0	4.1	2.6	0.0	6.2	2.6
印度尼西亚	7.8	4.5	3.9	0.0	10.0	5.2
平均值	3.6	4.9	3.5	0.9	5.8	3.7

注：*表明吉布提2018年中没有雇佣解雇流程和集体谈判集中程度的数据，因每年规制的变化程度不大，表中的数据由2017年和2019年的数据取平均值估计。

（二）海外中国企业雇佣现状：来自OCEES数据的观察

利用OCEES数据的结果来看，海外中国企业及东道国员工有以下雇佣基本特征：第一，受访中资企业的海外雇佣以年轻的农村男性劳动力为主，企业雇佣具有较高的本地化生产性雇佣（见表9-8）。

表9-8　　　　　　海外中国企业员工基本情况　　　　　单位:%

地区	基本特征 男性	基本特征 城镇户籍	基本特征 平均年龄	职业特征 企业生产和技术人员	职业特征 员工使用生产性设备	本地化雇佣 本地化雇佣率	本地化雇佣 生产人员本地化率	本地化雇佣 管理人员本地化率	受教育程度 高等教育员工比率	受教育程度 高等教育员工本地化率
东南亚	49.6	41.3	29	55.6	32.9	70.1	80.7	25.4	40.2	50.0
南亚	76.1	32.9	30	64.3	30.6	73.9	82.0	26.7	42.4	46.2
非洲	71.1	49.1	31	60.2	32.8	76.1	91.1	24.3	30.2	37.4
中东	80.1	71.3	32	39.7	39.2	46.9	46.7	14.0	73.7	40.3

资料来源：笔者根据OCEES数据计算。

从员工的基本特征来看，除了在东南亚地区性别比例较为均衡，在南亚、非洲和中东地区大部分的员工都为男性。在中东地区约有71.3%的员工为城镇户口，而其他地区更多的是农村户籍。总体上员工的平均年龄集中在30岁左右。

从员工的职业特征来看，中东地区的企业生产人员和技术人员平均占比39.7%，其他各地区企业生产人员占企业员工的平均比例均高于50%。各地区的员工使用生产性设备的工人比例在40%以下。

在本地化雇佣方面，除了中东地区，其他地区的本地化雇佣率均超过70%，其中企业生产人员的本地化率较高，管理人员的本地化比例在24%左右。这表明海外中国企业积极推动本地化雇佣程度，以生产型员工为主。进一步观察员工受教育程度，各地区海外中国企业受高等教育员工比例变化较大，非洲地区占比为30.2%，中东地区这一比例为73.7%，南亚、东南亚地区分别为42.4%、40.2%。高等教育员工比例中本地员工占比为37.4%—50.0%。

第二，大多数海外中国企业没有经历劳动争议，遭遇劳动争议的企业程度较轻、时间较短，劳动争议主要表现为工资问题，解决劳动争议的方式和途径主要是协商。

由表 9-9 可知，投资于东南亚、南亚和中东地区的中国企业大多数发生的劳资争议次数都低于 1 次，投资于非洲地区的中国企业发生劳动争议的次数相对要多。在发生争议的企业中，大部分企业的劳动争议程度较轻，仅在非洲地区的中国企业中有约 8% 少数上升为罢工或更为严重的打砸抢等事件。从劳动争议的持续时间来看，除了中东地区，大多数地区的中国企业能在 1 个月内解决劳资争议。

表 9-9　　海外中国企业涉及劳动争议的基本情况　　单位:%

地区	劳动争议次数 0 次	劳动争议次数 1 次及以上	劳动争议状况 有意见不统一	劳动争议状况 有轻微劳资冲突	劳动争议持续时间 1 周以内	劳动争议持续时间 1 个月以内
东南亚	88.9	6.0	62.0	38.0	63.5	25.7
南亚	87.5	5.7	50.0	50.0	43.8	43.8
非洲	61.2	12.9	50.9	41.5	54.8	29.0
中东	84.1	3.6	38.5	61.5	28.6	21.4
总计	80.9	6.7	54.0	42.9	67.5	16.3

资料来源：笔者根据 OCEES 数据计算。

进而考察劳动争议的内容及解决方式，如表 9-10 所示，海外中国企业面临的劳动争议以工资问题为主，其次是劳动合同和社会保障以及外籍雇员（非东道国员工）的雇佣问题，初步判断海外中国企业会受到东道国最低工资和雇佣解雇的规制。企业在考虑多种解决劳资争议的方式中，会更倾向于走法律途径以及同所在行业工会谈判；从员工的倾向来看，员工面对劳资争议时，更倾向于在企业内部协商。由此，企业在员工和行业间的协调沟通程度可能会影响企业解决劳资问题的效率，从而影响企业的雇佣效率，同时在东道国更为严格的最低工资和雇佣解雇规制下，企业会有改变工资设定和降低体面就业的倾向。

表9-10　海外中国企业劳动争议涉及的主要内容和解决方式　　单位：%

地区	劳资争议主要内容			企业解决劳资争议的主要方式		员工倾向解决劳资争议的主要方式		
	工资	劳动合同或社保	雇佣外籍员工	行业工会谈判	法律途径	企业内部解决	不会采取行动	相关监察部门投诉
东南亚	46.5	21.2	3.0	22.2	22.2	56.6	8.9	18.8
南亚	77.3	18.2	4.5	17.6	29.4	80.0	7.8	6.3
非洲	77.1	32.9	5.7	33.3	43.9	72.4	13.7	4.8
中东	55.6	27.8	5.6	5.6	61.1	74.1	5.5	11.4
总计	60.8	25.3	4.3	24.1	34.0	61.9	9.2	12.9

注：劳资争议的内容和解决方式仅列举主要内容，劳资争议的内容还涉及生产条件的安全性（2.9%）和企业环保力度（1.9%）；企业解决劳资争议的方式还有向中国大使馆求助（1.1%）、中国商会调解（1.1%）、向当地警务部门求助（6.8%）等；员工解决方式中，企业内部解决包括向企业管理部门投诉和企业工会投诉，其他解决方式还有向行业工会投诉（3.38%）、独自停工辞职（5.44%）、参与罢工（1.47%）、上网反映情况（0.62%）等。

资料来源：笔者根据OCEES数据计算。

（三）东道国劳动力市场规制对海外中国企业雇佣效率的影响：实证分析及结果

1. 变量选取、模型构建与数据说明

（1）企业雇佣效率的衡量与数据说明

本部分被解释变量为雇佣效率（ee），借鉴Braakmann和Brandl[①]和OECD[②]的做法：当企业的利润水平增加时，认为企业的雇佣效率是提高的，相反企业的利润水平下降则可认为企业雇佣效率是降低的。若企业利润水平没有变化，则需进一步观察企业劳动力成本的变化：若劳动力总成本也不变，则雇佣效率不变；若劳动力总成本上

[①] Braakmann N., Brandl B., "The Performance Effects of Collective and Individual Bargaining: A Comprehensive and Granular Analysis of the Effects of Different Bargaining Systems on Company Productivity", *International Labour Review*, 2021, 52 (3), 44-64.

[②] OECD, "Foreword", in *Negotiating Our Way Up: Collective Bargaining in a Changing World of Work*, 2019, OECD Publishing, Paris.

升,则雇佣效率下降,反之则为上升。对于雇佣效率水平下降、不变和提高的企业分别赋值为1、2、3。

(2) 劳动力市场规制程度的测算与数据说明

采用弗雷泽研究所的劳动力市场规制指标作为解释变量(lr),剔除争议较大的征兵服役制度指标,最终选用最低工资法规(lri)、雇佣程序流程($lrii$)、集体谈判程度($lriii$)、工作时间规制($lriv$)和解雇法定成本(lrv)作为各国劳动力市场规制严格程度的五个分解维度。本章对上述指标数据进行处理,使其与劳动力市场规制严格程度呈正相关关系。采用2018年的数据,最后对剩余的5项指标按原指标的计算方法,等权平均得到本章的解释变量$lr2018$。具体公式为:

$$lr_j 2018 = (\sum_{i=1}^{5} lr_j 2018)/5$$

其中,$lr_{ij}2018$ 为2018年东道国j在第i个维度的得分,lr_j2018 为j国在劳动力市场规制上的总得分。

(3) 其他控制变量的选取与说明

企业基本特征。本书选择企业是否位于开发区($location$)、企业运营年数($year$)和是否有母公司($parent$)等特征作为控制变量。

企业市场特征。选择企业是否按市场价格定价($price$)和本地化雇佣率($empr$)衡量企业的市场特征。

企业社会责任(csr)。企业在东道国的声誉口碑往往会为企业的生产经营带来正向影响,用OCEES数据库中,企业是否履行社会责任衡量。

国家宏观特征变量。选择东道国失业率(U)、中国在该国的对外直接投资存量($lnOFDI\_stock$)和正式制度距离(FID)为控制变量。分别采用国际劳工组织数据库、中国对外直接投资公报和Kaufmann等[1]的全球治理指标(World Governance Indicators,WGI)中相关数据加以衡量。

---

[1] Kaufmann D., Kraay A., Mastruzzi M.,"The Worldwide Governance Indicators: Methodology and Analytical Issues", *Hague Journal on the Rule of Law*, 2011, 3 (2), 220-246.

表9-11　　　　　　　各变量的描述性统计

变量名	定义	样本量	均值	标准差	最小值	最大值
ee	企业雇佣效率	772	—	—	1.00	3.00
lr 2018	劳动力市场规制总指标	18	3.74	1.03	0.80	5.20
lr 12018	最低工资规制	18	3.64	2.65	0.00	8.90
lr 22018	雇佣程序规制	18	4.92	1.20	2.10	7.60
lr 32018	集体谈判程度	18	3.47	1.02	1.60	6.20
lr 42018	工作时间规制	18	0.89	1.21	0.00	4.00
lr 52018	解雇法定成本	18	5.77	3.30	0.00	10.00
location	企业是否位于开发区	782	0.19	0.39	0.00	1.00
year	企业运营年数	791	6.60	6.82	1.00	38.00
parent	是否有中国母公司	839	0.65	0.47	0.00	1.00
price	是否市场定价	837	0.60	0.49	0.00	1.00
empr	本地化雇佣率	803	0.69	0.26	0.00	1.00
csr	是否履行社会责任	834	0.72	0.45	0.00	1.00
lnOFDI_stock	中国对东道国直接投资存量	839	12.90	1.28	9.79	15.43
FID 2018	中国与东道国制度距离	839	1.60	2.00	0.16	8.28
U	东道国失业率	839	4.81	6.60	0.14	26.91

（4）模型构建

基于上述的分析，本章构建的劳动力市场规制对企业雇佣效率影响模型为：

$$ee_{ij} = \theta_{i1}lr_j2018 + \theta_{i2}location_i + \theta_{i3}year_i + \theta_{i4}parent_i + \theta_{i5}price_i + \theta_{i6}empr_i + \theta_{i7}csr_i + \theta_{i8}\ln OFDI\_stock_j + \theta_{i9}FID_j2018 + \theta_{i10}U_j + \varepsilon_i$$

其中，变量 ee_{ij} 表示 j 国个体 i 的雇佣效率情况。lr_j2018 为个体 i 受到 j 国的劳动力市场规制变量，j 取 1—18，分别对应上文提到的18个国家，θ_{i1} 为劳动力市场规制对企业雇佣效率的影响。θ_{i2}—θ_{i10} 为影响企业雇佣效率的其他控制变量的系数，ε_i 为随机误差项。location、year、parent 分别表示企业的区位、运营年数和母国公司等个性特征；$price_i$、$empr_i$ 和 csr_i 分别表示企业 i 的产品市场、劳动力市场和外部特征；$\ln OFDI\_stock_j$、$FID_j 2018$ 和 U_j 则表示 j 国的国家特征。

2. 回归结果及其分析

（1）基准结果与分析

表9-12报告了基准回归的结果。第（1）列到第（4）列分别为不加控制变量、加入企业基本特征以及同时考虑企业基本特征、市场特征以及宏观因素的估计结果。总体而言，在控制了企业基本特征、企业市场化特征以及宏观因素之后，劳动力市场规制对企业的雇佣效率仍具有显著的负向作用。东道国劳动力市场规制越严格，在最低工资法案、雇佣解雇规制、集体谈判和工时规定上往往会有更严格的要求，会进一步对企业的生产决策产生负向影响，劳动力成本可能会上升，企业利润水平可能会下降，从而负向影响企业雇佣效率。

表9-12　　　　　　　　　基准回归结果

变量	（1）基准模型	（2）控制企业特征	（3）控制市场特征	（4）控制国家特征
$lr\ 2018$	-0.115* (-1.78)	-0.129* (-1.83)	-0.173** (-2.37)	-0.355*** (-2.95)
location	—	-0.198 (-1.02)	-0.346* (-1.68)	-0.424** (-2.02)
year	—	-0.017 (-1.55)	-0.026** (-2.28)	-0.028** (-2.34)
parent	—	0.170 (1.07)	0.216 (1.29)	0.275 (1.59)
price	—	—	-0.017 (-0.11)	-0.109 (-0.65)
empr	—	—	0.232 (0.75)	0.324 (1.02)

续表

变量	(1) 基准模型	(2) 控制企业特征	(3) 控制市场特征	(4) 控制国家特征
csr	—	—	0.406** (2.22)	0.427** (2.29)
$\ln OFDI\_stock$	—	—	—	0.339*** (4.32)
FID 2018	—	—	—	-0.207*** (-2.80)
U	—	—	—	0.043*** (3.33)
/cut1	-0.729*** (-3.00)	-0.757*** (-2.67)	-0.549 (-1.48)	3.090*** (2.84)
/cut2	-0.471* (-1.95)	-0.523* (-1.85)	-0.306 (-0.82)	3.342*** (3.07)
样本量拟 R^2	772 0.0023	677 0.0058	646 0.0147	646 0.0375

注：Ologit 模型以雇佣效率降低、雇佣效率不变和雇佣效率提高为排序作为结果变量，圆括号里为估计系数的异方差稳健 z 统计量；*、**、*** 分别表示 10%、5% 和 1% 的显著性水平。

(2) 稳健性检验

为了进一步验证上述结果，采用新的方法计算企业的雇佣效率及对东道国劳动力市场规制指标采取滞后一期的策略和替换指标的方法进行稳健性检验。

①对被解释变量的稳定性检验

本章用企业的总产出除以企业总的劳动力成本，即劳动生产率来加以衡量。同时为了避免极端值的影响以及企业由于各种原因未生产却依然支付工资等特殊情况，对最后的劳动生产率采用以下处理方式：

$$\ln lp = \ln\left(\frac{product+1}{W}\right)$$

其中，变量 *product* 为企业的年产出总值，变量 *W* 为企业的年劳动力总成本。ln*lp* 为连续变量，将原被解释变量 *ee* 替换为 ln*lp* 后需进行 OLS 回归得到关于因变量的稳健性检验，其结果如表 9-13 所示。受访企业只有 218 家样本报告了具体的财务数据，但从估计结果来看，东道国劳动力市场规制仍然对海外中国企业的雇佣效率有呈显著的负向影响。由 OLS 回归系数可知，当劳动力市场规制的严格程度每增加 1 分，企业的生产效率在 5% 的水平上减少 35%。

表 9-13　　　　基于因变量指标替换的稳健性检验

变量	(1)	(2)
	ee	ln*lp*
lr 2018	−0.355*** (0.118)	−0.350** (0.147)
常数项	—	3.109** (1.327)
控制变量	控制	控制
/cut1	3.090*** (1.081)	—
/cut2	3.342*** (1.083)	—
样本量	646	218
拟 R^2	0.0375	—
R^2	—	0.095

注：模型（2）为 OLS 模型，括号里为估计系数的异方差稳健 *t* 统计量。由于大部分受访者无法具体透露企业财务数据，能根据企业总产出和总劳动力成本数据计算劳动力生产率的企业只有 218 家。控制变量包括企业是否位于开发区、企业年龄、是否有母公司、产品为市场定价、本地化雇佣比率、企业履行社会责任、中国在该国投资存量、中国与东道国制度距离、东道国失业率。*、**、*** 分别表示 10%、5% 和 1% 的显著性水平。出于篇幅考虑，从表 9-11 开始不再报告控制变量的估计结果，下同。

第九章 "一带一路"共建国家劳动力市场规制及其对中资企业雇佣效率的影响研究

②对解释变量的稳定性检验

对企业而言，前一年的政策法规往往会影响到企业下一年的生产经营活动，首先，考虑采用东道国劳动力市场规制滞后一期，实证检验其对企业雇佣效率的影响。其次，基准回归中采用的劳动力市场规制指标是宏观指标，但企业很多时候在微观生产中也会遇到东道国相关劳动力部门的规制，中国企业的海外投资与发达国家的海外投资最大的不同就在于对降低劳动力成本相对不敏感以及对集体谈判制度的不适应。由于中国企业海外投资行业的特殊性，如基础设施行业中的建设业，出于工期的需要以及技术的需求，会在一定程度上使用母国员工，这会使东道国对海外中资企业雇佣外籍雇员加以限制，一个具体的表现就是办理工作签证的难易程度。本部分采用海外中资企业每年给外籍雇员办理签证所需花费的时间来衡量具体的劳动力市场的雇佣规制。用变量 $forworker\_time$ 表示，变量替换后的回归结果如表9-14所示。

表9-14　　　　　　基于自变量指标替换的稳健性检验

变量	(1)	(2)	(3)
lr 2018	-0.355*** (0.118)	—	—
lr 2017	—	-0.367*** (0.119)	—
forworker_time	—	—	-0.005** (0.002)
控制变量	控制	控制	控制
/cut1	3.090*** (1.081)	2.940*** (1.095)	4.009*** (1.061)
/cut2	3.342*** (1.083)	3.192*** (1.096)	4.262*** (1.063)
样本量 Pseudo R^2	646 0.0375	646 0.0380	596 0.0410

注：控制变量同表9-11。*、**、***分别表示10%、5%和1%的显著性水平。

回归结果显示，无论是采用滞后一期的宏观劳动力市场规制，还是替换为微观的对企业雇佣外籍雇员的限制，都表明东道国劳动力市场规制会对企业的雇佣效率产生显著的负向影响。这也验证了前文对东道国劳动力市场规制和企业雇佣效率间的负向关系是稳健和显著的。

（3）异质性分析

①企业所有权性质、企业行业与企业规模分组

为观察不同类型企业受到的规制程度和不同行业的企业受到劳动力市场规制时的情况，本节将企业样本划分为非国有控股企业、国有控股企业两个子样本及制造业、建筑业和服务业三个子样本，并进行分组 ologit 回归。基于模型（3-1）的估计结果如表 9-15 所示。

表 9-15　按企业所有权性质、企业行业及企业规模分组回归

变量	企业所有权性质		企业行业			企业规模		
	非国有	国有	制造业	建筑业	服务业	小型企业	中型企业	大型企业
lr 2018	-0.337** (0.142)	-0.402* (0.226)	-0.550* (0.281)	0.024 (0.386)	-0.412*** (0.156)	-0.735*** (0.219)	-0.267 (0.225)	-0.060 (0.208)
控制变量	控制	控制	控制	控制	控制	控制	控制	控制
/cut1	3.687*** (1.313)	2.615 (2.129)	-0.268 (2.169)	2.55 (3.934)	3.939*** (1.52)	0.653 (2.230)	3.103 (2.007)	4.388** (1.811)
/cut2	3.923*** (1.315)	2.912 (2.13)	-0.051 (2.176)	2.836 (3.925)	4.225*** (1.524)	1.001 (2.237)	3.379* (2.011)	4.568** (1.812)
样本量	430	216	182	107	356	199	208	239
拟 R^2	0.0542	0.0368	0.0566	0.0307	0.0592	0.0804	0.0502	0.0457

注：控制变量如表 9-11。*、**、*** 分别表示 10%、5% 和 1% 的显著性水平。

企业所有权性质分组结果表明，国有控股企业相比更容易受到东道国劳动力市场规制的影响；企业行业分组回归结果表明，除了建筑业不显著，制造业和服务业企业的雇佣效率都与东道国劳动力市场规制程度

呈显著负相关，且两个行业受到劳动力市场规制的影响程度都比整体平均水平高；中型企业与大企业回归系数不显著，小企业显著受到劳动力市场规制的负面影响，小企业在面对东道国劳动力市场规制时，雇佣效率会显著降低，受到的影响程度更高，但从系数的变化可以初步推断，随着企业规模增加，其抗风险和调整生产能力就越强，面对更严格的东道国劳动力市场规制时，受到的负向影响就越小。

②按企业协调程度的异质性分析

在世界各国工会密度总体呈不断下降趋势下，协调机制逐渐成为一种更为平和的劳资争议沟通形式。因此，企业与员工、企业与企业间的水平沟通协调以及企业与当地政府间的垂直沟通协调程度可能会对企业的雇佣行为和生产产生影响。[①] 本部分重点检验企业水平沟通协调程度和垂直沟通协调程度对企业雇佣效率的影响。借鉴 Braakmann 和 Brandl[②] 根据企业在行业内的沟通协调程度和行政部门间的沟通协调程度情况，将企业水平协调和垂直协调程度划分为低、中、高三种情况的做法，本章以企业与行业内其他企业和行业协会的沟通交流程度衡量企业水平方向的协调，以企业与当地政府和相关主管部门的沟通交流程度衡量企业垂直方向的协调，根据企业在垂直方向和水平方向往来交流的密切程度不同，划分为无协调企业、协调程度低企业、协调程度中企业和协调程度高企业4个子样本进行回归（见表9-16）。

表9-16　　　　　基于企业沟通协调程度的分组回归

变量	Panel A：水平协调程度			
	无协调	协调程度低	协调程度中	协调程度高
lr 2018	-0.379 (0.385)	-0.151 (0.230)	-0.550*** (0.192)	-0.215 (0.357)

---

① OECD, "Foreword", in *Negotiating Our Way Up: Collective Bargaining in a Changing World of Work*, 2019, OECD Publishing, Paris.

② Braakmann N., Brandl B., "The Performance Effects of Collective and Individual Bargaining: A Comprehensive and Granular Analysis of the Effects of Different Bargaining Systems on Company Productivity", *International Labour Review*, 2021, 160 (1), 43-64.

续表

变量	Panel A：水平协调程度			
	无协调	协调程度低	协调程度中	协调程度高
控制变量	控制	控制	控制	控制
/cut1	-1.931 (4.378)	4.459** (2.274)	1.447 (1.618)	7.110** (3.196)
/cut2	-1.550 (4.373)	4.723** (2.279)	1.727 (1.618)	7.262** (3.197)
Observations	79	164	298	97
	Panel B：垂直协调程度			
lr 2018	-1.311 (1.227)	-0.466** (0.227)	-0.524*** (0.187)	0.058 (0.244)
控制变量	控制	控制	控制	控制
/cut1	14.994 (14.777)	0.040 (2.506)	1.448 (1.566)	7.533*** (2.186)
/cut2	15.769 (14.675)	0.375 (2.505)	1.688 (1.566)	7.751*** (2.196)
Observations	29	133	313	163

注：控制变量同表9-11。*、**、***分别表示10%、5%和1%的显著性水平。

回归结果显示，无论是垂直协调还是水平协调，协调程度中等的企业会更显著受到东道国劳动力市场规制对雇佣效率的影响，此外，在垂直协调程度分组中，协调程度较低的企业也会受到东道国劳动力市场规制的影响。协调程度越高的企业，雇佣效率受劳动力市场规制影响越不明显。

（4）基于劳动力市场规制细分维度的异质性分析

进一步检验分析各指标对企业雇佣效率的影响。将劳动力市场规制程度指标拆分为5个子指标，估计结果如表9-17所示。

表9-17　　　　　东道国劳动力市场规制分指标回归结果

变量	（1）最低工资	（2）雇佣和解雇条例	（3）集体谈判	（4）工作时间	（5）解雇法定成本
lri 2018	-0.100*** (0.037)	—	—	—	—
lrii 2018	—	-0.403*** (0.111)	—	—	—
lriii 2018	—	—	-0.007 (0.110)	—	—
lriv 2018	—	—	—	-0.073 (0.094)	—
lrv 2018	—	—	—	—	-0.020 (0.036)
/cut1	4.388*** (1.033)	1.399 (1.224)	4.167*** (1.027)	3.929*** (1.067)	4.093*** (1.017)
/cut2	4.639*** (1.034)	1.652 (1.227)	4.415*** (1.028)	4.178*** (1.068)	4.342*** (1.019)
样本量	646	646	646	646	646
Pseudo R^2	0.0358	0.0406	0.0296	0.0302	0.0299

注：控制变量同表9-11。*、**、*** 分别表示10%、5%和1%的显著性水平。

回归结果显示，只有最低工资法和雇佣规制显著抑制企业雇佣效率，而集体谈判集中程度、工作时间规制和解雇法定成本3个子指标对海外中国企业的雇佣效率影响不显著。进一步分析两项显著的指标，最低工资尽管负向影响显著，但其影响程度相较于总指标的平均水平要低很多，而雇佣规制对海外中国企业的雇佣效率影响程度最大，且高于总指标的平均水平，说明海外中国企业的雇佣行为主要受到东道国劳动力市场规制中涉及最低工资和雇佣解雇规制的影响。

（四）结论与进一步展望

本章将费雷泽研究所的劳动力市场自由度指数（LMR）与云南大

学 OCEES 数据匹配进行分析，分析了"一带一路"共建区域劳动力市场规制程度对中资企业雇佣效率的作用。

根据 LMR 指数分析，"一带一路"共建国家劳动力市场规制严格程度总体偏低，分项指标来看各区域之间有关征募及法定解雇工人费用规制程度的均值差异较大，其他分指标区域差异较小；南亚与东南亚各指标标准误差均较大，区域内部规制程度差异大，中东欧地区整体劳动力市场环境较为宽松，各指标的标准误差均较小，其劳动力市场规制区域内部差异较小。不同国家的劳动力市场规制严格程度存在差异，这意味着"走出去"中资企业在东道国投资时需要强化东道国劳动力市场的合规管理，规避生产经营风险。

进一步，结合 OCEES 数据的实证分析表明，东道国劳动力市场规制严格程度显著负向影响中资企业的雇佣效率，稳健性分析这一结果仍然成立。企业特征的异质性分析表明，劳动力市场规制严格程度在企业行业与企业规模方面存在显著差异，制造业与服务业、小型企业与大型企业的雇佣效率受劳动力市场规制的负面影响更为显著，而东道国劳动力市场规制则在不同企业性质之间差异不大，均显著地负向影响企业雇佣效率；企业协调能力的异质性分析表明，水平协调与垂直协调程度均处于中等水平的企业会显著地受到东道国劳动力市场规制的负面影响，垂直协调程度较低的企业也显著地受到东道国劳动力市场规制的负面影响。协调程度越高的企业受东道国劳动力市场规制的影响不显著；东道国劳动力市场规制分项指标的异质性分析表明，只有最低工资、雇佣和解雇条例两个分项指标对中资企业的雇佣效率有显著的负向影响，其余分项指标没有显著影响。

上述研究表明，中资企业的海外生产经营需要关注东道国劳动力市场的规制程度，并针对具体条例采取相应的措施以提升企业的雇佣效率。由于各国劳动力市场制度环境复杂多样，企业的雇佣行为也灵活多变，要完全厘清二者的关系，是一项繁重的研究工作。受限于全球范围内海外中国企业雇佣关系数据以及劳动力市场规制数据的缺乏，本章研究仅局限于用劳动力市场规制指标研究调查样本中南亚东南亚、中东和非洲地区 18 个国家的中国企业雇佣效率，这可能存在一定的地域偏差和指标偏差；此外，OCEES 数据调查时间节点为 2018—2019 年，对这一问题的进一步研究特别是内生性问题的处理，需要未来多期的调查数据以减弱内生性问题带来的偏差。

第十章 "一带一路"背景下中国企业跨文化人力资源管理研究[*]

2013年,中国提出了共同建设"丝绸之路经济带"和"21世纪海上丝绸之路"的伟大倡议,这一倡议很快得到了世界各国的广泛响应。随着中国进入"十四五"时期,共建"一带一路"也进入了新的发展阶段,越来越多的中国企业已经走向海外市场,更多的中国企业也在蓄势待发,准备"走出去"。鉴于"一带一路"共建国家在国情民风、经济发展水平、文化特点、价值观念、工作风格、语言及沟通方式、生活习惯等诸多方面的巨大差异,中国出海企业面临着跨文化管理的艰巨挑战,跨文化冲突往往导致企业国际化战略的实施受阻。从人力资源管理的视角来看,中国企业如何在"一带一路"的背景之下,跨越不同的文化有效开展人力资源管理,基于国内外先进的跨文化管理经验,结合企业自身情况及"一带一路"共建国家的文化特点,创造出最符合中国企业特色及东道国文化特点的跨文化人力资源管理实践,成为出海企业亟待解决的时代课题。

一 研究背景及意义

新时代给中国企业的国际化发展带来了巨大的机遇,在不断提升

---

[*] 作者简介:赵红雪,组织领导力及人才发展专家,劳动经济学会理事,原欧盟商会人力资源论坛副主席,北京大学教育与发展心理学硕士;拥有二十年国企、外企和民企跨越行业的领导力及人才发展实践经验。

国际化经营管理水平的进程中，人才是根本性要素，是企业国际化战略实施的重要载体，也是决定企业经营成败的关键。因此，跨越不同文化的人力资源管理，包括国际化人力资源管理模式的恰当选择、多元文化背景下员工高效协作的实现、人力资源效能的提升、国际化人才的选聘、任用、培养、激励、留用及职业发展，成为影响企业国际业务发展的关键。

对于出海企业来讲，具备跨越不同文化的人力资源管理能力，打造一支具备跨文化协作能力的人才队伍至关重要。企业面对国际化的人才市场，在世界范围内获取、培养、任用国际化人才也将成为常态。企业要秉承开放包容的精神，培养造就一支具有国际视野、勇于开拓、具有管理创新精神和社会责任感的高水平的企业经营管理人才队伍，通过积极进行国际化人才的培养和开发来提升组织的整体竞争力。

对跨文化人力资源管理的理论、方法、实践的研究和探讨，将为中国出海企业带来有价值的启示和参考，激发具备中国特色的管理理论与最佳实践的产生，促进建立科学的国际化人才培养开发管理机制，变跨文化经营管理挑战为企业发展的良机，发挥跨文化团队的特殊优势，确保人力资源效能最大化，大力支持中国企业在"一带一路"共建国家业务的可持续发展。

二 跨文化管理理论

文化是被一个群体的人共享的价值观念系统，文化将一群人与其他人区分开来，文化无处不在，并且时刻影响着企业国际化管理过程的方方面面。有关于跨文化研究的主要理论总结如下。

（一）霍夫斯泰德（Hofstede）的文化维度理论

人力资源管理策略的落地执行会受到多种因素的影响，其中民族文化是一项重要的因素。在跨文化领域，文化维度理论颇具影响力，它是由荷兰心理学家吉尔特·霍夫斯泰德提出的，这一理论为衡量国家之间的文化差异提供了一个框架。该理论的提出是基于霍夫斯泰德对著名的跨国公司 IBM "分布在40多个国家和地区的11.6万名员工进行了文化价值观调查",[①] 调查主要针对各国员工在文化价值观上表现出来的国别差异。霍夫斯泰德将不同文化间的差异归纳为5个基本的文化价值观维度,即个体主义与集体主义、权力距离、不确定性规避、事业成功与生活质量、长远导向与短期导向。

1. 个体主义与集体主义。这个维度用来衡量某一社会总体是关注个体的利益还是关注集体的利益。在具备个体主义倾向的社会中,人与人之间的关系是松散淡薄的,人们更多关心的是自己及家人;而在具备集体主义倾向的社会中,人们更注重族群关系,更关心大家庭。比如,中国人具备很强的集体主义倾向,而欧美国家的人则具有很强的个体主义倾向。

2. 权力距离。是指某一社会中的人对权力分配不平等这一事实的接受程度。各个国家由于对权力的理解不同,在这个维度上存在着很大的差异。如阿拉伯国家由于体制的缘故,比较注重权力的约束力。

3. 不确定性规避。是指人们忍受模糊或者感受模糊和不确定性威胁的程度。通常来讲,在低不确定性规避的文化中,人们更自信,更敢于冒险;而在高不确定性规避的文化中,人们更趋于保守。例如,巴基斯坦是中国在"一带一路"上最重要的合作伙伴之一,不确定性规避这一维度是中巴文化差距较大的一个因素。中国人比较善于适应不确定性,可以根据实际情况灵活调整,不拘泥,不死板。"巴基斯坦人受宗教信仰与集体主义的影响,保持严格的信念和行为守则,不容忍非正统的行为和思想,对规范达到了情感需求的高度,很难偏离原有轨道而改变计划。在巴基斯坦,人们认为创新与挑战是威胁安全感的重要因素。因此在企业合作中,要注重与巴基斯坦传统相契合,尽量减少不确定性因素存在的表现。"[②]

[①] 陈晓萍:《跨文化管理》(第3版),清华大学出版社2016年版,第33—34页。
[②] 张若澄:《"一带一路"倡议背景下中国与巴基斯坦合资企业跨文化管理研究》,《商展经济·下半月》2021年第6期。

4. 事业成功与生活质量。在这个维度上，中国人和其他亚洲人更重视事业的成功，普遍接受为了事业成功而牺牲一部分或一段时间的生活质量。

5. 长远导向与短期导向。在长远导向这一维度上，中国的得分最高，中国人更愿意着眼于未来，储蓄及投资的倾向都比较高，做事讲求持之以恒，而巴基斯坦人更注重短期效益，倾向于迅速拿到成果。

（二）帕尔默特（Perlmutter）的国际化人力资源管理模式理论

在国际人力资源管理领域，"根据帕尔默特和其同事的研究（Perlmutter，1969；Heenan & Perlmutter，1979），跨国公司对其国外的人力资源管理，主要采用以下 4 种模式"。①

1. 民族中心法（Ethnocentric）是典型的集权制，在这种模式下，企业的决策由公司总部制定，国外子公司没有自主权，总公司派出人员对分公司进行管理。尽管普通员工可能是当地的居民，但公司的关键职位是由公司总部派来的人管理的。这种管理模式多适用于公司国际化发展的初级阶段，其益处在于派出人员可以确保分公司与母公司在管理方面保持高度的一致性，弊端在于对派出人员的筛选、培训、任用成本比较高，而且派出人员通常需要一段时间才能适应子公司所在国的文化及环境。

2. 多元中心法（Polycentric）模式下，企业将子公司视为有一定决策权的实体。子公司在管理上大力推行本土化，一般由当地人进行管理，并着力培养当地员工，发掘优秀人才及储备管理者，该模式利于公司在当地的发展壮大。其弊端在于总部对分公司的控制力有可能不足，公司内部的一致性不高。

3. 全球中心法（Geocentric）模式下，总部与国外子公司之间是合作的关系，公司人力资源管理的重点放在协调全球目标与当地反应

---

① 陈晓萍：《跨文化管理》（第 3 版），清华大学出版社 2016 年版，第 223 页。

能力上，公司将文化差异转化为企业经营的机会，使用不同国家的高管人员来提升企业的多元化、创造力和灵活性，为高潜力的管理人员提供全球范围内的职业发展机会。这种模式好的方面是可以打造出一支高素质的国际化管理团队，弊端在于选聘、培训及跨国安置人才的成本增加，管理成本高。

4. 区域中心法（Regiocentric）模式下，人员可以在本地区的国家间流动，促进地区内高级管理人员与母国总部之间的互动与补充，适合企业从民族中心法向全球中心法的过渡阶段。弊端在于有可能限制组织的全球化战略的实施。

（三）企业国际化人才队伍管理模式的理论模型

在中国企业的国际化进程中，往往会采用以下四种不同国际化人才队伍管理模式：经营探索式、迁移复制式、属地兼容式、开拓共创式。[①]

1. 经营探索式，是一种最为初级的国际化人才队伍管理模式，主要适用于企业国际化发展的初级阶段。在这一阶段，企业"走出去"的核心任务是销售产品或服务，海外业务的地位不高，两国之间文化差异较小。经营探索式管理模式的特点是企业从国内向海外派遣少数的管理人员，在海外的普通员工主要是当地招聘的销售人员。

2. 迁移复制式，即直接将国内的人才队伍管理模式复制到海外公司，这种管理模式可以保持高度的内部一致性，效率高、成本低。迁移复制式的国际化人才队伍管理模式适用于海外业务战略地位较高、国内的母公司与东道国文化价值差异较小的国际化情形。

3. 属地兼容式，是企业在人才管理实践上适度兼顾东道国的要求和文化特征，推行属地兼容式的人才管理模式。近年来，中国企业在海外市场的属地化管理日益加强，这种方式可以降低经营成本，符

---

① 国家电网公司国际化人才开发课题组：《"一带一路"战略背景下中国企业国际化人才开发实践》，清华大学出版社 2016 年版。

合东道国的文化环境及法律法规，有利于企业融入当地文化，规避跨文化冲突。

4. 开拓共创式，是最高级的国际化人才管理模式，由作为母国的中国和东道国共同沟通协调构建出最适宜的人才管理模式，适合海外业务战略地位较高，中外方的文化差异大的情形，适用于发展水平较高、真正进入全球价值链整合阶段的跨国企业。这一模式在全球范围内配置资源和人才，是高水平的国际化运营，对跨文化管理提出了更高的要求。

关于中国企业国际化人才队伍管理模式的理论模型如图10-1所示。

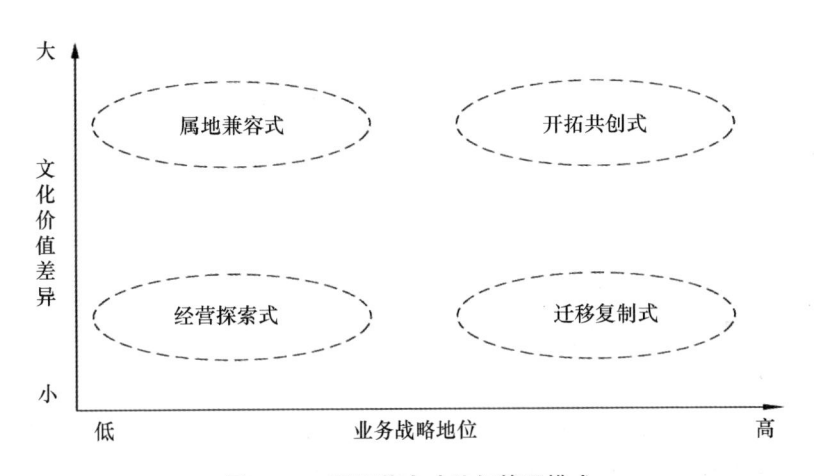

图 10-1　国际化人才队伍管理模式

资料来源：国家电网公司国际化人才开发课题组：《"一带一路"战略背景下中国企业国际化人才开发实践》，清华大学出版社2016年版。

三　"一带一路"背景下中国企业跨文化人力资源管理面临的主要挑战

在跨文化的背景下开展人力资源管理，意味着企业面对的是比单一文化背景更为错综复杂的管理情境，面临的是企业发展过程中前所未有的挑战。其中，最突出的挑战主要体现在以下几个方面。

（一）文化差异大

"一带一路"共建国家众多，不同国家在社会制度、文化习俗、法律环境、宗教信仰、价值观念、行为习惯、生活方式、沟通方式、语言文化等方面都存在一定的差异。在跨文化的合作与交流中，人们容易带着对某些文化的刻板印象，从自己的观念出发，对其他国家的文化进行审视或评判，产生"想当然"的想法，不认同、不接受、不适应不同的文化，忽略跨文化沟通的必要性和重要性，尤其是在文化差异非常大的情况下，极易造成跨文化工作的不畅乃至失败。在实践中常常出现不同国籍的员工对待工作的态度、标准和理解不一致，沟通的方式不一样，工作的想法不同频，而在短时间内改变人们的认知和行为习惯绝非易事。因此，跨文化管理工作往往沟通成本高、工作效率低，对企业在海外市场的经营和拓展产生不利的影响。

（二）跨文化管理人才不足

对于出海企业来说，在"一带一路"的背景下，在多元文化的前提下，能够找到合适的管理人才派往海外本身就是一个巨大的挑战。跨文化管理人才不仅需要掌握外语，通晓文化，还要懂得管理，能够自驱抗压，具备跨文化的领导力。但是，符合这些条件的复合型人才在市场上比较稀缺，这对于企业物色、培养、激励、保留满足国际化战略要求的管理人才提出了更高的要求。仅就语言这一项而言，在"一带一路"共建国家中通行的官方语言就达到50多种。语言是促进跨文化交流与理解的重要桥梁，但是，目前中国的小语种人才储备不足，需要加大培养力度，为出海企业输送源源不断的优秀人才。

（三）管理水平参差不齐

在外派管理人员不足的情况下，很多企业只能依赖当地雇佣的属地化员工进行管理，但是极易出现不同国家间、地区间的管理水平参差不齐、管理资源浪费、管理效率不一、管理效果不均衡的问题，造成企业难以推行统一的人力资源举措，整合跨文化、跨区域的人力资源，为不同地区的人才提供全球性的发展平台，提升组织的管理效能。

四 "一带一路"背景下高效跨文化人力资源管理的实现路径

（一）提升对跨文化管理的认识及重视程度

中国企业在"一带一路"共建国家的投资是为了谋求长期合作，实现可持续的、高质量的发展。企业走向国际市场，跨文化管理势在必行，企业需要高度重视跨文化管理的重要性，切实提升对跨文化管理的认识、学习、宣贯及落实。跨文化管理不是口号，不是走形式，而是企业国际化发展成败的关键，需要通过高度的重视与扎实的工作才能将跨文化管理落到实处。在企业准备进入海外市场前，应事先了解当地的文化，充分理解不同文化之间的差异，提前预测可能遇到的跨文化管理风险，找到行之有效的解决方法及应对之策。

（二）打造兼容并蓄的企业文化

文化胜于战略，文化是支撑企业发展的内在动力，企业国际化的成功须以文化先行，通过建设开放、包容、尊重、合作、多元化的企业文化，以人为本，求同存异，潜移默化地影响人、鼓舞人、凝聚人、激励人、留住人。虽然各国之间的制度、文化、习惯有所不同，但是，合作各方都有着共同追求的目标，那就是共赢。因此，企业要将"中国风"和"当地味"兼容并蓄，在坚定文化自信的同时，吸收融合不同文化中精华的部分，创建出富有特色的新型企业文化。人力资源部要搭建企业文化建设的平台，积极促成多元文化的融合，设计组织各种文化宣贯与文化融合的活动，为不同文化背景的人才创造连接、了解、互动、合作的机会，促进彼此尊重及换位思考，推动跨文化的沟通协作，提倡以同理心为基础的真诚交流，解答员工的困感，消除文化偏见与文化隔阂，在企业内部构建起尊重差异、善用差异的统一价值观，让所有员工感受到多元文化带来的价值。与此同时，在日常的跨文化工作交流中，要充分尊重不同文化背景的宗教信仰、风土人情、文化习俗，在工作中不要干涉或评判他人的政治立场，宗教信仰，尊重各民族的生活习惯与禁忌。

（三）基于企业发展战略及发展阶段选择适当的跨文化人力资源管理模式

在考量公司的战略发展时，出海企业需要将人力资源的管理模式考虑在内，根据公司的总体发展战略以及东道国当地的实际情况，包括政策法规、文化背景和人才市场的状况，确定采用何种具体的人力资源管理模式，建立起相应的融员工的选、用、育、留及绩效考核、薪酬福利、激励机制于一体的一整套人力资源管理体系，确保企业在与国内总部保持一致的同时，充分融入当地文化、发挥当地人力资源的潜力、培养国际化的人才梯队。一般来讲，在企业国际化的初期，中高层管理岗位以派遣中方人员为主、属地化人员为辅；专业技术岗位以当地员工为主、中方人员为辅；普通岗位尽可能本地雇佣。待企业在海外市场的发展趋于成熟，中高层管理岗位可加大本地雇佣的比例，积极探索利用本地人管理本地人的属地化管理模式，规避跨文化风险，降低人力成本，获得最大的管理效益。

（四）打造跨文化人力资源管理的能力

第一，建设一支多元化的人力资源管理团队。从管理团队成员的民族、地域、性别、年龄、专业到个性风格等方面，优选具备差异、各有千秋的各级管理者，积极促成他们之间的沟通协作，建设一支卓越的跨文化人力资源管理团队，集中应对跨文化管理的种种难题，从更多元的视角出发，开放式地探讨问题，增进对他人的理解，汲取各自的优势及经验，高效协同，集思广益大胆创新，形成跨文化人力资源管理的核心竞争力。

第二，提升人力资源管理效能。依据企业的战略发展目标，拥抱

第十章 "一带一路"背景下中国企业跨文化人力资源管理研究

跨文化的差异，发挥多元背景下人力资源的潜能，结合中外企业管理的先进经验，制订长期导向的人力资源规划，构建人力资源管理体系，科学评估合理配置岗位人才，做到人才供给与人才需求的匹配与平衡，为战略实施储备好相应的人力资源，同时杜绝浪费人力资源，追踪管控人力成本，整合全球的人力资源，推动跨区域、跨领域的合作，培养国际化、复合型的人才，通过专业的举措调动人才的积极性，赋能员工，激活人心，提高人力资源的效能。

第三，建设企业的雇主品牌。大力建设企业的优秀雇主品牌，用品牌吸引目标人才，积极调研员工的价值主张，提升员工在企业工作的自豪感、归属感以及日常的工作体验，让优秀员工成为企业品牌宣传大使，参与国际性的优秀雇主评选，提升企业雇主品牌的国际美誉度，利用传统媒体与社交媒体大力宣传，吸引国际化人才的青睐，促进优秀的人才与企业长期携手共同发展。

第四，建立跨文化人才库。鉴于跨文化人才在市场上的稀缺性，加大招聘网罗人才的力度，在全球人才市场物色优秀人才，深入了解不同地区人才的特点及需求，纳入企业人才库，跟随市场动态不断更新人才库的信息，与备选人才保持密切的联系，为企业在海外的战略发展提供丰沛的人力资源，并为未来进一步开拓海外市场积累扎实的人才储备。

第五，精细服务分层管理。一般来说，出海企业的人力资源管理对象主要分为三个层次：中高层管理者、专业技术人员、普通员工。鉴于这三类人员所担任的职位不同、对组织的贡献不同、个人能力素养及对工作的诉求不同，在人力资源管理方面可以进行分层管理，提供精细化的服务，理解不同层级员工的情感及实际需求，提升管理的精细度，从而对他们在一线的工作给予强有力的支持，在全球市场配置优秀人才，并为他们打通职业发展的通道。

对于中高层管理者这一层次的人员来说，他们对公司的发展具有高度的战略重要性，是企业开拓国际市场的领军人物和中坚力量，担当着组织架构中的关键岗位职责，担负着整个团队或部门的管理责任，在国际竞争中善于把握机遇争取主动。人力资源部门须给予高度的重视，有力的支持以及细致的关怀，确保调动他们的积极性，发挥他们的领导力及先锋模范带头作用，历练他们带领跨文化团队的管理能力，理解他们在跨文化管理中所面临的非同一般的挑战，为他们提供人力资源政策、工具、资源、培训、激励方面的大力支持，与他们保持密切的沟通，共同研究解决遇到的跨文化管理的棘手问题，探索解决问题的新方法、新途径、积累在不同市场的员工管理经验，重点培养他们跨文化带队伍的领导力，促进他们在国际职场的发展，打通职业发展通道，助其设计未来的职业发展利空，成为他们在海外奋斗的坚强后盾及业务伙伴。

作为专业技术人员的员工，他们是企业海外拓展需要的领域专家，具备过硬的专业知识和技能和较强的专业精神，为企业的海外项目提供技术指导，攻克技术难题，因地制宜探索适合当地情境的技术方案，推动项目落地执行，是企业不可或缺的一股专业技术力量。在工作中，他们需要与各级管理干部和普通员工协作配合，也需要在跨文化的场景下完成海外项目的专业交付。在面向专业技术人才的人力资源工作中，要注重任人唯贤，尊重专业，发掘专家，培养骨干，鼓励创新，创造技术奇迹。在激励工作上做到位，在分配工作中体现多劳多得，在生活上给予关心，确保他们处于良好的工作状态，对工作充满激情，在海外安心工作，无后顾之忧，及时疏解工作压力，重点培养他们的技术专业力与跨文化的协作力，实现专业上的精进与国际化的职业发展，为企业的发展做出突出贡献。

对于普通员工这一层次的服务对象，人力资源部门要意识到他们是员工队伍中的主体，在数量上往往占大多数。人力资源工作者要走出办公室，深入一线和基层，与这部分员工建立连接，了解他们的想法、建议、困难及整体的工作状态，根据实际情况相应地调整人力资源政策及管理方法，识别高潜力的人才，建立后备管理梯队，向企业管理层提示管理风险，重点培养基层员工的执行力以及跨文化的协作力。

第六，培养国际化人才。企业的国际化发展对于跨文化人才的素质提出了更高的要求，人力资源部应与用人部门沟通确定人才素质要

第十章 "一带一路"背景下中国企业跨文化人力资源管理研究

求,精准描绘人才画像,设计针对性的面试、笔试及心理测试,重点考察文化的适应性,全方位选拔应聘者,确保企业找到"对的人"。建立国际化人才的素质模型可以考虑以下几个维度。

一是国际视野和战略眼光。具备宽广的国际视野,能够居高望远,纵览全球动态,掌握全球资讯,通晓国际政策,清晰理解企业国际化战略,并且具有高超的管理能力和协调能力。从中国企业的国际化实践来看,海外项目的中高层管理者多是由中国派出的具备国际视野和战略眼光的管理者。

二是开放包容的心态。理解多元文化价值,尊重不同的文化习惯,拥抱文化差异。对不同的文化形态持开放的胸怀,理性对待文化差异,能够从不同的视角看待问题,发掘运用不同文化中的精髓,能够与不同文化背景的人员和谐共事。

三是高成就动机。自愿选择有难度、有价值的目标,全力以赴,追求超越,有冒险精神,不怕失败,挑战自我,自律自强,结果导向,通力合作,实现共赢。

四是创新能力。创新是社会进步的灵魂,国际化人才的创新精神和创造力是人类发展和社会进步的核心动力。国际化人才应能够大胆创新,突破地域和文化的局限,为解决国际化过程中遇到的棘手问题贡献新思路和新方案。

五是跨文化沟通能力。由于文化影响着企业管理过程的每个环节,国际化人才必须具备跨文化沟通的能力,能够有效地与来自不同文化背景的人进行畅通高效的沟通,快速建立信任,清晰地表达自己的想法,倾听理解对方的感受,同时能够让对方理解自己。在沟通中体现尊重,求同存异,文化适应能力强。掌握有关外语与跨文化的知识。作为管理人员,在跨文化沟通工作时,清晰表达工作的内容、标准、意义和价值,确认对方完全理解之后再去执行。

六是跨文化领导力。具备全球思维,能够在跨文化的环境下洞察文化差异,整合全球资源,打造包容性强的文化,带领影响不同背景的内外部工作相关方,与员工建立信任关系,成为员工愿意追随的领导者,帮助员工融入组织当中,担当重任,突破现状,排除困难,达成组织发展的战略目标，解决跨文化进程中遇到的管理难题。

七是跨文化知识及能力。能够快速地学习不同文化的知识、专业知识及管理技能，并且在实际工作中加以实践总结，快速适应跨文化的工作内容，成长为应用型、复合型的跨文化人才。

八是敏捷与韧性。面对复杂多变的工作场景，具备敏捷反应和灵活处理的能力，不拘泥于过去的经验，能够结合具体情况，审时度势，快速调整，因地制宜，灵活转向。面对困难百折不回，坚韧不拔，不轻言放弃，穷尽一切办法寻求解决方案。面对差异不惧怕不排斥，面对变化积极应对。

第七，加强跨文化培训。跨文化是出海企业面临的重要课题，人力资源部应会同业务部门，通过组织培训及交流活动帮助企业各级人员提高跨文化的认知及能力。在培训内容上，结合企业国际业务涉及的不同国家的文化，设计培训内容，除了跨文化的知识、跨文化管理能力等方面，还需要加强对员工海外文化适应、心理适应能力和自我调整能力的培训，帮助员工快速适应海外工作与生活，减小文化冲击的影响，缓解进入新文化环境造成的心理焦虑，快速建立跨文化的思维和行为方式，加快适应新的文化环境，努力消除文化冲突，发展文化认同。在培训形式方面，除了传统的正式课堂学习，还可以设计开展各种内部跨文化交流活动，邀请不同文化背景的员工介绍各自文化的思维方式、行为习惯、风俗文化、沟通技巧及文化禁忌等。在培训的师资方面，既可以选择专业领域的讲师，也可以邀请各国家或地区的高层领导者担任跨文化管理的导师，讲授来自一线的真实案例及解决方法，建立一支跨文化培训师队伍，听取学员的反馈和感受，开发出适合本企业的独特的培训体系。针对培训带来的效果，开展学员问卷调查，收集员工的真实反馈，了解员工的真实诉求及评价，更有针对性地设计相应的培训内容及形式，培养保留优秀的培训师。

第八，完善绩效考核体系。人力资源部门应协同业务部门，建立清晰的岗位工作目标及量化的考核管理标准，通过年度、季度及平时的绩效沟通及考核流程，全面评估管理者的领导力以及员工的工作能力、工作态度与文化适应力，经由公平、公正、公开的考核流程，对个人和部门的阶段工作进行客观公正的评价,明确个人和部门对组织的贡献,选拔高效能的管理者以及高绩效、高潜力的各级人才,给予他们薪酬激励及职业晋升的机会,充分调动他们的积极性和责任感。对于绩效不佳的情况,与业务部门的管理者细致沟通,安排绩效辅导,促进绩效改进,通过考核促进人才成长及组织绩效的同步提升。

第九,建立有吸引力的薪酬激励机制。基于东道国劳动力市场的特点及人力成本的水平,建立可持续的、有吸引力的薪酬管理制度,制订针对性的薪酬策略及激励方案,确定薪酬结构,包括固定薪酬、可变薪酬及福利待遇。积极参与本地薪酬调研,了解当地市场的薪酬水平,确保企业薪酬体现公平性,具备竞争力和激励性,能够帮助企业吸引人才、保留人才,同时又符合经济性的原则,合理控制人力成本,减少资源浪费,确保薪酬激励符合企业的承受能力、利润积累、成本控制的范围,从而支持企业持续获得经营效益。

第十,关注劳动关系及用工风险。根据全球的人力资源政策及东道国的法律法规及政策环境,确定各地区的人力资源管理策略及实施细则。由于各国劳工政策存在着比较大的差异,人力资源部应根据法务部的建议,结合业务开展的管理实践,相应调整人力资源管理举措,确保企业在当地的用工合法合规,与员工确立正式的劳动关系,推出完备的管理制度及员工管理手册,规避用工风险,减少劳动争议或法律纠纷。

五 中国企业跨文化人力资源管理优秀案例

(一) 中国广核能源国际控股有限公司的企业文化建设

中国广核能源国际控股有限公司(以下简称能源国际)成立于2017年11月21日,公司致力于成为中广核境外非核清洁能源开发、投融资和资产管理的全球平台。目前,公司管理的清洁能源项目已遍布15个国家。在东南亚、埃及、孟加拉国、法国、韩国、巴西等国家和地区占有一定市场份额,并已形成多个高质量区域利润中心和发展平台。

公司建立了符合开展国际化业务，并为广大员工普遍接纳的企业文化理念，以"安全第一、合法合规、长期发展、本地经营、追求卓越"为企业经营理念，树立"严谨、专业、创新、友好的国际知名清洁能源发电商"品牌形象，形成公司文化软实力。

在多元文化背景下，能源国际坚持将海外优秀文化"请进来"和中国传统文化以及中广核企业文化"走出去"相结合。通过搭建"工作坊""文化寻根之旅"等平台把境外员工请进来；并利用各国传统节日有针对性地开展特色文化交流活动，向当地民众传播中华文化，促进文化融合。

在安全文化建设方面，公司取得了可喜的成果。2018年起，能源国际应用中国共产党发展理论和实践，努力在境外资产传播安全文化，稳步推进安健环中长期管理规划，以实现一体化"全球化安健环治理"（Global SHE Governance）。公司自主设计了安健环专属LOGO，以形象化传递中广核安全文化理念，广受外籍雇员的认可与好评；在境外首创性提出"全球安全月"的活动倡议，以便将中国"安全生产月"的做法推向境外，使得15个国家的1600余名员工（其中外籍雇员占比90%以上）全面深入地理解中广核安全文化内涵；每年6月底，面向能源国际安健环大团队（CGNEI SHE Family）组织召开"全球安健环论坛"，打造职业化、专业化的安健环专职管理队伍；每年11月组织关键岗位管理者参加能源国际"全球安全工作坊"，培育管理者安全文化意识，统一安全管理思想认识；截至2021年，公司全球资产未发生自有员工重伤及以上事故，LTIR（20万工时损工事件率）持续走低，目前为0.012，远低于美国电力行业数值0.3（2020年美国OSHA披露的数据）。同时，各下属公司还积极主动向所在地监管部门、社区、公众、合作伙伴传播能源国际的安全文化理念，获得广泛好评和认可。例如，中广核埃德拉公司（总部位于马来西亚吉隆坡）于2021年获得马来西亚职业安全与健康协会（MSOSH）"职业安全与健康金奖"，欧能公司（总部位于法国巴黎）获得英国皇家事故预防协会2021年度金奖，韩国公司（总部位于韩国首尔）下属

第十章 "一带一路"背景下中国企业跨文化人力资源管理研究

大山电厂2022年获得韩国产业安全协会颁发的连续7年无事故证书，巴西公司（总部位于巴西库里提巴）2021年获得巴西环境责任金奖。

通过能源国际"走出去"的实践探索，公司总结出如下经验供其他"走出去"或即将"走出去"的企业参考。

第一，企业走出去，企业文化要跟上，"神不散才能形不散"，而排头兵就是企业安全文化，因为"全球命运共同体"的使命，"安全第一"具有天然的正义性，能够引发广泛的共情和共鸣，因此，作为管理者务必高度重视安全文化建设，这是打开局面的关键点。

第二，"走出去"的企业基本都是国内的佼佼者，有自己赖以成功的文化、理念、管理体系和实践，我们企业管理者要有充分的自信。同时也要主动对接、吸纳国际做法，要以外籍雇员能够听得懂、做得到的方式有步骤、有计划地推行自己的文化理念。

第三，企业面临的所有问题的解决，都需要人的配合，因此企业要注重团队建设，帮助员工成长，注重跨文化沟通，通过换位思考，倾听理解建立工作中的信任关系。

（二）中交集团的跨文化管理经验

中国交通建设集团有限公司（以下简称"中交集团"）拥有60多年的海外发展历史，公司国际化程度高，目前已在122个国家和地区设立了267个境外机构、在全球157个国家和地区开展实质业务。中交集团在"一带一路"共建国家和地区累计修建公路1.3万多千米，桥梁180余座，深水泊位121个，机场17个，提供集装箱桥吊760余台，规划运作园区23个，新建实施和在运营铁路超过1万千米，累计新签合同额超过1000亿美元，在建项目有900多个。[①]

通过多年的海外市场经营管理实践，中交集团在跨文化管理人力资源方面积累了丰富的实践经验。

首先，中交集团严把项目关，在选择海外项目时以合法合规为首要条件，注重项目的长期可持续发展，通过建设廉洁项目，让"一带

---

① 新华网：《中交集团——国际化程度高是企业的基因》，2021年8月13日。

一路"成为廉洁之路。

其次,在派遣海外项目管理人员时,重点遴选"高端型、复合型人才",构建了选拔使用、考核评价、集约配置、激励保障、培养开发的国际化人才管理体系,并制定了不同层次、不同类别人才培养、引进、使用、管理的举措。通过海外项目的实践历练,培养了一批具有国际化视野、熟悉国际商业规则、有能力跨文化经营管理的优秀管理干部,为企业的国际化经营战略的实施提供了坚实的保障。

最后,中交集团不断推进属地化管理,坚持"进入一个、稳固一个,深耕一片"[①]的经营开发战略,在人力资源管理领域,充分尊重东道国的文化环境,大力发挥本地的资源优势,大规模招募当地人才,坚持长期主义发展,为员工提供职业发展机会及学习成长平台,着力培养能够支撑公司长期战略发展的国际化人才队伍。至 2021 年,中交集团在境外的常驻员工多达 10 万人,除了约 3 万人是中国籍员工,其余的都是外籍雇员,达到比较高的当地聘用率。采用属地化管理方式,聘用当地人才,释放本地人才的潜能,充分利用当地的资源,这些举措有力地推动了中交集团海外业务的蓬勃发展。

(三) 温州民营企业走出去的跨文化管理

随着"一带一路"发展的大潮,作为中国民营企业中一股最活跃的力量,越来越多的温州民营企业走出国门开拓海外市场,通过投资建厂、上市融资、境外并购等方式经营海外市场,取得了丰硕的成果。与此同时,在温州民营企业走向国际化的进程中,也面临不同社会环境的碰撞、不同价值观的差异、文化冲突的挑战等问题,由于欠缺跨文化管理的意识、方法和能力,温州民营企业遇到了一些发展瓶颈。要实现高效的跨文化管理,温州企业可采取以下四种途径。

第一,建立具有跨文化属性的企业制度,在制定企业制度及执行企业制度的具体工作中,充分考虑到跨文化的背景,不能一刀切,或完全照搬国内的做法,要结合所在国家或地区的法律法规及实际管理

---

① 新华网:《中交集团——国际化程度高是企业的基因》,2021 年 8 月 13 日。

环境，因文化而异、因地制宜地开展有效的管理。

第二，做好跨文化属性的人力资源管理，从跨文化的视角入手，审视、调整原有的人力资源管理政策、规范、流程，在人才招募流程中引入跨文化能力的考察与评估环节，任用真正具备国际化素质的人才，培养人才梯队，尊重人才的内在需求，在人力资源管理中结合海外市场文化进行因地制宜的考核激励，更多使用正向激励。

第三，搭建跨文化属性的企业内部沟通平台，重视跨文化沟通，积极搭建沟通平台，提倡多元文化，保持开放心态，促进不同文化的融合。

第四，设计具有跨文化属性的产品品牌，将跨文化的理念延伸至产品的设计、开发、品牌建设工作中，博采不同文化元素之长，通过不断的探索、总结和调整，造就中国制造世界青睐的优秀品牌。[①]

六 总结

综上所述，"一带一路"的发展为中国企业在国际市场大有作为提供了前所未有的历史机遇，为跨文化的人力资源管理这一课题提供了丰厚的研究和实践土壤，同时也向企业组织的各级管理者提出了更高的要求。基于中国企业不断总结的跨文化管理经验，对于企业国际化过程中面临的跨文化管理难题，我们有望探索出具有中国特色的、解决实际问题的人力资源管理理论、方法、解决策略及最佳实践，为更多的企业在国际市场获得成功贡献有价值的管理智慧，促进各国的商业合作与文化交流，拉近中国与共建国家之间的关系，在"一带一路"倡议下促进合作共赢，实现共同发展。

[①] 杨爱美：《"一带一路"背景下温州民营企业"走出去"的跨文化管理》，《中国商论》2021年第1期。

第十一章 "一带一路"背景下中国出海企业人力资源管理[*]

"一带一路"是"丝绸之路经济带"和"21世纪海上丝绸之路"的简称。2013年，习近平主席在访问哈萨克斯坦和印度尼西亚时提出，一经问世便受到了世界各国政府、各国人民的广泛支持和持续关注。2017年10月，党的十九大将推进"一带一路"建设写进党章，凸显了"一带一路"建设的重要性和长远性。2022年，党的二十大报告明确提出，"坚持高水平对外开放，加快构建以国内大循环为主体、国内国际双循环相互促进的新发展格局"。2023年是"一带一路"倡议提出的第十个年头，也是构建人类命运共同体的十周年。2023年年初，中国分别与菲律宾、土库曼斯坦签署了共建"一带一路"谅解备忘录，这充分表明共建"一带一路"倡议顺应经济全球化的历史潮流和全球治理体系变革的时代要求。党的二十届三中全会通过的《中共中央关于进一步全面深化改革推进中国式现代化的决定》中强调，完善推进高质量共建"一带一路"机制。"一带一路"倡议始终保持强大韧性和旺盛活力，持续为世界提供新机遇。回首过去十余年，在构建人类命运共同体的合作理念下，中国积极探索与其他国家的合作路径，同149个国家和32个国际组织签署了共建"一带一路"合作文件，形成了3000多个互联互通、社会民生等方面的

---

[*] 作者简介：边辰，中国人民大学劳动人事学院硕士生，人力资源管理专业；主要研究方向为战略人力资源管理、人力资源服务业、领导气质等。

合作项目。①

　　这些数字的背后是一个个响应国家号召出海投资的有为企业，此前外交部曾指出"一带一路"共建涵盖60多个国家和40多亿人口，占近2/3的世界人口，是一片十分广阔的市场。2015年《推动共建丝绸之路经济带》和《21世纪海上丝绸之路的愿景与行动》（以下简称《愿景与行动》）发布，对于"一带一路"的范围概念做出了新的定义。《愿景与行动》指出"一带一路"贯穿欧亚非大陆，并没有规定具体的范围和国家名单。也就是说，"一带一路"不是一个封闭固定的范围或者概念，没有绝对的边界。只要认同"和平合作、开放包容、互学互鉴、互利共赢"这一文化理念，即使并非传统意义上的共建国家，也可以参与这一开放、包容的国际区域经济合作网络。②这意味着未来可以预见的很长一段时间里，中国企业还可以借助"一带一路"倡议配套的优惠政策进一步"走出去"，到那些此前并未涉足过的国家，在帮助共建国家发展的同时实现企业自身的壮大。但这同时也对企业自身的人力资源管理能力尤其是海外人力资源管理能力提出了新的要求。

　　对于出海企业管理模式的研究早已有之，如王颖认为，需要通过构建竞争机制、分享机制和迁移机制来重构新时代人力资源管理。③宋莹和姚剑锋以通用电气作为研究对象指出，人力资源本土化对于跨国企业的东道国人力资源开发十分重要，具体可以通过对员工的培训、职业生涯管理、绩效评估与薪酬体系以及创新沟通渠道这"四驾马车"实现。④刘宇和彭剑锋通过对汇丰集团的深入分析，提出汇丰

---

① 周谷平、阚阅：《"一带一路"战略的人才支撑与教育路径》，《教育研究》2015年第10期。

② 刘卫东：《"一带一路"战略的科学内涵与科学问题》，《地理科学进展》2015年第5期。

③ 王颖：《"走出去"背景下大型国企人力资源管理面临的挑战与改进思路》，《企业改革与管理》2019年第13期。

④ 宋莹、姚剑锋：《跨国企业的本土化人力资源管理——以通用电气（中国）为例》，《中国人力资源开发》2015年第24期。

跨国业务的成功在于其企业战略与人力资源管理职能两维度的整合，促使人力资源管理实践在组织、部门、个人三个层面体现了企业战略，进而实现企业战略、人力资源战略、人力资源实践三者的协同。[①]唐尧通过对中油国际乍得公司的研究，发现当前海外人力资源管理至少存在语言障碍、文化差异、用工本地化和人员考核激励四方面的问题，并提出设立多层次沟通机制等解决措施。[②]孟艳提出，人力资源跨文化管理最令人头痛的是文化冲突，即不同形态的文化相互碰撞和相互排斥。这要求跨国公司明确公司文化、持续对人力资源进行培训、建立全新的人力资源管理方式并建立适应全球化竞争的人力资源管理组织系统。[③]王静和孙婷婷主要研究了跨国公司的当地化，当地化的好处在于可以增加东道国政府信任、降低经营成本、减少沟通障碍、提高组织士气以及加快海外网点的布建与进程。[④]

除了针对出海企业人力资源管理模式的概括总结，对于最佳国际人力资源管理实践的判定也一直吸引着学者的目光。例如，赵曙明等通过对在华跨国企业的问卷调查，分析人力资源管理对于企业绩效的影响，他们以国际化程度、企业运用人力资源管理系统的程度以及人力资源管理与企业战略整合的程度作为衡量人力资源管理实践的自变量维度。[⑤]发现实施战略人力资源管理同企业绩效之间存在正相关关系。同时也有研究者探讨最佳跨国人力资源管理模式的实施细节和落地的具体步骤。梁晓雅指出，中国企业在跨国经营过程中不应该一味照搬照抄国际标杆企业，相反应该进行符合自身发展情况的调整和改

---

① 刘宇、彭剑锋：《跨国企业全球人力资源管理模式研究——以汇丰为例》，《中国人力资源开发》2015年第2期。
② 唐尧：《对跨国经营人力资源管理的思考——以中油国际乍得公司为例》，《中国人力资源开发》2012年第7期。
③ 孟艳：《跨国公司的人力资源及文化管理》，《人力资源管理》2011年第5期。
④ 王静、孙婷婷：《浅谈跨国公司员工当地化》，《人力资源管理》2011年第3期。
⑤ 赵曙明、高素英、耿春杰：《战略国际人力资源管理与企业绩效关系研究——基于在华跨国企业的经验证据》，《南开管理评论》2011年第1期。

第十一章 "一带一路"背景下中国出海企业人力资源管理

良,如加强培训、充分授权、增加员工归属感等。① 康灿华等在不同跨国公司人力资源开发管理模式的对比中同样指出,各国跨国公司的人力资源管理模式都来自不同的本国背景,是在具体实践中形成的,中国企业应该根据本国、本企业的特点摸索出适合自身特点的人力资源管理模式。② 程婷通过研究龙头跨国企业得出数条经验借鉴:如树立"以人为本"的观念、制订科学的培训计划、变革激励机制、指导员工职业生涯发展等。③ 崔洛燮和张德以资源基础理论分析了国际人力资源管理模式,将其分为接受输出型、积极整合型、静止型和自主适应型,跨国公司应该避免静止型人力资源管理模式出现,并将此模式向其他三种转换。④ 刘永强和赵曙明从知识创新视角研究了跨国公司组织文化与人力资源管理的协同问题,认为跨国公司为了保持文化团队的知识创新活力应该重组跨文化团队,比如按照不同的民族归属,而不是按照各自的知识和能力。⑤ 邱立成和成泽宇重点提到了跨国公司的培训重点,认为应该根据培训对象、培训目的的不同采取不同的培训强度和方法。⑥

但专注于"一带一路"出海企业人力资源管理模式的研究当前还不常见,多数是针对一个企业进行案例研究或者归纳大部分国内外出海企业的人力资源管理模式并加以总结,如此得出的结论并不能直接照搬运用到"一带一路"出海企业的人力资源管理模式上。因此,本章在归纳相关理论的基础上针对性分析了"一带一路"出海企业面临的独有特点和困境,并提出了相应的解决方法和政策建议。

---

① 梁晓雅:《国际人力资源管理最佳实践的跨国转移研究》,《中国人力资源开发》2009年第8期。
② 康灿华、王龙、张吉鹏:《跨国公司人力资源开发与管理模式的国际比较》,《中国人力资源开发》2002年第4期。
③ 程婷:《跨国公司人力资源管理的经验借鉴》,《人才资源开发》2009年第6期。
④ 崔洛燮、张德:《基于资源基础理论的跨国公司人力资源战略研究》,《现代管理科学》2007年第3期。
⑤ 刘永强、赵曙明:《跨国公司组织文化与人力资源管理协同研究:知识创新视角》,《中国工业经济》2005年第6期。
⑥ 邱立成、成泽宇:《跨国公司外派人员管理》,《南开管理评论》1999年第5期。

一 文献综述

（一）文化维度理论

跨文化管理研究最早可以追溯到1961年。Klukhohm 和 Strodtbeck 对不同文化和种族社区进行了大规模的跨文化研究。他们认为人类共同面对的六大问题将不同的文化区分开来，分别是：对人性的看法，人们对自身与外界自然环境的看法，人们对自身与他人关系的看法，人的活动导向，人的空间观念，人的时间观念。[①] 但 Kluckhohn 模型有一定缺陷，例如由于模型测量的标准与结果是普遍性的，因此不能准确地衡量个体在同一个文化环境下的行为具有个性特点。

Edward 同样提出了自己的文化维度，重点在于对文化语境的高低区分。此模型强调的语境主要指语言使用环境，也可以指语言表达外的其他文化信息。[②] 信息的传递往往会伴随副语言，如姿势、手势、空间语、年龄、性别、教育，即使是电子信息，也有使用的语言符号（如表情包），也会有语境。低语境文化背景下，人们更多依赖表面的语言信息，如欧美地区；高语境背景下，人们获取信息更多的是从语境中得出的，如中国、日本、中东。同时，高语境与低语境文化背景下的人们在跨文化交际中容易对彼此的判断产生一定误解，如信息获取的交流障碍、对对方的信任问题。因此，这非常需要交流者熟悉对方的文化背景，采取合适的表达方式。

在此领域影响力最大的里程碑式人物是吉特·霍夫斯泰德，他提出了一个以跨文化交流为中心的知识框架。[③] 霍夫斯泰德1967—1973年于著名的跨国公司IBM（国际商业机器公司）进行了一项研究，他的团队对IBM公司的各国员工先后进行了两轮问卷调查，用二十几种不同语言在72个国家里发放了11.6万余份调查问卷并回收了答案。调查

[①] 转引自高臣、成志《"一带一路"战略下中国企业"走出去"的跨文化管理》，《中国人力资源开发》2015年第19期。

[②] Edward T. Hall, *The Hidden Dimension*, 1966.

[③] 张羲红：《M集团成都分公司跨文化沟通优化研究》，电子科技大学，硕士学位论文，2023年。

和分析的重点是各国员工在价值观上表现出来的国别差异。[1] 1980年霍夫斯泰德出版了《文化的影响力：价值、行为、体制和组织的跨国比较》，共包含五个维度，这些维度共同描绘了根深蒂固的文化对自身社会成员价值观的影响，它们还借助结构化的权重分析来描述这些价值观与人们行为之间的作用关系。2010年在与合作者合著的书籍中霍夫斯泰德又添加了一个维度使整个理论更加完善。目前霍夫斯泰德文化维度理论包括六部分：分别是权力距离（Power Distance）、不确定性规避（Uncertainty Avoidance）、个人主义和集体主义（Individualism vs. Collectivism）、男性偏向和女性偏向（Masculinity vs. Femininity）、长期取向和短期取向（Long-Term vs. Short-Term Orientation）、放纵和自我约束（Indulgence vs. Restraint）。[2]

（二）GI-LR 模型

全球整合—当地响应模型（GI-LR 模型）是在跨国企业发展过程中应运而生的，其发展基础是一体化和本地化，一体化是指持续经营的基础上对分散在不同地域和活动进行集权管理。本地化是指主要针对地方性的竞争和消费需求，由某一子公司自主做出的资源配置决策。

Doz 和 Prahalad 在一项有关跨国公司战略控制模式的研究中提出了这一范式，该范式描述了跨国公司在向海外扩张时必然要面对的双重环境压力：一是全球整合，二是当地响应。[3] 全球整合的压力是指跨国公司要依据总体战略采取全球整合的方式来协调海外子公司的资源和活动以获得尽可能大的效率和竞争优势；而当地响应的压力则是指跨国公司要根据所在国的政府规制、竞争环境和市场需求等具体特点来组织它在全球的经营管理活动。[4] 具体而言，随着全球整合程度

---

[1] 李文娟：《霍夫斯泰德文化维度与跨文化研究》，《社会科学》2009年第12期。
[2] 李文娟：《霍夫斯泰德文化维度与跨文化研究》，《社会科学》2009年第12期。
[3] Doz Y., Prahalad C. K.,"Patterns of Strategic Control within Multinational Corporations", *Journal of International Business Studies*, 1984, 2, 55-72.
[4] 刘燕、赵曙明：《全球整合—当地响应范式应用研究回顾与展望》，《外国经济与管理》2010年第9期。

的上升和当地反应程度的下降，国际人力资源管理模式逐渐从本地化战略向多中心战略和全球性战略转变，即全球整合程度越高，母公司对子公司的控制和统一意愿越强，当地反应程度越大，跨国公司越倾向于本土化用工。

1996 年，Taylor 等在跨文化背景下提出了自主型（Autonomous）、接受型（Receptive）、积极型（Active）和适应型（Adaptive）、输出型（Exportive）、整合型（Integrative）人力资源管理战略模型。[1] 反映在全球整合程度和当地反应程度方面可表示为：随着全球整合程度的上升，当地反应程度的下降，跨国公司人力资源管理战略模式逐渐从自主型、适应型转向积极型、整合型和接受型、输出型。换言之，以母公司作为主视角，全球化越高，子公司越趋向于被动接受母公司的输出，而当地反应程度越高则母公司对其控制力越弱，甚至会出现被迫适应子公司进行调整的情况。

对于全球整合程度和当地反应程度都较低的情况，有学者将其视作静止型，[2] 在这种情况下子公司并不能发挥应有的价值，因此大部分母公司极力避免此种情况，将其努力向其他三种情况进行转变或者直接对其进行撤销。

（三）海外子公司经营模式

2007 年，Perl Mutter 提出四种跨国企业的人力资源管理模式，分别是民族中心主义模式、多中心主义模式、地区中心主义模式和全球中心主义模式。

民族主义意味着以种族为中心的招聘方式，即从跨国公司母国招聘人员外派至全球各地，母公司对子公司员工严格控制。采取这种方式的主要原因是母公司认为东道国人员素质不符合母公司要求，缺乏适合的管理人员，而来自母国的管理风格、知识、评价标准和管理人

---

[1] Taylor S., Beechler S., Napier N., "Toward an Integrative Model of Strategic International Human Resource Management", *Academy of Management Review*, 1996, 21 (4), 959-985.

[2] Taggart J. H, "An Evaluation of the Integration—Responsiveness Framework: MNC Manufacturing Subsidiaries in the UK", *Management International Review*, 1997, 4, 295-318.

第十一章 "一带一路"背景下中国出海企业人力资源管理

员均优于东道国,只有母国的管理人员才是公司(包括总部和子公司)高级经理人员的首选,从而实现与公司总部保持良好的沟通、协调和控制等方面联系的目标。

多中心主义模式配备的人员招聘政策为招聘东道国人员管理当地的子公司,而母国人员在母国总部任职。多中心型与民族中心法的态度截然不同,明确承认母国与东道国的差异,相信东道国的管理人员在处理当地问题上有更大的发言权,子公司有较大的自主权,母公司则通过财务手段进行控制。

地区中心主义模式是指跨国公司用具有限定条件的方法管理高层,人员可至他国任职,但只能局限在特定的范围,区域管理者不能进入母公司,但在所辖区域权力较大。这种方式进一步放宽了非母国员工的晋升通道,同时也响应了东道国政府的本土化需求,是多中心主义进一步发展的结果。

全球中心主义模式体现了母公司对于不同文化的尊重和重视,在国际人力资源管理模式中体现为子公司有能力在全球范围内达到极高的经营效率,使资源配置最优化。跨国公司将在全球范围内挑选合适的人员担任重要职务,国籍将不再成为限制,此模式往往出现在跨国公司发展完备,全球化程度极高的情况下。

林肇宏等通过对数家跨国企业的访谈研究,总结出中国跨国企业的海外分(子)公司大多不采用传统的单一模式,而是采用民族中心与多中心主义的混合模式,且混合程度不同,且在与母国文化相似的地区,更倾向于采用与母公司相同的人力资源管理模式。[①]

二 出海企业人力资源管理的重要性

(一)提升企业业绩

出海企业的人力资源管理不仅关乎企业的短期业绩,还对企业长

[①] 林肇宏、薛夏斌、李世杰:《企业跨国经营中的人力资源管理模式选择及原因分析》,《管理学报》2015年第5期。

期的全球竞争力产生深远影响。截至 2022 年 5 月，中国与"一带一路"共建国家非金融类直接投资累计超过 1400 亿美元、中欧班列累计开行 55493 列运送货物 480 万标箱、与 32 个共建国家和地区签署经认证的经营者（AEO）互认协议。借助于中欧班列，中国和"一带一路"共建国家拥有了新的交通、运输、物流大动脉，发挥了彼此之间经济的互补性优势，提升了发展水平。①

2021 年 9 月，习近平主席在第七十六届联合国大会一般性辩论上提出全球发展倡议，"重点推进减贫、粮食安全、抗疫和疫苗、发展筹资、气候变化和绿色发展、工业化、数字经济、互联互通等领域合作"，构建全球发展命运共同体。② 全球发展倡议的提出是中国对全球发展合作理念和实践的新贡献。"一带一路"以全球发展倡议为引领，充分结合共建国家优先发展诉求，围绕"五通"谋篇布局，在基础设施、数字通信、能源电力、社会民生、减贫惠民、公共治理、气候变化等领域实施了大批发展项目，更加重视发展合作的普惠性、有效性和可持续性，推动更加强劲、绿色、健康的全球发展。

可以看出，中国对"一带一路"倡议的推动从未停歇，在这一过程中，出海企业如何更好地借势而为提高自身绩效，投身全球发展倡议的鸿篇巨制中促进世界各国共赢发展显得尤为重要。自改革开放以来，人力资源管理逐渐代替人事管理成为新兴门类，在这一过程中擅用人力资源管理工具的公司屡屡脱颖而出，率先进行相关体制改革的企业从中获得了巨大的好处。在"走出去"过程中，采用完善的人力资源管理体系往往可以梳理清楚出海企业存在的独特问题，通过制定激励政策、试行薪酬管理模式、优化管理流程等手段解决这些独特的问题，通过人力资源管理节约出的成本远比其他经营管理模式的性价比高。

---

① 葛子长：《"一带一路"中国方案、中国贡献、中国担当》，《上海企业》2023 年第 5 期。

② 习近平：《坚定信心 共克时艰 共建更加美好的世界》，人民出版社 2021 年版，第 5 页。

（二）保留优秀员工

优秀的人力资源策略能够帮助出海企业招募和保留高素质的员工，提高员工的士气和满意度，在外向型发展的过程中，企业必须做好充分的准备，其中最关键的便是对于优秀人才的培养。首先，企业要有眼光长远，按照建设"一带一路"的长期导向来培养人才，在外语、科技创新方面下功夫，以适应新时期的发展，跟上时代发展的步伐。其次，在提高专业技术、技能人员素质的同时，还要培养一批专门服务于外企的管理人才。企业的发展要走向国际化，就需要拥有一支精通国际贸易的国际化管理队伍，这样才能跟上企业的发展步伐。在这样的方针指引下，企业有必要为将来的发展储备人才。[①] 周聪指出，企业管理新转变着重人力资源管理环节，任何企业的发展必须建立在优秀人才基石之上，中国企业的发展战略定位必须明确认识到招聘当地人才和开展人才培训的关键意义。[②] 对内要设计符合实际的培训计划、薪酬制度、晋升制度，来吸引人才加入，也要通过人力资源手段招聘一大批外来人员，尤其是占据一定比例的外籍雇员，此时有效的人力资源管理手段将更为重要。如何处理好外籍雇员和本土雇员的关系，畅通上下沟通交流的通道，提高海外分公司的运营效率都需要创新人力资源管理模式的介入。企业要对这种文化差异的存在保持正确的认识，避免在文化冲突过程中出现无所适从的局面，这样才可能使整个企业团队得到有效管理。[③] 更需要正视种族冲突和价值观念、行为方式上的多样性，更快适应多变的环境。因此，企业在跨文化管理活动中，在保证企业发展整体方向稳定的基础上，应该营造多元化的信息氛围，这样可使企业发展中有更多创新理念不断融入。

[①] 郝浚伊：《"一带一路"背景下企业人力资源管理的战略走向》，《中外企业家》2017年第13期。

[②] 周聪：《关于"一带一路"战略对我国企业管理带来新转变的思考》，《时代金融》2016年第29期。

[③] 宫美玲、肖垚：《基于"一带一路"模式的现代外向型企业管理研究》，《企业技术开发》2016年第35期。

（三）适应国际市场

有效的人力资源管理有助于企业塑造和传递企业文化，使之适应不同的海外市场环境。中国企业经历了数十年的改革开放过程，自"一带一路"倡议以来更是深入发展到亚非欧大陆各国。但排除部分国际化程度较高的企业，对海外经营没有经验的企业占了其中很大一部分。合理的人力资源管理可以帮助这些企业更好地适应当地经济政治法律环境，并将类似的模式加以复制，进一步推进至国际市场。

一是适应当地文化和法律环境，国际人力资源管理应制定适当的招聘和选拔策略。考虑到文化背景和语言能力，优先考虑本地人才的招聘，同时也可以考虑跨国调动和跨文化团队建设。二是跨文化培训，国际人力资源管理应为海外员工提供必要的跨文化培训，帮助他们适应目标国家的工作环境和文化背景。培训内容可以包括目标国家的商业礼仪、沟通方式、跨文化团队合作等。三是全球薪酬管理等一系列管理流程的更新，如以快捷方便的外汇结算手段解决复杂的银行流程问题，使跨国公司在国际范围内的管理更加容易、及时和准确。

在激烈的国际竞争中，人力资源管理是一个公司不可或缺的软实力，由于起步较晚，中国的人力资源管理水平较欧美发达国家还有一定差距，但随着人工智能、大数据等技术的发展兴起，人力资源管理模式必然经历下一轮的改革发展，中国企业特别是跨国企业应该抓住风口，以新技术为抓手实现管理模式上的自我突破。

三 出海企业人力资源管理的隐患和挑战

（一）政治文化差异

客观而言，"一带一路"共建国家部分不具备稳固的政治环境，中华人民共和国商务部网站有专门板块用于更新境外潜在风险，哈萨克斯坦、吉尔吉斯斯坦、亚美尼亚等国家时常榜上有名，时局不稳定带来了货币体系、税率政策和货款交付等方面的隐患。2023年1—6

月，中国企业在"一带一路"共建国家非金融类直接投资801.7亿元人民币，同比增长23.3%（折合115.7亿美元，同比增长15.4%），占同期总额的18.6%，较上年同期上升0.1个百分点，投资主要去向为新加坡、印度尼西亚、马来西亚、阿拉伯联合酋长国、越南、泰国、老挝、哈萨克斯坦、柬埔寨和俄罗斯等国家。

在如此投资规模的情况下，政治环境变革等不可抗力造成的影响将被放大，在跨国业务中，产业链断裂带来的资金损失数以亿计。不稳定带来的经济风险还体现在汇率风险和信用风险等方面。"一带一路"共建国家多为欠发达国家，很多国家缺少充足的外汇储备，汇率波动频繁、波动幅度大，而在这些国家投资时，若以当地货币结算，就经常会面临汇兑风险的挑战，对获取稳定的投资收入具有较大的负面影响。另外由于大多数共建国家都具有宗教信仰，因宗教问题带来的冲突也并不少见。[①] 随着中国与"一带一路"共建国家在政治、经贸、文化等领域合作的日益深入，各国在宗教信仰、社会环境、语言文字等方面的差异也日益显现，给交流合作带来困扰与阻碍。

（二）人才缺口

如上所述，文化差异带来的影响很难通过简单的培训进行解决，更直接的办法是聘用更多的本土员工，即实行所谓的员工本土化。然而，出于对文化、宗教和民族的不了解，本土员工很难对母公司产生信任感，因此跨国公司难以招聘到符合自身要求的东道国人员。此外，来自母国的员工也不了解东道国的文化，且出于自身认知往往认为东道国不仅政局混乱容易给自身安全带来意想不到的危险，更会感到远离母国权力中心容易让自己错过晋升机会。

此外，母国员工由于语言不通，更容易依仗语言相通且熟悉东道国语言的本国员工，例如在中油国际乍得分公司中，[②] 中方管理和技

[①] 蒙奕铭：《中国与"一带一路"共建国家经贸合作的问题与应对》，《开发研究》2019年第6期。

[②] 唐尧：《对跨国经营人力资源管理的思考——以中油国际乍得公司为例》，《中国人力资源开发》2012年第7期。

术人员基本不懂法语，英语的日常交流也并不十分顺畅，中外方员工之间的沟通较为困难。由于语言方面的障碍，造成某些中方管理人员在委派任务等方面不愿意直接与当地雇员沟通，偏爱单线与外语较好的中方下属交代事项。而事实上在某些部门的中方雇员按照职级应当受当地雇员的领导，这种越级指派任务行为的发生，不仅严重挫伤了当地雇员的工作积极性，也造成部门内管理汇报等程序的混乱，造成公司中外方雇员之间的不信任感日益强烈，工作效率大为降低，员工之间的摩擦不断。

笔者对用工本地化的重要性已经做出了阐述，这既是东道国政府的要求，也是企业内部降低经营成本与风险的考虑，用工本地化的必要性和重要性毋庸赘述，但是具体到执行操作层面还要面对着十分复杂的内外部环境，以及其他政治经济因素的影响，跨国企业要想顺利实施用工本地化策略绝非易事。

（三）法律合规风险

部分"一带一路"共建国家存在法律体系不完备、不透明等情况，在法律上与国际接轨的程度也比较低，使中国企业在海外投资经营面临较大法律风险。例如，乍得共和国目前的劳动法颁布于1996年，其间除了少量相关法令、政令，未出台任何解释应用条例。劳务派遣以及石油行业作业的特殊轮换工作制方面都是空白，造成了较多的劳资纠纷。这种滞后的劳动法体系对于雇主用人自由度具有非常强的约束性，阻碍了雇主方直接招聘当地人员，只能大量采用第三方劳务派遣人员，但这种派遣模式并没有在现行劳动法体系中获得明确的认可，因而产生了第三方劳务派遣雇员身份归属的问题。[1]

部分"一带一路"共建国家由于中国企业的进入客观上失业率有所上升，这使他们对外资项目的工程进行了严格的用工比例限制，例如，阿尔及利亚在劳务配额审核中严格要求本地人员比例，一般要求

---

[1] 唐尧：《对跨国经营人力资源管理的思考——以中油国际乍得公司为例》，《中国人力资源开发》2012年第7期。

本国与外国用工比例为 5∶1 甚至 7∶1。① 这些本地员工的劳动技能参差不齐，增加了企业的薪酬成本和管理成本。劳动用工争议多发造成的劳动与雇佣风险是中国企业在"一带一路"共建国家投资经营中面临的重要问题。这是因为企业的正常运营离不开劳动与雇佣活动。中资企业进入"一带一路"共建国家给当地带来了大量投资和就业机会，有时却被视为对工人的威胁，一些"一带一路"共建国家对中资企业带有很强的成见与偏见。从以往的经历看，中国企业在"一带一路"共建国家的员工招聘与退出、工资福利、工作时间、工作安全与健康、工会与集体谈判等一系列问题中，由于未能及时妥善处理劳动与雇佣问题而导致国际化投资受挫或者招致失败的案例屡见不鲜。

四 出海企业人力资源管理的应对策略

（一）灵活转变体制

"一带一路"为中国企业带来发展机遇的同时也隐藏着风险和挑战，其中最急迫、最重要的便是对人力资源制度的更新改革。高度规范、与国际接轨的企业人力资源管理制度有助于出海企业融入国际发展大格局。改变人力资源制度的根源在于体制的改变，时至今日，人力资源管理早已不是割裂孤立的部门，与企业战略相融合的战略人力资源管理更加深入人心，出海企业应该从战略入手，理顺子公司与母公司之间的关系。

普遍而言，国际人力资源管理会随着发展阶段的进步、母公司国际化程度以及子公司反应水平相对关系的发展逐渐改变。随着国际化程度的加深、子公司反应水平的提高，跨国公司将给予子公司更多的自主性。人力资源本土化管理实质上是权力的配置，即在经营过程中，跨国公司将其在海外当地公司的管理权及技术开发任务逐步交付

---

① 蒙奕铭：《中国与"一带一路"沿线国家经贸合作的问题与应对》，《开发研究》2019 年第 6 期。

当地的管理人员和技术人员，并最终由当地人员大部分甚至全面取代跨国公司对子公司外派人员的现象。

然而，一味放权并不意味着绝对正确，企业应该通过人力资源管理的手段对所处阶段进行及时、灵活的判断，最终决定子公司人力资源管理战略选择的主要因素是子公司能否在本土环境中创造出独特的竞争优势。只有当本土员工习得并掌握塑造独特优势背后的知识和能力时，东道国才可能实现人力资源本土化管理。

影响人力资源管理模式选择的因素还有企业成立时间与规模、母公司控制、文化习俗、语言、法律环境、经济发展水平等。放之四海皆准的管理模式并不存在，即使同一跨国公司也应该针对不同子公司所处环境做出相应调整。更为重要的是树立以人为本的观念，在更广阔的市场上以更高的眼界敏锐地发现人力资源管理中的隐患，制订科学的人力资源开发计划和灵活的风险隐患预测机制。在跨国企业的经营实践过程中，在各国不同的文化法律背景、价值观念、教育与培训体系的影响下形成最适合自身的人力资源管理模式。

（二）融入本土环境

1. 深入研究当地法律

由于"一带一路"共建国家特殊的政治、法律情况，有关劳资矛盾的诉讼事件往往不可避免。短期而言，企业应该对现有的东道国法律法规尤其是劳动法进行深入全面的研究，针对已有诉讼案件、劳资纠纷与东道国法律从业人员进行深入交流，总结过往纠纷的相关经验。并在日常工作中进行借鉴，运用已有经验尽量避免违法违规的情况，如果有新的诉讼出现，要采取灵活有效的措施进行应对。

长期而言，应该与劳工代表、工会负责人形成长效的谈判机制，就用工经营中频繁出现的问题作出制度性规定，防患于未然。尤其是当东道主国家劳动法出现某领域的空白时更要注意规制，并及时报当地有关部门审批通过。劳方往往追求最大化薪酬利益，资方则更加看重工作过程中的尽责性和在岗尽职的长期性，在最大化双方利益的基础上反复谈判彼此妥协，达成一致并以文本的形式固定下来，逐渐形成行之有效的企业内部规章制度。

另外，由于部分国家工会和劳动监察部门的多变性，跨国公司要分派专门人员与之对接，对于劳动法规的变化、工会制度的转变做到心中有数，实时监测，及时掌握劳动力市场的最新动态，在出现劳动纠纷时进行有效的调解并提前化解潜在的矛盾。

2. 适时调整员工比例

王雅玲提出，中国企业在走出去的过程中，成立海外分公司，招聘外籍雇员成为降低成本、提高工作效率的重要手段。[①] 在海外员工管理方面，一定要结合当地实际，积极探索符合当地情况，又促进企业发展的管理方案，从而全面提升海外分公司的战斗力。人力资源部门招聘本土员工时，要尊重当地的文化风俗与宗教习惯，消弭备选人员的顾虑。

同时也要重视对母国员工的培训工作。"一带一路"共建国家和地区分布在东盟、南亚、西亚、北非、欧洲等地，他们有不同的语言、生活习惯、收入水平，通过网络汇集整理出的信息资料并不完全客观，只有切实的考察调研才可以获取更真实的信息。要让员工到目的地学习和考察，培养出适应该地区的优秀人才。此外，还应积极寻求与第三方合作，如相应地区的驻华使馆，或者是驻相应地区的中国大使馆，中国的高校或者相应地区的高校等机构。积极与第三方合作、沟通、编写培训教材，对于参加以及通过培训的员工进行适当奖励，以此吸引员工积极参加培训，响应企业的新战略。

培训时要注重对外派人员价值观、愿景和行事方式的塑造，为员工打上企业的文化烙印，重点提升全球化和本土化两方面的胜任力，真正培养出适应全球化且强调本土化的员工。

3. 及时调整激励手段

在出海过程中企业要正确平等地对待外籍雇员，特别是在晋升制度和薪酬制度上，打破本土员工晋升的"隐形天花板"。同时重新塑造员工职业生涯设计，重点关注如何让员工不断在企业中获得成长和

---

① 王雅玲：《新时期大型国企人力资源管理方法探索》，《中外企业家》2020 年第 10 期。

进步，逐渐胜任与自身能力相符的职位，让本土员工为企业承担更多责任、做出更多贡献；员工绩效评估与薪酬体系要将企业为员工在本土化培训和职业生涯设计中的投入转化为实际产出，鼓励本土员工符合企业愿景、使命和目标的行为。创新沟通渠道是连接跨国企业高层与本土员工的有效方式，高层管理者可以通过各种正式和非正式的沟通渠道获得员工关于企业在本土发展方面独到观点，并向本土员工及时传达企业的战略意图和对市场的反应方式。[①]

在中国出海企业中，采用集体主义、非量化考核方式的并不少见，这与"一带一路"共建国家的传统相违背，由于长期被殖民，这些国家普遍形成了个人主义、量化考核的倾向。企业也不应将国内的激励方式直接推广至子公司，应该结合东道国文化特点与自身实际情况，运用好物质激励和精神激励相结合的多种手段，对子公司人员进行有效激励。事实上，传统的薪酬激励只是在一定时期，在个人发展的某一阶段具有较强的激励作用。因此要借鉴跨国公司经验，运用多种激励手段（如工作轮换、工作丰富与扩大化、个人发展计划、良好的工作环境等）来达到激发员工积极性和创造性、吸引与留住人才的目的。

（三）塑造企业价值

设立多层次的沟通机制，发扬民主，推动员工参与管理。在公司中应该形成有效的沟通交流方式，形成公司管理层与员工代表或工会代表定期会晤机制，化解潜在矛盾，特别要对纠纷提高警惕，防止员工出现不安全感进而产生对企业价值的不认同。

加强团队建设，由于文化不同、语言不通，本土雇员和母国雇员之间除工作时间以外的联系太少，这会导致普遍的离职率上升，针对类似情况企业应该大力进行团队建设，敦促管理人员给予本土雇员更多的信任、关心和授权。将中国文化中的包容、圆通和集体主义与西

[①] 宋莹、姚剑锋：《跨国企业的本土化人力资源管理——以通用电气（中国）为例》，《中国人力资源开发》2015 年第 24 期。

第十一章 "一带一路"背景下中国出海企业人力资源管理

方企业包容个性、尊重制度、鼓励创新以及本土宗教中精华的部分相融合，形成独有特色的企业文化。

明确提出自己的公司文化，寻找并建立共同的观念作为企业的核心价值观。对于跨国公司而言，它的子公司遍布世界各地，员工往往达数万甚至数十万。如何管理这些不同民族、不同价值观念的人员，是跨国公司管理方式必须考虑的。为解决这一问题，企业首先要做的就是明确好最符合自身特点，最能服务自身战略愿景的价值观，这种价值观具有开放性、兼容性、持久性的特点，可以约束员工的语言和行为。并且加强团队协作精神与公司凝聚力，培养团队的合作精神、独立思考和决策能力。传承好母公司的价值观，能够保证整个企业具有旺盛的生命力和更新迭代的活力。

第十二章 "一带一路"背景下劳动关系和劳动争议应对[*]

自2013年"一带一路"倡议提出以来,这一国际合作计划已经取得了令人瞩目的成就。合作的伙伴数量和项目规模不断攀升,截至2023年6月底,中国与来自五大洲的150多个国家以及30多个国际组织签署了200多份共建"一带一路"合作文件,涵盖了3000多个合作项目,总投资规模接近万亿美元。[①]

"一带一路"倡议不仅是中国提出的一个国际倡议,它还代表着对接联合国2030年可持续发展议程的中国方案。通过推动基础设施建设、贸易合作和人文交流,这一倡议为实现全球可持续发展目标提供了有力支持。同时,它也是中国作为负责任大国的担当的具体体现。中国积极承担全球治理的责任,通过"一带一路"倡议为国际社会提供了新的合作平台。为全球经济合作和可持续发展树立了榜样,展现了中国作为国际社会的积极贡献者。

"一带一路"倡议对于中国企业和劳动者而言既是机遇也是挑战。在海外投资过程中,避免劳动关系风险成为中国对外投资企业及其劳动者的重要关注点之一。企业需要谨慎考虑当地法规和劳工权益,建立明确的劳动合同和争议解决机制。劳动者则需要了解自己的权益,积极与

---

[*] 作者简介:屈小博,中国社会科学院人口与劳动经济研究所研究员,人口统计研究室主任;中国社会科学院大学应用经济学院教授、博士生导师;主要研究领域为劳动经济学、发展经济学。

[①] 2023年10月中华人民共和国国务院《共建"一带一路":构建人类命运共同体的重大实践》。

第十二章 "一带一路"背景下劳动关系和劳动争议应对

雇主协商,并确保工作条件合法合规。本章立足"一带一路"背景,针对共建"一带一路"背景下中国对外投资及境外务工情况进行梳理,分析中国在"一带一路"建设下的投资变动趋势;通过分析"一带一路"共建国家劳动关系问题主要特征并归纳劳动争议的主要特点,为"一带一路"劳动关系及劳动争议应对提供解决方案。

一 "一带一路"背景下中国对外投资及境外务工的主要情况

自2013年"一带一路"倡议提出以来,中国对"一带一路"共建国家对外投资项目及劳务派出数量不断增加。中国对"一带一路"共建国家的投资主要通过三种渠道进行。一是对外直接投资,包括设立中国公司的分公司、收购"一带一路"共建国家原有企业获得所有权、控制权等方式;二是对外承包工程,中国的企业或其他单位承包境外建设工程项目的活动,主要集中于基建项目;三是对外劳务合作,主要通过在国内招募工人并签署劳务派遣合同前往"一带一路"共建国家工作。根据商务部数据,2023年1—8月,中国企业在"一带一路"共建国家非金融类直接投资1403.7亿元人民币,同比增长22.5%;中国企业在"一带一路"共建国家新签承包工程合同额7253.5亿元人民币,同比增长5.6%;完成营业额5295.2亿元人民币,同比增长4.8%。2023年1—7月,中国对"一带一路"共建国家对外劳务派出总人次19.7亿人,同比增长40.7%。

对外直接投资是中国参与"一带一路"建设的主要方式,通过中国境内注册的企业新设、并购及其他方式在境外拥有企业或取得既有企业所有权、控制权、经营管理权及其他权益。以此带动东道国产业发展,推动"一带一路"产业链构建。表12-1展示了2013—2021年中国对外直接投资净流量部分情况,以2021年数据自高到低排序展示中国对外直接投资净流量排名前20的国家(地区)。其中,签署"一带一路"协议的国家有9个,总投资额为2213870万美元,约占前20名总投资额的42.2%。

表12-1　2013—2021年中国对外直接投资净流量排名前20的国家（地区）

单位：万美元

国家（地区）	2013年	2014年	2015年	2016年	2017年	2018年	2019年	2020年	2021年
开曼群岛	925340	419172	1021303	1352283	-660596	547312	-435668	856222	1075356
新加坡	203267	281363	1045248	317186	631990	641126	482567	592335	840504
美国	387343	759613	802867	1698081	642549	747717	380668	601867	558435
印度尼西亚	156338	127198	145057	146088	168225	186482	222308	219835	437251
德国	91081	143892	40963	238058	271585	146799	145901	137560	271113
越南	48050	33289	56017	127904	76440	115083	164852	187575	220762
澳大利亚	345798	404911	340131	418688	424196	198597	208667	119859	192254
英国	141958	149890	184816	148039	206630	102664	110345	92222	190355
瑞士	12826	3364	24677	6806	751418	-321206	67825	107455	182084
荷兰	23842	102997	1346284	116972	-22312	103834	389317	493833	170393
卢森堡	127521	457837	-1145317	160188	135340	248733	68587	70095	149932
泰国	75519	83946	40724	112169	105759	73729	137191	188288	148601
马来西亚	61638	52134	48891	182996	172214	166270	110954	137441	133625

续表

国家（地区）	2013年	2014年	2015年	2016年	2017年	2018年	2019年	2020年	2021年
老挝	78148	102690	51721	32758	121995	124179	114908	145430	128232
瑞典	17082	13001	31719	12768	129026	106395	191571	192999	128077
加拿大	100865	90384	156283	287150	32083	156350	47288	21002	93017
阿拉伯联合酋长国	29458	70534	126868	-39138	66123	108101	120741	155195	89414
哈萨克斯坦	81149	-4007	-251027	48770	207047	11835	78649	-11529	82224
日本	43405	39445	24042	34401	44405	46841	67378	48683	76214
巴基斯坦	16357	101426	32074	63294	67819	-19873	56216	94766	72739

注：深底色为签署"一带一路"协议国家（地区）。
资料来源：《2021年度中国对外直接投资统计公报》。

(亿美元)

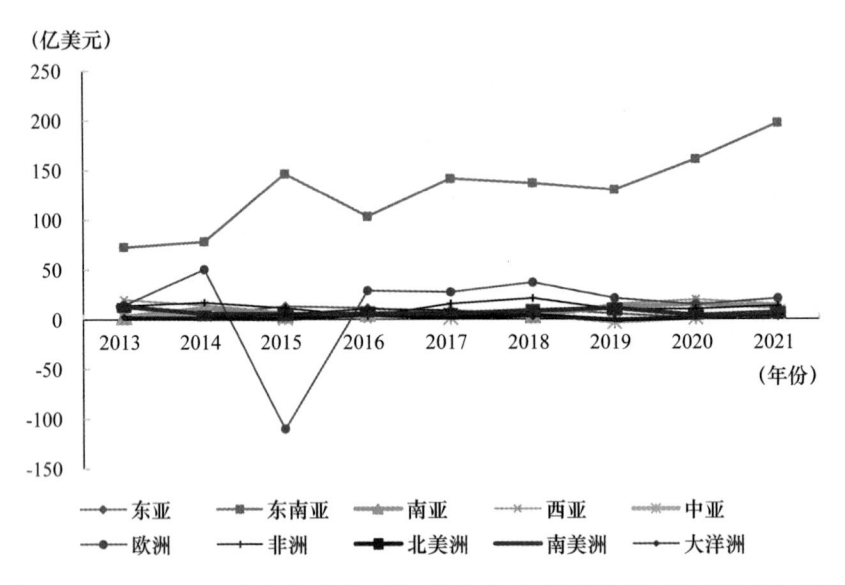

图例：东亚　东南亚　南亚　西亚　中亚　欧洲　非洲　北美洲　南美洲　大洋洲

图 12-1　2013—2021 年中国对"一带一路"共建国家所处地区直接投资净流量

资料来源：国际劳工组织，世界银行。

中国对"一带一路"共建国家投资占比整体呈现逐年上升趋势，但对"一带一路"共建国家所处地区直接投资净流量存在明显的差异。图 12-1 展示了 2013—2021 年中国对"一带一路"共建国家所处地区直接投资净流量变化情况。其中，中国对"一带一路"东南亚国家的投资净流量呈现明显上升趋势，且投资量级与其他地区存在明显差距。出现这种情况主要有如下两点原因，一是"一带一路"共建国家由于政治体制、经济发展水平、社会结构、文化传统等方面存在较大差异，对中国"一带一路"倡议认同感不一。① 与中国经济社会形态相近、地域接近且受中华文化影响较大的国家，如新加坡、印度尼西亚、马来西亚等对"一带一路"倡议的包容性较高，更容易接受中国企业对其投资，中国对其投资的可能性也越大。② 二是中

---

① 周五七：《"一带一路"沿线直接投资分布与挑战应对》，《改革》2015 年第 8 期。
② 陈伟光、郭晴：《中国对"一带一路"沿线国家投资的潜力估计与区位选择》，《宏观经济研究》2016 年第 9 期。

第十二章 "一带一路"背景下劳动关系和劳动争议应对

国企业对"一带一路"共建国家风险评估等级不同,安全风险、政治风险、经济风险、法律风险、社会风险等是中国对外投资的主要考虑因素。① 一方面社会较不稳定的地区如伊拉克、阿富汗等战争频发的国家,中国企业投资风险较大而选择可能性较小。② 另一方面劳动关系风险已成为与安全风险、政治风险、经济风险、法律风险、社会风险并列的第六大投资风险;③ 劳动关系明确、劳动争议较少的地区更受中国投资偏好。

除了通过企业对外投资共建"一带一路",中国也通过对外承包工程、劳务合作等方式派遣劳动力参与建设。对外承包工程是指中国的企业或者其他单位承包境外建设工程项目的活动,包括咨询、勘察、设计、监理、招标、造价、采购、施工、安装、调试、运营、管理等。如中国西电集团有限公司所属西电-EGEMAC高压电气有限责任公司成功中标并签约埃及输电公司位于埃及北部新三角洲区域的EPC变电站总包项目,由中国西电承包并派遣工程师对变电站进行勘察、设计、施工等。对外劳务合作是指组织劳务人员赴其他国家或者地区为国外的企业或者机构工作的经营性活动。如中国能建天津电力建设有限公司所属天津蓝巢电力检修有限公司中标特变电工塔吉克斯坦杜尚别2号热电厂机组检修服务项目,通过派遣劳务合作员工,对该项目进行勘察、维修等工作。

表12-2报告了2021年中国对外承包工程派出人数排名前十的国家和地区自2013年以来承建工程派出人数变动情况。2021年中国对外承包工程派出员工主要集中于签署"一带一路"合作协议的国家和地区,排名前十的国家均为签署"一带一路"合作协议的国家,占据中国对外承包工程总派出人数的45%。而2013年,中国对外承包工程派出人数排名前十的国家和地区中,仅有伊拉克、沙特阿拉伯上榜。

---

① 张述存:《"一带一路"战略下优化中国对外直接投资布局的思路与对策》,《管理世界》2017年第4期。
② 周五七:《"一带一路"沿线直接投资分布与挑战应对》,《改革》2015年第8期。
③ 乔健、李诚:《中资企业投资"一带一路"国家劳动关系风险防范研究——以巴西为例》,《中国人力资源开发》2018年第7期。

表12-2　2021年中国对外承包工程派出人数排名前十的国家和地区

单位：人

国家（地区）	2013年	2014年	2015年	2016年	2017年	2018年	2019年	2020年	2021年
巴基斯坦	3541	5122	6292	11830	17493	15540	8537	8313	11102
孟加拉国	1287	3690	2402	2669	4858	6739	7770	4050	5676
阿根廷	2208	1311	2691	1712	1571	2604	3145	1911	5651
俄罗斯	4705	5874	2197	1688	2057	2139	1996	2561	4945
沙特阿拉伯	19648	17062	23836	27520	16625	11953	15234	11832	4935
伊拉克	9826	7816	7294	12140	6218	6110	5216	4837	4711
秘鲁	3730	2155	2176	1696	3005	4034	3006	3749	4642
塞尔维亚	—	514	415	247	522	480	1431	3701	4361
阿拉伯联合酋长国	5972	1421	1628	984	1900	2696	5073	3375	3937
埃及	851	159	2686	1783	1744	885	1223	1009	3611

注：排序前十的国家（地区）均签署"一带一路"合作协议。
资料来源：中国国家统计局。

表12-3报告了2021年中国对外劳务合作派出人数排名前十的国家和地区自2013年以来对外劳务合作派出人数的变动情况。除了日本、马绍尔群岛、叙利亚，排名前十的其余国家均签署了"一带一路"合作协议，占总派出人数的22.3%。可见，在"一带一路"倡议的背景下，中国通过对外承包工程和劳务合作，开始向签署"一带一路"合作协议的国家派遣员工。这一迁移具有重要意义，不仅有助于推动国际合作和基础设施建设，还为中国企业提供了拓展全球市场的机会。这种员工迁移也促进了人际交流、文化互鉴，促进了国际社会的相互理解和合作。这一过程标志着中国在全球舞台上扮演更积极的角色，为"一带一路"倡议的实施贡献了力量。

表 12-3　　　2013—2021 年中国对外劳务合作派出
人数前十国家和地区　　　　单位：人

国家（地区）	2013 年	2014 年	2015 年	2016 年	2017 年	2018 年	2019 年	2020 年	2021 年
新加坡	29880	39251	35014	35915	40199	30628	35756	15536	27399
日本	53357	48367	42252	36562	38670	39493	41324	15976	5985
巴拿马	14534	18579	16086	18554	27335	12396	13050	5438	5773
刚果（金）	358	245	566	236	380	465	626	401	2214
利比里亚	2544	2871	1736	1544	5710	2116	2760	1779	2034
马绍尔群岛	828	1758	1709	1954	4123	1590	3008	—	1622
以色列	158	104	114	205	549	4692	590	701	1620
科威特	1404	32	78	257	466	703	292	20	1582
尼日利亚	1386	649	780	1263	1438	1223	1507	1240	1567
印度尼西亚	179	272	178	394	659	1098	2249	472	1507

注：此表不含中国香港、中国澳门、中国台湾；深底色为签署"一带一路"合作协议国家。

资料来源：中国国家统计局。

与对外投资净流量类似，中国外派劳动力逐步向"一带一路"共建国家倾斜，但在"一带一路"共建国家中也存在显著的分布差异。图 12-2 报告了中国对"一带一路"共建国家所处地区承包工程派出人数占比。中国对"一带一路"共建国家所处地区承包工程派出员工主要集中于亚洲，特别是东亚、东南亚地区，但近年来这个差距有所减小，对南亚、欧洲、南美洲地区外派人数占比出现明显上升趋势。这是由于中国在"一带一路"共建国家承包工程主要集中于基础设施，如轨道交通设施、水库等。中国对非洲基础设施的援建开始最早，如坦赞铁路、麦洛维大坝、亚的斯亚贝巴—阿达玛高速公路等，均为短期投入长期使用项目，一经建成在较长时期内仅需维护而无须大量投资。因此，近年来对非洲地区承包工程派遣员工数有所下降。

同时，中国作为基建强国的标签在国际舞台上已经深入人心。在南亚、南美洲等欠发达地区，巨大的基建需求使中国成为一个备受欢迎的伙伴。这些地区急需改善营商环境，以促进经济发展和吸引外部投资。中国的基建经验和资金支持对于这些国家来说是宝贵的资源，可以帮助他们填补基础设施缺口，建设更加现代化和高效的交通、电力、通信和水资源系统。同时，在欧洲地区，许多国家的基础设施已经建设多年，开始进入更替期。老旧的基础设施需要重新投资、修复和更换，以适应现代需求和提高可持续性。中国可以通过技术合作和资金支持，帮助欧洲国家更新其基础设施，提高效率和可持续性，推动经济增长。

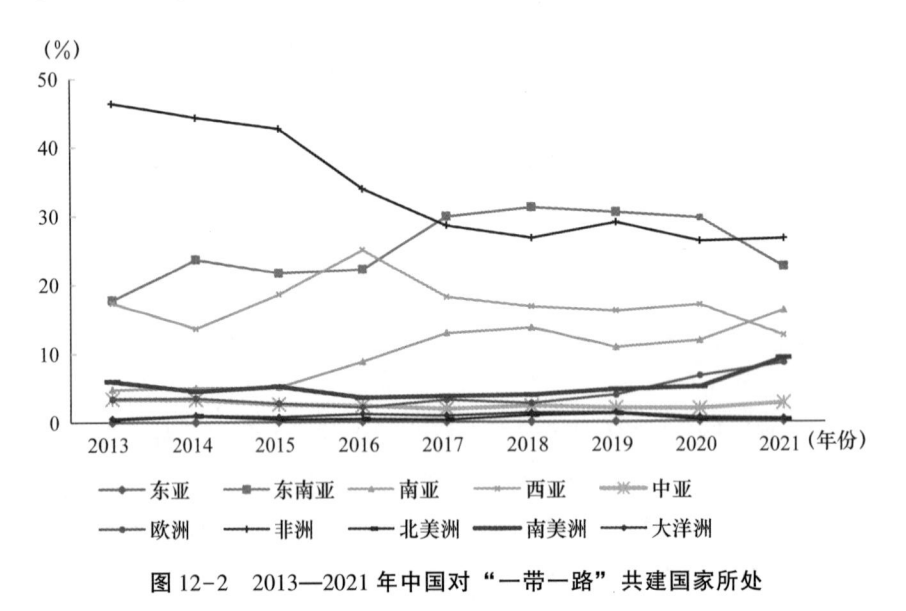

图 12-2　2013—2021 年中国对"一带一路"共建国家所处
地区承包工程派出人数占比

资料来源：国际劳工组织，世界银行。

图 12-3 报告了中国对"一带一路"共建国家所处地区劳务合作派出人数占比。东南亚地区一直是中国劳务合作的主要目的地之一，2021 年占比超过 50%。可以归因于中国企业选择在东南亚地区设立制造厂和办事处的趋势。东南亚地区拥有丰富的劳动力资源和相对较

低的生产成本，因此吸引了大量中国企业的投资和劳动者的派遣。非洲和大洋洲在劳务合作派出人数占比上分列第二和第三位置，而且近年来有一定的交替。非洲拥有丰富的资源和市场潜力，吸引了中国企业的投资，同时也需要大量的工程和建设劳动力。大洋洲地区也在一定程度上受益于中国与太平洋岛国之间的合作，尤其是在基础设施建设领域。

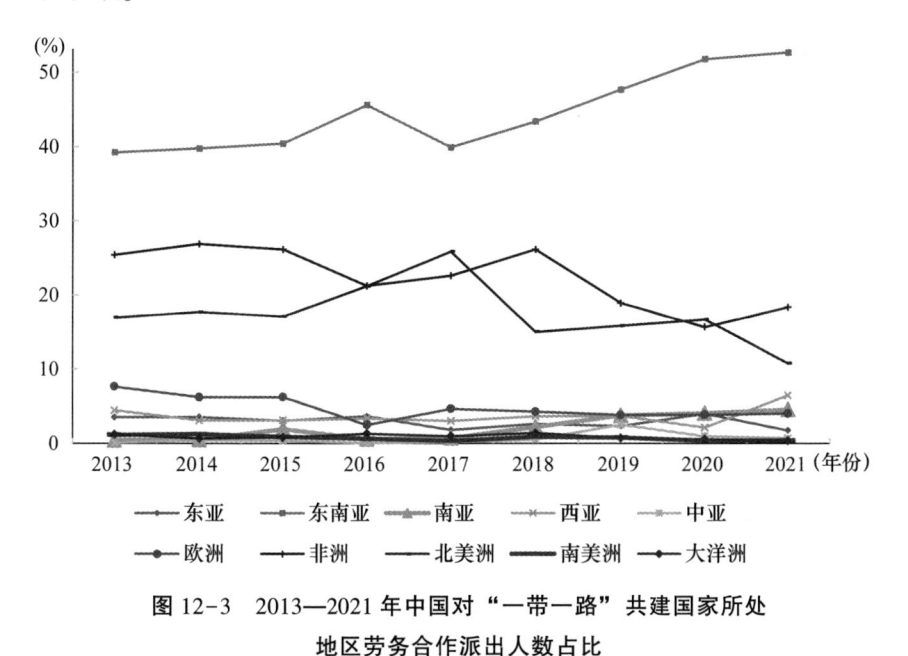

图12-3 2013—2021年中国对"一带一路"共建国家所处地区劳务合作派出人数占比

资料来源：国际劳工组织，世界银行。

总体而言，中国外派的员工分散于"一带一路"共建国家的趋势逐渐明显。然而，这一分散趋势也伴随一些挑战，主要集中在法律规章制度不够规范、法律执行不够严格等方面。这些因素导致了职工权益较难受到合法保障，容易发生劳动纠纷。此外，不同国家或地区的法律体系和劳动标准存在差异，因此出现了一些国家或地区吸引更多中国劳动力外派的情况。因此，如何处理中国与其他国家的劳动关系成为中国"走出去"需要重视的挑战之一。"一带一路"共建国家在政治体制、经济发展、社会结构、文化传统等方面存在较大差异，劳动关系冲突、劳动争议时有发生,这不仅使中国对外投资企业、境外劳动者权益受到侵害,同时也影响中国与"一带一路"共建国家的外交关系。"一带一路"共建国家劳动关系总体呈现何种特点,劳动争议主要集中于哪几类问题,中国政府在其中能起到什么样的作用是处理好"一带一路"共建各国关系,体现大国担当需要考虑的关键问题。

二 "一带一路"共建国家劳动关系和劳动争议的主要特点

劳动关系作为劳动者与用人单位通过劳动合同而建立的法律关系,是劳动者与企业相互约束,保障各自权益的重要一环。《中华人民共和国劳动法》规定,关于劳动关系的规范文件不仅对中国境内国内劳资关系发挥作用,同时也规范外资企业在中国的用工。国家"十四五"规划和2035年远景目标纲要明确要求完善劳动争议调解仲裁制度,《人力资源和社会保障事业发展"十四五"规划》提出,完善劳动人事争议调解仲裁体制机制。不仅针对国内劳动人事争议呈现出案件总量居高不下与处理难度不断加大并存的态势,也是应对中国"走出去"战略而面临更多国际劳动关系挑战提出的中国策略。

"一带一路"倡议是中国倡导促进共同发展的关键举措,应对好劳动关系风险是重中之重。但"一带一路"共建国家主要由发展中国家组成,在法律法规、制度保障等方面尚不完善。从劳动立法活动的数量看,69%的改革发生在发达国家,31%的改革在发展中国家和新兴经济体中实施。[①] 从劳动争议角度看,"一带一路"共建国家在劳动关系规范及实际运行中存在较大差异。

结合中国在"一带一路"共建国家的对外投资与劳务派遣的分析,劳动关系在"一带一路"共建国家中主要呈现如下三个特点。

[①] 乔健、李诚:《中资企业投资"一带一路"国家劳动关系风险防范研究——以巴西为例》,《中国人力资源开发》2018年第7期。

第十二章 "一带一路"背景下劳动关系和劳动争议应对

一是无论是中国企业，还是中国外派劳动者，在"一带一路"东道国劳动关系中均处于弱势地位，劳资纠纷时有发生。"一带一路"共建国家的劳资关系由于法律不完善、执行不彻底等问题难以合法保障中国企业与劳动者利益。二是"一带一路"共建国家在劳动关系调整方式上带有明显的地域特征和文化特点；如越南和马耳他等国家偏重通过工会力量发动罢工等方式解决劳动争议问题，而乌拉圭、葡萄牙、古巴等国家则更倾向于通过集体谈判解决问题。三是"一带一路"其他共建国家与中国的法律体制、用工模式存在较大差异，劳动关系也带有东道国的特色性，因此更容易发生劳资纠纷。中国企业与外派劳动者容易受到影响且难以通过法律途径保障权益。

"一带一路"共建国家的劳动争议问题主要集中在现有立法不足、劳资双方认知冲突、劳动合同约定不明、法律适用等问题，可归纳为以下四点。

一是由于"一带一路"共建国家法律制度尚不完善，现有法律保障劳资双方权益。首先，不同国家采用不同的法系，包括大陆法系、海洋法系、伊斯兰法系等。这意味着各国法律体系的根本原则和适用规则可能存在显著差异。这使在"一带一路"共建国家开展业务的中国企业和劳动者需要面对不同的法律环境，增加了法律风险和不确定性。其次，尽管大多数国家都参与国际劳工组织并签署国际条约，但国际劳工组织制定的国际条约范围相对窄，且需要各国批准许可才能生效。这使这些国际条约在不同法系的国家之间难以适用，因为它们可能与当地法律存在差异或矛盾。

二是由于"一带一路"共建国家劳资双方存在认知差异，对劳动合同的部分概念界定不一且劳动合同约定不够明确导致。当劳资双方来源于不同国家时，容易出现由于法律冲突带来的认知冲突，进而引发劳动纠纷。如在不同地区对于加班的定义存在差异，如中国将每周超出 40 小时视为加班时间，而巴基斯坦、印度等国家则认为每周超出 48 小时的时间为加班时间。

三是跨国用工的法律适用问题导致的劳动纠纷。例如，2008 年 8 月巴布亚新几内亚某管理有限公司与邹先生的劳动纠纷案例，虽签署劳动合同约定劳动纠纷问题按中国劳动法解决，公司违约解决劳动合同时邹先生却无法获得经济赔偿金，这是由于国务院《关于管理外国企业常驻代表机构的暂行规定》第 11 条的规定：常驻代表机构租用房屋、聘请工作人员，应当委托当地外事服务单位或者中国政府指定的其他单位办理。

四是中国企业及中国劳动者在海外的维权难度较大。第一，客观因素包括语言和文化差异，限制了中国企业和劳动者在海外完整表达自己的利益和诉求。语言障碍可能导致信息不对称，使中国一方难以及时理解当地法规和文化背景及其变化，也难以与东道国的劳工和政府建立有效沟通。这使维权变得更加困难，特别是在涉及法律事务时。第二，主观因素包括国际概念和法律意识的影响。中国企业和劳动者在国际舞台上可能面对与国内不同的法律和文化环境。他们可能不熟悉当地法规，也可能没有充分了解国际劳工权益的保护机制。这使他们容易在海外发生劳资纠纷时遭受不公待遇，因为他们可能无法充分行使自己的权益。在东道国发生劳资纠纷时，更容易遭受不公待遇。

三 "一带一路"背景下的劳动争议应对

中国对"一带一路"共建国家对外直接投资和劳务派出人数呈现明显上升趋势，但同时劳动合同关系风险、劳动争议数量也逐年上升。针对"一带一路"背景下由于法律不完善、执行不彻底、用工形式不一等问题导致的劳动争议问题，本章提出如下应对方式。

第一，发挥中国政府在劳动争议中的协调作用及引领作用，与东道国针对劳动关系和劳动争议问题签署双边投资保护协议，将劳动关系解决机制写入其中。这一机制的引入不仅有助于维护投资者的权益，还能够保障劳工在跨国投资项目中的权益，确保公平和可持续的经济合作。考虑东道国劳动法律、争议解决机制等特殊性问题，对不同国家签署针对性的双边投资保护协议。另外，在双边投资保护协议中可通过加入稳定条款，即双方在国内相关法规修改的一定期限内应

第十二章 "一带一路"背景下劳动关系和劳动争议应对

重新协商签署协议,用以保障双边投资保护协议的有效进行。

第二,培养专业型跨国用工比较法律人才,针对不同地区社会特点、劳资关系培养针对性法律人才,协助中国企业对外投资和中国劳动者外派务工签署合同。这些法律专业人才应具备广泛的法律知识,特别是在劳动法、国际劳工权益法律、国际合同法等领域,需要深入了解不同地区社会特点、文化和劳资关系,以更好地理解和适应不同国家和地区的法律和实践。该部分人才将成为中国企业的重要资源,协助企业遵守国际法律法规,减少风险,维护劳工权益,促进可持续的国际经济合作。这不仅有助于中国企业的全球发展,还有益于加强中国在国际劳工权益保护方面的声誉。

第三,中国对外投资企业及外派劳动者应正视认知差异,细化劳动合同条例,合法合规签署劳动合同。中国对外投资企业及外派劳动者应明确了解东道国的劳动法规和国际劳工权益标准,及其与中国法律法规的差异之处,以确保其外派劳动者的权益得到保护。细化的劳动合同条例应明确定义工资、工时、工作条件、社会保障等方面的细节,确保中国对外投资企业的可持续发展,并为外派劳动者提供更加稳定和有保障的就业机会。

第十三章 "一带一路"跨境科技园区人才获取与人才发展[*]

尽管受新冠疫情的影响，共建"一带一路"合作韧性十足。截至2023年10月，中国已经与150多个国家、30多个国际组织签署230余份"一带一路"合作文件，中国举办了三届"一带一路"国际合作高峰论坛，成立了20多个专业领域多边合作平台。作为"一带一路"跨境园区建设的倡导者与推动者，自"一带一路"倡议提出以来，中国企业"走出去"在境外投资、新建产业园区100余个，几乎是前20年跨境园区数量的总和，其中超过七成的园区分布在"一带一路"共建国家。联合国贸易和发展会议在《2019年世界投资报告：经济特区》指出，同境外伙伴合作建设产业园区，或将成为国际经济合作的新方式、新趋势。顺应"一带一路"发展的更高要求，中国跨境园区正在面临高质量转型，主要有"一带一路"跨境园区商贸物流园与科技合作园这两种创新形式，本章将主要讨论科技合作园，也称"跨境科技园区"。跨境园区的未来发展人才是关键，关于"一带一路"跨境科技园区已有一些研究，但其中聚焦跨境科技园区人才方面的研究较少，该研究将针对当前国际形势下跨境科技园区人才获取及人才发展进行归纳探讨，并对未来的实践提出建议。

---

[*] 作者简介：王璠，北京市科学技术研究院科学传播中心教育培训部主任、助理研究员；主要研究方向为人才发展理论与实践、"一带一路"国际科技合作、国际化创新人才培养等。

第十三章 "一带一路"跨境科技园区人才获取与人才发展

一 "一带一路"跨境科技园区的发展历程

(一) 科技园区的定义与角色

科技园区在不同的国家和地区有着不同的名称,"技术园""技术区""研究园""科学园"的表述都泛指这一概念。科技园(Science and Technology Park, STP)用来指代上述概念。

国际科技园及创新区域协会(International Association of Science Parks and Areas of Innovation, IASP)将"科技园"(Science Parks)定义为:通过提升科技创新文化与相关企业及知识机构的竞争力来实现园区的财富增值,并由专业人员进行管理的机构。与之密切相关的另一概念"创新区域"(Areas of Innovation, AOI)的定义是指通过开发聚集一系列基础设施、研究机构、科技、教育和社会资产及增值服务,经过设计策划吸引创业者、技术人才、知识密集型企业及投资,从而提升园区的可持续经济发展与繁荣的地方。

科技园区是供全球知识经济下的企业或机构发展壮大的完美场所,通过一系列方式推动城市及地区的经济发展和竞争力:创造商业机遇,提升成熟企业的价值;培育企业家精神,孵化新生创新企业;创造有助于知识应用及发挥的工作平台;为新生的知识型人才搭建富有吸引力的空间;提升大学教育与公司用人要求之间的同步协调性。

科学、技术和研究园区(STPs)作为一种高度专业化的创新区域,在其周边的经济发展中发挥着关键作用。通过不断创新的政策、项目、优质空间和设施以及高附加值服务,激发并管理大学与公司之间的信息与技术流通;促进公司、企业家和技术人员之间的交流;营造创新、创造和高质量发展的文化氛围;既关注公司与研究机构,也关注人:企业家与"知识工作者";通过孵化与剥离机制促进新企业创建,加速中小型企业发展;拓展全球创新企业与研究机构网络,促进其进驻公司的国际化。

（二）世界三代科技园区的演化历程

世界科技园区经过了大半个世纪的发展演化，把握其发展趋势规律与成熟经验，对于新兴科技园区，包括跨境科技园区的发展有重大意义。

最早的科技园是 20 世纪 50 年代在美国出现的斯坦福研究园。从大学科技园起，由斯坦福大学与帕洛阿尔托市（Palo Alto）共建，斯坦福大学是大批科技创新企业源源不断的"燃料"提供者，进而也是硅谷科技园区的核心支柱。

20 世纪 70 年代末 80 年代初，科技园在发达国家和地区迅速兴起。随着硅谷迅速成为全球科技创新和产业变革的模范标杆，极大地鼓舞了其他科技园区的发展。随后美国建立了 20 多个科技园区、俄罗斯建立了西伯利亚科学城、日本建立了筑波科学城，法国索菲亚·昂蒂波科学城、以色列魏茨曼科学园、英国剑桥科技城、比利时新鲁汶大学科学园、中国台湾新竹科技园、新加坡科学园、联邦德国革新与新企业中心等科技园区相继诞生，逐渐成为国际性趋势。

20 世纪 80 年代开始，科技园在广大发展中国家兴起并扩散至全球。众多发展中国家纷纷加入科技园区建设发展队列。印度尼西亚的赛尔彭科学城、巴西 CELTA 科技园、埃及电子科技产业园、印度班加罗尔电子城、马来西亚科技园、中国中关村科技园等纷纷出现。

世界科技园区的发展趋势除了体现在地理空间上扩展，也体现在科技园区内涵、形态、功能、模式的不断丰富和完善，这些趋势共同构成了遍及全球的"科技园区运动"。科技园区的参与主体，从以大学、实验室和企业为主到公共机构、产业组织、服务机构、投资机构、社区组织等全社会全面参与。这一演化过程伴随科技园区范围边界、组织方式、运动机理的变化。

国际上一般将科技园区的发展演变划分为三代。第一代科技园以高校科研院所为核心，强调实验室技术到技术商品的转化、应用，旨在提高生产技术与产能，以技术推力为主要动力；第二代科技园以企业为核心，强调产业上下游的连接与互动，旨在以企业的成长带动产业技术创新，实现高技术产业发展并最终促进区域经济提升，以市场拉力为主要动力；第三代科技园以人为核心，强调创新创业生态理念，旨在促进创新创业、形成知识型社区，以生态活力为主要动力。每一代科技园的参与主体、利益相关方不断增加，科技园的侧重点也不断变化，总体呈现开放、包容的发展趋势。值得注意的是，虽然"三代"（generation）科技园区的提法具有线性发展和依次迭代的隐含意义，但实践中这三代园区经常呈现同步发展的现象。

（三）中国"一带一路"跨境园区的发展历程

"一带一路"跨境科技园区是"一带一路"跨境园区中的一种形态或是一个部分。中国跨境园区早期建设的园区多以特定单一领域的劳动密集型、资源密集型单一制造园为主，秉持创新、协调、绿色、开放、共享的理念，跨境园区正在进行转型升级，向着"高科技""创新"方向发展，探讨"一带一路"跨境园区总体的发展历程，将更好地找到跨境科技园区其中的位置。

1. 跨境园区的基本属性

"跨境园区"应至少涵盖两个国家：母国和东道国。其中，东道国是园区在地理上的位置，而母国可以为东道国提供建设园区所需要的技术、资金等一系列要素支持，以换取东道国的回报。母国与东道国不一定需要在地理上接壤，可以通过对外直接投资（Outward Foreign Direct Investment）的形式建立联系，使各种要素得以自由流动。一般来说，东道国接受母国的直接投资，为跨境园区进行基础设施建设。参与投资建设以及园区运营管理，最后参与园区的分红。但是，对外投资并不是园区具有"跨境"属性的必要条件。由母国独自建设，而由跨国企业参与管理并自治的情况也确实存在。

2. 中国跨境园区发展的三个阶段

中国跨境园区的历史变迁和实践探索，将20世纪90年代以来的境外园区发展历程分为三个阶段。

（1）企业自发探索下的雏形初现阶段（1990—2005年）

20世纪90年代，个别有实力的中国企业基于自身发展需要，自筹资金在境外购置或租赁土地，完成园区基础设施建设并吸引企业入驻，并逐渐从企业自用生产贸易基地转向多功能、综合性园区，形成主导产业明确、公共服务完善、具备集聚与辐射效应的产业园区。这些企业"走出去"的实践成为中国跨境产业园区建设的先期探索，为相关政策的出台提供了范本与思路，也为部分项目转型为跨境产业园区奠定了基础。

20世纪90年代，新加坡在苏州建立工业园区并取得显著成效，中国开始利用园区建设经验在海外设立跨境工业园区。苏州工业园区作为全球最具有国际竞争力的开发区之一，可以说是中新两国经济发展互惠共利的结果，因此也成为中国开展直接投资的重要示范和经验来源。

（2）政府扶持引导下的快速发展阶段（2006—2012年）

进入21世纪，中国企业"走出去"实践随着加入世界贸易组织不断深入，迎来了跨境园区发展的大好机遇。2006年，跨境园区建设被作为中国企业"走出去"的新模式正式被国家层面纳入重点发展领域。建立境外经济贸易合作区的规范，对中国跨境园区的发展具有重要意义。随着企业境外园区发展步伐加快，以及中国外汇储备的增加、双边经贸合作需求的扩大，中国综合国力日益提升、比较优势加速凸显，政府对设立境外开发区日益重视，在政策层面进行引导和扶持，在境外不同地区设立若干由中资企业控股的投资园区。

（3）"一带一路"倡议提出后的管理模式创新下的高质量转型阶段（2013年至今）

党的十八大以来，随着中国改革开放向纵深推进，在国内外复杂政治经济形势下，习近平总书记发出共建"一带一路"倡议，为中国跨境园区的战略升级提供了宝贵机遇，建立和发展跨境园区成为新形势下贯彻"一带一路"倡议的关键抓手和具体措施。

在"一带一路"效应带动下，中国跨境园区建设迎来新一轮的黄金发展期。共建"一带一路"总体布局的关键任务是全力推动合作项目的积极进展，而跨境园区就是项目落地的重要载体。同时，跨境园区建设中还存在建设苗头过热的现象，应秉持创新、协调、绿色、开放、共享的新发展理念，推动中国跨境园区转型升级。

"一带一路"倡议在中国特色社会主义新时代背景中提出，是中国改革开放再出发，将对中国新时代对外开放新格局带来深远影响。中国对"一带一路"国家的非金融类对外投资金额由2015年的148亿美元上升至2022年的210亿美元，增幅达到41.5%。此外，中国企业还以境外产业园区等多种方式融入当地经济生态，更大范围、更深层次地与所在地共同发展，为当地带去投资合作机会、就业、技术等。

3. 科技园区模式的跨境园区

中国的跨境园区，正在逐步向"高""新"方向拓展。大力推进跨境科技园区建设。园区功能定位逐渐高端化、集群化，其发展与科技园区发展有一定的共通之处，同时也具有其独特特征。比如科技园区的选址上通常遵循区位理论并依托人才优势。

（1）区位理论

中国作为"一带一路"跨境园区建设的倡导者和推动者，考虑到和平稳定的地缘政治大环境对于跨境资源利用及企业合作的重要性，在园区规划初期选址时势必优先考虑与中国社会文化、风俗习惯等方面具有较高相似性的邻近国家，或在历史上与中国长期互动、亲切往来的友邦国家。

（2）人才优势

跨境科学园区选址的另一大决定因素是人才，特别是具备专业知识的高科技人才，同时也包括协助企业起步的人员。大学是人才的主要来源，科学园区通常选址在距离大学等教育资源邻近的区域。大学既能产生创业者，又能作为园区源源不断的科技人才的来源。

二　跨境科技园区人才获取与人才发展

人才是跨境科技园区发展的根基与动力源。保持企业竞争力优势主要依靠人力资源及其创新能力，这在科技园中表现得尤为集中。Cadorin等的研究表明，科技园区在获取人才时关注度较高的一些特质包括：科学与技术专业能力、工作经历、产生新想法新知识的创造与认知能力、领导力、沟通与合作能力、动力与自驱力。[1]

人才获取不仅是填补职位缺口，而是一种主动性措施，需要制订长期计划，引入专家、领导者和创新者来推动发展，被认为是人力资源最具战略意义的方面之一，吸引和留住有经验的人才是当今面临的最关键挑战之一。

在新冠疫情影响下，跨境园区的业务推进及人才获取，受到了不同程度的影响。下文就跨境园区人才获取与人才发展的方式进行归纳（见图13-1）。

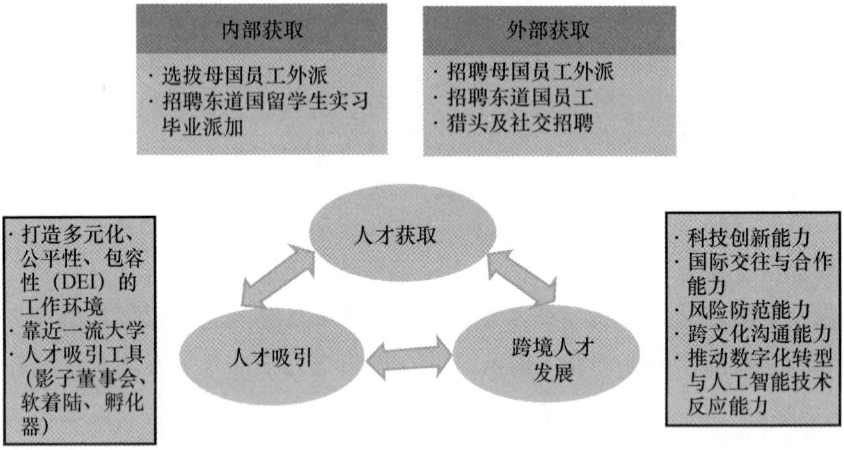

图13-1 跨境园区人才获取方式

（一）人才招聘及猎头

1. 入驻企业在母国从公司选拔员工或招聘母国员工，外派至东道国工作

中国企业在早期进行跨境科技园区开发建设的过程中，为了规避风险、降低成本，经常采用在中国国内公司选拔或招聘员工，进行系

---

[1] Cadorin E., Johansson S.G., Klofsten M., "Future Developments for Science Parks: Attacting and Developing Talent", *Industry and Higher Education*, 2017, 31 (3), 156-167; Cadorin E., Johansson S.G., Klofsten M., *Science Parks and Talent Attaction-An International Study*, IASP, September 2019, 1-19.

第十三章 "一带一路"跨境科技园区人才获取与人才发展

统培训后,外派到东道国工作。一方面,可能东道国的语言、文化、社会环境等与中国差异较大,中国企业可能不完全了解当地情况,这也不利于企业招聘;另一方面,园区需要招聘具备管理或技术水平的岗位,但在建园初期可能缺乏这类人才储备。

该方式招聘的人才可能在国际化程度,以及对东道国的了解方面不是很深入。而且企业比较难与当地充分实现融入及本土化。受新冠疫情影响,派出人员受到东道国疫情防控政策及出入境手续等方面的影响,东道国可能限制此类人员入境或办理手续难度大。因此很难保证其及时到岗并开展工作。此外,中国国内务工人员到有些国家的出境务工手续较难。国内劳务输出难度大,加剧了企业招聘的困难程度。

2. 在母国招聘东道国留学生实习,毕业后派回东道国工作

在华的留学生资源是中国跨境科技园区非常重要的人才资源。招聘东道国的留学生进行实习,一方面,熟悉东道国具体情况,有助于促进公司国际化业务的开展;另一方面,为跨境园区人才储备,且帮留学生实现就业。为鼓励中关村高新技术企业"抱团出海",中关村"一带一路"产业促进会推出了"蔓藤计划",就是这种类型的人才获取的实践。"蔓藤计划"是产业促进会的重点人才培养项目,旨在通过汇聚国际留学生人才,对接中关村企业就业和实习培训机会,让中国科技创新的火种如蔓藤一样在"一带一路"共建国家延伸生长,推动中国产品、技术服务的快速拓展和深度融合,提供国际人才支撑。

3. 依托东道国园区管理机构的资源与服务,在东道国招聘

目前,随着中国跨境园区发展由"封闭式"向"开放式"发展,需要从东道国吸引更多人才加入园区发展建设中,园区方向由"中国—海外园区"向"海外—中国园区"发展。"开放式"跨境园区不仅帮助中国企业更快熟悉和适应东道国的人文和资本环境,而且对于推动和繁荣当地经济,立足扎根本地、坚持包容性、共享式发展。

由于对当地社会环境、语言、宗教信仰、居民偏好等不了解,一

些园区的企业在招商、招聘方面存在困难。跨境科技园区为新入驻的企业，特别是在公司创立初期，提供"一站式"服务，有的称为"软着陆"计划，为新入驻的企业提供工作人员方面的支持。

具体而言，园区聘请熟知当地社会环境、文化、语言、法律法规等信息的人员为已入园和即将入园的企业提供服务和建议，帮助企业更快地适应当地环境，满足企业的用工需求。"一站式"服务可在一定程度上降低因为水土不服带来的麻烦和损失。例如，企业入驻跨境园区需要按照当地法律法规办理相关手续，企业如不熟悉流程可能会在办理过程中遇到麻烦。园区为企业提供服务，协助办理如公司登记、银行开户、税务登记等手续，可为企业节省不少时间和精力。

4. 通过猎头及社交招聘高端职位

有些重要或是高端的职位，对于人才有某些特殊要求，通过普通招聘比较难招到。可以通过猎头招聘某些重要或是高端人才的职位，包括公司高管、法律、财务、人力资源、业务拓展、质量监管、技术总监等重要岗位，且大部分要求工作语言为工作国母语或者英语，双语背景更佳，大部分职位要求有海外留学背景或海外工作经验，以及相关行业的专业背景、业务经验及优质资源，要求有多年相关行业中高层工作经验。这些重要岗位往往对于企业的成功及发展方向有很大的影响。

通过专业社交媒体平台进行品牌宣传、人才大数据洞察等，开展社交招聘及人才赋能。通过平台宣传扩大跨境科技园区的品牌影响力，并将其各项吸引人才的利好政策进行宣传推广，增强其人才吸引力。通过全球人才大数据分析，锁定目标人才，搭建人才库，制定针对性、前瞻性的招聘策略。依托平台精准、持续吸引国内外人才，支撑跨境科技园区长足快速发展。

（二）营造创业生态与人才吸引

1. 打造多元化、公平性、包容性（DEI）的工作环境

面临的文化融合、民族风俗等问题，让跨境科技园区业务发展情况十分复杂，高效、高度敬业的员工团队才能帮助其生存和发展。

DEI 的概念首先出现于社会工作领域①和社会心理学②领域。随着对 DEI 研究逐渐深入，其应用逐渐进入管理领域。随着"一带一路"倡议的持续推进，在跨境科技园区的发展历程中，DEI 可以帮助组织自内而外产生新的发展动力，将对其长足发展起到积极作用，同时可以较大程度上避免与多元化和公平性相关的事件爆发。

2. 靠近世界一流大学

科技研发型跨境园区是以东道国优质的教科文创资源为基础，依托高校、科研院所、智库平台等，利用其成熟的技术创新网络和丰富的科技创新资源，提高自主创新能力，并通过科技成果的研发、转化，逐渐衍生出一批具有前瞻性和高质量的科创领军企业。

靠近世界一流大学对科技园区的发展极其重要。大学既是创业者的来源，也是企业所需各类人才的源头。科学园区作为创业生态系统的重要参与者，科技园区管理者应促进与当地大学和学生群体的联系，并加强与各级政府代表的关系，以获得对园区发展的必要支持。要与大学、公司、政府机构、孵化器和其他园区等各种利益相关方搭建联系。

2. 人才吸引工具

科学园区发展的一个方面越来越受到关注，那就是吸引人才，包括吸引具备特定专业知识的人才，也包括协助企业起步的人员以及熟练的工人，所选人才的特点有助于园区的成功。科技园区在吸引人才方面有一些实践中的应用工具。

（1）影子董事会（Shadow Board）

大都市之外的大学很容易遇到的状况是，毕业生在毕业后会离开大学所在的城市。可能不会选择在大学附近的科技园区工作。但在他们就读的 4—5 年间，实际有很多机会可以告知、影响、说服他们留在这个城市，并在这里找到他们的未来雇主或者是自己创办公司。有的园区采

---

① Barak M. E. M., "Beyond Affirmative Action: Toward a Model of Diversity and Organizational Inclusion", *Administration in Social Work*, 2000, 23 (3), 47-68.

② Brewer M. B., "The Social Self: On Being the Same and Different at the Same Time", *Personality & Social Psychology Bulletin*, 1991, 17 (5), 475-482.

用了任命全部由学生组成的"影子董事会"的形式。由尽可能多样化的学生代表,参与科技园区的决策,带来学生群体新的想法与愿望。

(2) 软着陆(Soft Landing)

在科技园区中,有想来园区进驻的外国中小企业来进行测试,为了积极增加园区的多样性并吸引更多的外国公司,推出了"软着陆"计划。包括优惠价格提供一年的办公场所,免费提供商业法律和会计方面的咨询,以优惠价格提供人力资源服务。"软着陆"使园区因为对外国公司的友好而在国际上获得不错的影响力。

(3) 孵化器(Incubator)

通过孵化器协助其租户招聘领导人和其他战略人员。进入孵化器的公司都是由于缺乏发展和领导企业的经验的企业家创办的。年轻的公司在开始运营时缺少某些专业技术职位,甚至是公司的首席执行官、董事会代表等重要职位。这对于公司的发展至关重要,能匹配到高层管理人员,并通过搭建的合作网络,以寻找到国际化的人才。

(三)跨境人才发展

"一带一路"跨境科技园区在拓展多渠道人才获取及提升人才吸引的基础上,要实现科技园区现有人才能力不断提升,以适应及推动园区的发展,其中以下五方面能力提升尤为重要。

1. 科技创新能力

科技创新是跨境科技园区发展的根基,是人才急需发展的核心能力,只有不断实现技术创新,才能提升园区发展的核心竞争力。通过提升科技研发能力,科技交流合作能力,成果产业化链接能力等,提升园区的核心竞争力。通过产业聚集,提升人才的创新环境,打造资本与人才充足的环境,为科技创新类机构的蓬勃发展,为人才创新能力的激发及人才发展创造良好的条件。

2. 国际交往与合作能力

跨境科技园区人才要具备宽广的国际化视野、全球化思维,了解世界文化多样性,熟悉国际规则和惯例以及本产业的业务知识。在内部建立国际化的人才选拔和培训机制,形成人才培育、选人用人一体化人才发展体系，通过内部选拔和外部聘用的方式组建国际化的人才队伍。

3. 风险防范能力

熟悉东道国的政治、法律、金融、文化等规则，同时掌握母国的政策及发展趋势，要能与当地的相关专业人士合作规避政治、法律、金融和文化等方面的风险。提升国际知名度与影响力，吸引跨境合作，针对科技园区的企业提供跨境合作国际化人才培养，政策、法律、创新能力提升等多方面的培训。

4. 跨文化沟通能力

要不断深化文化通融，培养人才深入理解东道国及母国文化的能力，善于运用东道国文化形式进行科技文化交流，让母国文化更容易为东道国所接受，同时善于吸引东道国人才参与海外园区建设和文化交流，加深东道国社会各界对园区的了解，增强社会认可度。发展较为成熟的科技园区，也会针对跨境园区的人才开展培训项目，比如IASP科技园区协会、清华科技园等科技园区、长城战略咨询等智库机构、中关村"一带一路"产业促进会等机构。

5. 推动数字化转型与人工智能技术应用能力

人工智能促进数字化转型，数字时代催生人才培养新模式。在数字时代背景下，人才发展可以采用一种新型的人才使用模式，不必受限于地域的限制，不止在当地才能为当地做出贡献。就像新加坡考虑采用的"人才共享模式"那样，将新加坡的高端人才与许多国家和地区进行合作。[①] 提升人才推动数字化转型及人工智能技术的应用能力，将突破人才使用的地域和时间限制，大幅度提升工作效率及人才发展水平。

三 科技园区人才获取及人才发展案例

在中国推进"一带一路"跨境园区的发展中，有一些科技园区的

[①] 光明网：《数字经济大咖谈丨文勇刚：人工智能促进数字化转型 数字时代催生人才培养新模式》，https：//tech.gmw.cn/2023-12/19/content_37037389.htm。

实践，为人才获取及人才发展提供了可借鉴之处。

（一）案例一：中国—白俄罗斯科技园

中白工业园位于白俄罗斯明斯克州斯莫列维奇区，距首都明斯克市仅 25 千米，车程仅 30 分钟，毗邻明斯克国际机场，距机场仅 5 分钟车程，高速公路从园区旁穿过，交通极为方便。该工业园区具有独特的战略地位，是欧亚经济共同体、欧盟与新丝绸之路的交通枢纽。

中白工业园 2010 年由两国元首共同倡导，政府大力支持推进。2019 年 1 月被确定为白俄罗斯境内唯一一个经济特区，面向高科技投资者，主要集中了电子、生物医药、精细化工、工程和新材料等领域的企业。截至 2022 年 7 月 13 日，中白工业园区已经有 91 家企业入驻，91 家入园企业中，现有中资企业 46 家、白资企业 28 家及第三国资本企业 17 家，包括来自奥地利、德国、俄罗斯联邦和美国等国家。是目前中国参与投资开发的规划面积最大、开发建设规模最大、合作层次最高的海外经贸合作区。

园区开发公司致力于将园区打造成为"国际化产业园区、生态化产业城市"，提供"一站式"服务，园区将实现服务全通、政策畅通、法制顺通、信息灵通、资金融通、人才流通、生活便通，成为世界各国企业投资运营的优质产业平台。中白工业园的地理位置较优，明斯克市和斯莫列维奇市保证了园区的人才来源，白俄罗斯方对中方员工来白务工也有优惠政策，不限制企业引进中方员工，因此中白工业园在招聘方面的压力较其他国家建设的园区小。

中白工业园区环境优美，建设过程中严格遵循"生态化的智慧城市"和"生产—生活—生态"的原则。根据园区 2022 年 4 月公布的各种生产要素的价格，如天然气 0.5071 卢布/立方米，电 0.26155 卢布/度，供水 2.0143 卢布/立方米，排水（污水）2.0143 卢布/立方米，生产要素成本不及国内主要城市的 1/10，生产成本较低。税收方面根据白俄罗斯 215 号总统的优惠政策，享受园区居民企业利润税 10 年免收，10 年后至 2062 年 6 月 5 日前减半征收，不动产税 2062

年6月5日前免收，除白俄籍以外的员工社保免缴，红利税五年内免除等一系列的优惠。以上这些环境、生产成本以及税收方面的优惠政策，都是对创业者以及各类人才极具吸引力之处。尽管受到疫情影响，园区的发展势头仍然良好，不断有新的企业入驻。

（二）案例二：中国—比利时科技园

2014年，中国国家主席习近平访问比利时期间，中比两国签署了中国—比利时科技园（China-Belgium Technology Center，CBTC）合作协议。2016年6月20日，项目正式启动，CBTC坐落于比利时瓦隆州新鲁汶市新鲁汶大学科技园内，是中国在欧洲投资的首个高科技园区。2021年9月一期项目竣工，截至2022年7月已入驻中比两国高新技术企业28家，累计入驻企业及合作机构53家。

CBTC所处的新鲁汶市与比利时首都、欧盟总部所在地布鲁塞尔相邻，相距仅25千米，众多欧洲主要城市可在2小时内抵达，60%的欧洲市场仅需5小时路程就可覆盖。在周围500千米的半径内覆盖了75%的欧盟市场（GDP）和40%的消费者。

CBTC主要吸引希望通过对外直接投资获得技术进步的企业，即技术寻求型企业，这为该园区促进中国国内产业结构调整奠定基础。园区依托新鲁汶大学及大学科技园区，有充足的技术供给，有利于入园企业获得技术支持。同时，园区企业开发出的产品也有足够大的潜在消费市场来保障企业的盈利。CBTC内的企业在投入研发获得产出后，先通过开拓欧洲市场保障盈利后，能够将相关技术传播至国内，促进国内有关行业的技术发展，从而改变这些行业在总体经济中的表现，行业机构发生调整。

CBTC项目除了在比利时建设的园区有助于调整中国国内产业结构，其在国内建设的园区也能够改变中国的产业结构。据悉，CBTC将联合中国医药城、光谷生物等中国的园区平台，吸引欧洲医药巨头、科技企业和创新项目落地中国。如果欧洲医药巨头、科技企业等进入中国，中国企业将能够从中直接获得技术，国内产业机构也因此可能发生调整。

CBTC 提供"一站式"落地服务,为企业及人才解除了不少后顾之忧。服务包括以灵活的策略进入新市场;专家团队将协助您制定与细化适应新市场的策略;正确解读当地政策;随时了解最新的本地政策及其对业务的潜在影响;快速有效地在新市场中建立公司;高质量的翻译支持和日常管理协助;多语种服务中心将支持您快速高效处理日常事务,并降低人力资源成本;获取有关出入境访问的准确信息,在疫情防控期间,跨国出行可能很困难,CBTC 园区服务中心的团队提供中欧商务或外派出行准备。CBTC 的愿景是成为中欧高科技公司技术和产业合作的首选。

在高端专业人才获取方面,CBTC 坐拥创新和研发的生态系统,从研究中心到科技园,以及知名大学学府(天主教法语鲁汶大学、列日大学、布鲁塞尔自由大学、天主教荷语鲁汶大学、那慕尔大学、根特大学、安特卫普大学)都可轻松抵达。CBTC 依托新鲁汶大学、科技园、行业协会等产业服务网络,积极推动中国企业和大学,与当地资源开展科技成果转化和技术合作,融合双方"产学研"创新环境。

在生命科学领域,CBTC 与比利时生命科学产业集群 BioWin 等行业协会及产业服务机构,已建立起长效的、制度化的密切合作。仅以 BioWin 为例,经由它,CBTC 可与比利时 5 所大学研究资源、400 多家研究单位、164 家创新企业和 1100 多名研究人员建立链接。

尤其是在生物技术、生命科学领域,比利时具有突出优势。一是强劲的研发能力。比利时全国有 16 家大学、22 家研究机构、25 家科技园区内活跃着该领域的研发人员。这里是 5% 的全球治疗疾病药物的研发地、全球第二大药品出口国,人均生物科技研发成果位居全球第三,生物科技研发费用约占全国研发总费用的 40%,比利时的医药公司对研发的再投资比例平均高达其总营业额的 42%。

二是高效率产业化。比利时医药产业从研发到生产的速度在欧洲最快:这里是世界上人均临床试验比例最高的国家,临床试验数量居欧洲第二;临床试验审批速度只需要 28 天;专利发放时间只需要 18

个月，同等条件下只需英法等国一半时间。

三是政府激励政策。在比利时工作的研发人员可得到65%的个人所得税退税，特定专利收入可以免除80%的征税（同样适用于外国企业在比利时设立的分公司）。CBTC所在的比利时瓦隆大区，针对企业从事生物技术研发，瓦隆大区生物技术与健康产业集群Biowin还会提供60%—70%的专项补贴。

作为首家在欧盟核心区域以科技为纽带、人才为核心的新型海外园区，CBTC是中国积极践行"一带一路"构建开放新格局重大发展战略的创新尝试，是连接中欧经济、科技战略合作的桥梁。

（三）案例三：中国—东盟北斗科技城

2015年，中国与泰国方面宣布将投资100亿元，在泰国合作共建面向东盟、以泰国为主的"中国—东盟北斗科技城"。该项目占地50平方千米，建设期为2015—2025年。科技城将建设面向东盟、以泰国为主的北斗应用和服务产业支撑平台，推进北斗在东盟地区通信、交通、物联网等关键领域和重点行业的应用。

该合作以泰国北斗系列合作项目为"点"，以东盟国家为"面"，致力于将北斗系统进行全球化拓展。2011—2013年，光谷北斗就与泰国科技部地理空间技术局在卫星应用科技研发、共同防范和应对灾害及空间信息产业化发展等方面开展了一系列合作。

2019年中国—东盟北斗行泰国站，北斗开展了推介、交流、测试等丰富多彩的活动，重点展示了北斗系统的发展宗旨、建设成就、发展前景，现场分享了北斗在交通旅游、物流运输、智慧农业、智慧城市、应急救援等领域的应用案例，并表示愿意积极合作，孵化一批适合当地的北斗应用项目。

2021年，在人才发展与学术交流方面，举办了北斗规模应用国际峰会等。持续发挥联合国附属空间科学与技术教育中心作用，持续开展卫星导航人才培养及短期教育培训活动，每年举办1—2次短期培训班。北斗系统的研究是多学科的，需要各个领域的专业人才加入。

举办了第十二届中国卫星导航成就博览会,通过企业互动、学术互动、人才互动、群众互动,全面展示了北斗系统建设成就和应用产业发展成果。来自中国和东盟国家的专家分别介绍了北斗系统的特色服务、广西北斗应用示范项目进展、北斗系统在马来西亚的服务效果、建设发展和国际合作动态、区域短报文服务能力,以及北斗系统在老挝农业领域应用,分享了面向东盟开展教育培训、人才交流、联合研究合作的成果。

北斗国际培训班旨在面向海外提供以北斗卫星导航系统为主的导航定位技术应用培训和人才开发,开展北斗技术和产业相关的国际合作交流,推动北斗服务全球。培训班是中国卫星导航系统管理办公室学术交流中心在国家政策支持下连续举办的第三届国际培训班,培训班已逐渐成为北斗系统向"一带一路"共建国家输送北斗技术,带动国际交流合作的重要平台。

(四)案例四:中关村"藤蔓计划"

北京中关村是中国的"硅谷","一带一路"倡议以来,中关村民营高新技术企业面向"一带一路"国家输出高科技、打造新产能,抱团出海。而这其中必然遇到国际化人才方面的极大需求,"藤蔓计划"应运而生。"蔓藤计划"是2017年起由中关村"一带一路"产业促进会策划实施为国际青年创新创业赋能的一个项目,其宗旨是为发挥各类人才智慧,聚天下英才而用之。项目发挥中国的创新科技产业优势,通过实习对接、精准派送、考察培训、创业孵化、国际青年企业家培养计划等方式,积极服务国际留学生创新创业,"藤蔓计划"有一个愿景叫"百千万",未来希望能够有超过1万名国际青年在"一带一路"合作交流当中真正发挥作用,像藤蔓一样在各国衍生,为构建人类命运共同体作出更大贡献。

在促进就业创业方面,"藤蔓计划"通过举办国际留学生实习对接会,组织清华大学、北京理工大学、对外经济贸易大学、北京第二外国语学院等80多所高校,来自80多个国家的1万多名国际留学生参与,已帮助1200余名国际留学生获得国际贸易、互联网信息等行

第十三章 "一带一路"跨境科技园区人才获取与人才发展

业实习机会，吸引来自加纳、塞尔维亚、巴基斯坦等"一带一路"共建国家的 300 余名留学生就此扎根中国。启动"藤蔓国际双创空间"，推出创业课堂、创新实验室、国际创业导师等系列服务，已为来自加纳、津巴布韦、印度尼西亚、波兰等 15 个国家的 20 支国际创业团队在华创新创业提供支持服务。

在促进国际青年科技人文交流方面，连续三年举办"外国留学生走进海淀"活动，为在京留学生开启科技文化、创新科技、创新创业之旅，先后走进中关村创业大街、东升科技园、微软加速器、中关村梦想实验室、北京纳通医疗、新华三集团、启迪清洁能源、华为、广联达、碧水源等科技园区、孵化器和知名企业，让在京国际留学生近距离感受中国创新科技、中国文化和企业家奋斗精神。

在推动对外科技交流和产业对接方面，"藤蔓计划"所培养的"藤蔓使者"把"中国方案"推广至"一带一路"，成为促进与共建国家互通互融的使者和种子，为中国企业"走出去"提供国际化服务，促进科技、经贸等领域国际交流与合作。先后推动中国科学院、北京农学院、科兴集团与乍得、白俄罗斯、加纳等国家在现代农业、疫苗应用等领域开展合作，促成了北京农学院与白俄罗斯高尔基农业科学院在植物提取物添加到家禽和牲畜饲料方面的研究合作，推动中国科兴疫苗与加纳卫生部合作进行 FDA 认证，得到了所在国的积极响应和高度评价。

国际青年人才是"一带一路"建设的主力军，更是民心相通的根基。"藤蔓计划"通过组织在华留学生实习对接、创业孵化等方式，帮助中国企业快速找到"一带一路"建设的国际化人才，同时也让各国留学生近距离融入"一带一路"建设当中，支持留学生在华创新发展。在"一带一路"共建只谈经济是不够的，要通过"一带一路"上的人才把中国文化与中国理念播种到海外主流人群中去，为"一带一路"倡议提供必要的国际人才支撑。这些高层次的国际人才回到本土之后，很多人在本国担任企业总工程师、政府官员、智库成员等重要职务，他们带去了中国的文化和经验，也让"一带一路"在当地更加深入人心。

四　结论与建议

（一）结论

新冠疫情引发了全球百年一遇的大危机，对世界经济造成巨大破坏。包括全球跨境投资活动陷入低迷，市场需求放缓影响跨境园区投资，供应链受阻或断裂影响园区生产建设，人员流动受阻迫使园区生产骤减，逆全球化的长期影响。

2023年是中国提出"一带一路"倡议的第十年，虽然逆全球化、去全球化的思潮在新冠疫情暴发之后愈演愈烈，但从更长远的人类历史来看，逆全球化只是世界经济发展进程中短暂的经济现象，全球化的大趋势不可逆转。欧美等国的逆全球化策略为中国构建包容性的区域治理模式提供了机遇，而"一带一路"倡议就是中国作为负责任的大国推动新一轮全球化理念的最佳体现。跨境科技园区作为双边对外开放合作的载体面临着双边甚至多边性质变化风险，全球化逆趋势变动下的贸易与投资骤减给跨境园区的发展带来了新的挑战，凸显"一带一路"倡议提出以来中国在境外建设的重要实践所发挥的优势，并加速了园区的变革趋势。面对百年未有之大变局和新冠疫情冲击后的国际新格局，跨境园区的建设应顺应全球经济变化趋势抓住变革机遇，加强突发事件应对能力建设，充分发挥对国内国外两种资源的统筹运用优势与链接内外循环的纽带作用。

总的来说，尽管全世界都处于危机状态，但科技园区/创新区域行业依然坚挺；虽然情况明显发生了变化，但是IASP认为，情况的变化不足以影响科技园区/创新区域的生存。基于创新和技术的固有性质，科技园区被证明是相对有韧性的，这种情况在某些领域尤其明显，如健康和生命科学、信息技术和通信。

为了保证跨境园区的业务推进，跨境园区采用内部获取与外部获取结合的方式进行人才获取，内部获取包括从内部选拔员工外派、招聘东道国留学生实习毕业后派回等形式，外部获取包括招聘母国员工外派、招聘东道国员工以及猎头或者社交招聘等形式。同时，通过打造 DEI 的工作环境、靠近世界一流大学以及影子董事会、软着陆、孵化器等多种人才吸引工具来吸引人才，既包括创业者也包括工作人员。为人才提供跨境人才发展的通道，尤其着重提升其科技创新能力、国际交往与合作能力、风险防范能力、跨文化沟通能力、推动数字化转型及人工智能技术应用能力等。

（二）建议

人才资源作为知识、技术、创新等能力的载体，是跨境科技园区创新发展的关键要素之一。人才在科技园区发展过程中发挥能动的作用，是推动园区技术研发、市场培育、产业转化的核心力量。人才资源为科技园区提供人力资本支持，诸如企业家、科学家、技术人员等，都是直接激发科技园区创新动力的人才类型。对跨境科学园区人才获取与人才发展的多元化探索，对其发展作用尤为重要，对现有及建设中的跨境科技园区及筹划入驻跨境园区的企业有几点建议供参考。

1. 加快数字化、智能化步伐

在新冠疫情影响下，倒逼公司进行数字化转型，对于已经建立了流畅的在线工作和高速互联网的城市或国家来说，挑战小得多。通过在线会议、线上线下活动等形式，突破了时间与空间的限制，对企业的总体运营形式也产生了很大的影响，公司的需求空间减少，科技园区的设施可能变成某些活动和会面所需的聚会点，而不是传统的办公空间，办公空间可能被在家办公所取代。

2. 人才获取方式的多元化探索

对于中国"一带一路"跨境科技园区而言，通过在国内招聘员工外派或招聘留学生实习并进行培养，通过园区进行招聘，或者通过猎头招聘高端人才，都是人才获取的方式。同时社交招聘越来越呈现出其优势，通过品牌宣传、人才大数据分析、前瞻性招聘策略等全链条解决方案，缩减了人才获取的投入及成本。

现阶段对人才的需求有所变化，更多能在线上工作，进行线上技术操作、运营或设计的人才变得不可或缺，而对于人才而言，所受到的地域及办公条件方面的限制减少了，人才获取的方式也可能随之突破地域的限制，可能通过远程进行工作。

3. 转变企业文化

跨境科技园区企业文化将发生巨大转变，将更多支持独立工作，减少对工作时间、地点及形式的强调，打造多元化、公平性、包容性的工作环境，而更多地强调项目进展与结果。如何支持企业文化的转变，以及对新的互动方式及协作形式的探索，也是科技园区的发展机遇，并将作为业务发展新的组成部分。

4. 人才吸引与人才发展形式创新

新的形式催生新的人才吸引形式，减少对办公地点的限制，本身就是人才吸引的一种方式，软着陆及孵化器等形式较为普遍，影子董事会等形式让年轻人发挥其对企业发展的决策意见，提升其参与度及受关注程度，发挥其对于企业决策的多元化意见建议。

人才发展方面，目前针对科技园区的培训侧重对政策及园区发展经验的讲授，有时有学员的国别分享。对于跨境科技园区不同类型、不同层次的人才发展，培训内容不够系统及针对性，覆盖面比较有限，未来可以结合人工智能及数字化等形式，进行人才发展方案的匹配，推动个性化的人才发展方案。

园区的未来关键看人才，随着"一带一路"跨境园区的蓬勃发展，未来的产业发展趋势将不断对人才提出更新、更高的要求，而园区能做的是营造创新创业的环境，打造多元化、公平性、包容性的工作环境，将中国"一带一路"跨境科技园区打造成为创新发展的高地。不断吸引创新型人才进入园区，为东道国及中国的经济发展、科技进步、产业结构调整作出贡献，为经济的逆势发展打造新的发力点。